Normas de papel

La cultura del incumplimiento de reglas

BIBLIOTECA JOSÉ MARTÍ

Colección
DERECHO Y CIUDADANÍA

Normas de papel

La cultura del incumplimiento de reglas

Mauricio García Villegas
Director

Siglo del Hombre Editores

DeJuSticia
Centro de Estudios de Derecho Justicia y Sociedad

Normas de papel. La cultura del incumplimiento de reglas /
director Mauricio García Villegas.
Bogotá: Siglo del Hombre Editores y Dejusticia, 2009.

340 p.; 21 cm.

1. Normas sociales 2. Conducta social 3. Control social
4. Interacción social 5. Conducta (Ética) 6. Sociología del derecho
I. García Villegas, Mauricio, 1959- , dir.

303.37 cd 21 ed.
A1211988

CEP-Banco de la República-Biblioteca Luis Ángel Arango

La presente edición, 2009
Primera reimpresión, 2011
Segunda reimpresión 2013

Cra 31A Nº 25B-50, Bogotá D. C.
PBX: (571) 3377700 • Fax: (571) 3377665
www.siglodelhombre.com

Cra. 24 N° 34-61, Bogotá D. C.
Tels: (571) 6083605-2327858
www.dejusticia.org

Diseño de carátula
Alejandro Ospina

Diseño de la colección y armada electrónica
Precolombi, David Reyes

ISBN: 978-958-665-128-8

Impresión
Xpress Estudio Gráfico y Digital S. A.
Av. de las Américas No. 39-53 Bogotá, D. C.

Impreso en Colombia-Printed in Colombia

ÍNDICE

Parte II
REFLEXIÓN TEÓRICA

AGRADECIMIENTOS

Este libro es el resultado de una investigación llevada a cabo en el Centro de Estudios de Derecho, Justicia y Sociedad (Dejusticia) entre 2006 y 2008, financiada con recursos de la Ford Foundation. Agradezco a la Ford por la ayuda prestada y a las directivas de Dejusticia —en particular a su director Rodrigo Uprimny y a su directora administrativa, Flor Elba Castro—, por el apoyo que siempre brindaron a este proyecto durante el desarrollo de la investigación.

Quiero, en segundo lugar, expresar mi gratitud hacia los jóvenes estudiantes de la Universidad Nacional y de la Universidad de los Andes que hicieron parte del equipo inicial de este proyecto de investigación. Ellos son: Isabel Cavalier, Andrés Henao, Saúl Rincón, María Paula Saffon, Camilo García y Nathaly Rodríguez. Con ellos discutí durante largas jornadas los capítulos empíricos y teóricos que componen este libro. Su entusiasmo y su dedicación en los casos que estudiaron siempre fueron fundamentales para el buen desarrollo del proyecto. Quiero también agradecer a Sebastián Rubiano, estudiante de Derecho de la Universidad de los Andes, quien en varias ocasiones se desempeñó como mi asistente de investigación e igualmente participó de lleno en la investigación empírica.

Fueron muchas las personas que comentaron los borradores iniciales de este libro, en particular aquellos que contienen la reflexión teórica consignada en la introducción y en los tres capítulos finales de esta publicación. En particular, quiero agradecer a todos los miembros de Dejusticia por haberlos leído y comentado durante los seminarios de discusión que se llevaron a cabo en el proyecto. Quiero destacar, en particular, el apoyo que recibí de María Paula Saffón, cuya participación en toda la etapa investigativa del proyecto de investigación que dio lugar a este libro y cuyo apoyo en la discusión y análisis de la teoría sobre la cultura del incumplimiento de normas que aquí se propone, fueron fundamentales. También estoy muy agradecido con amigos y colegas que leyeron borradores parciales u oyeron con paciencia, y comentaron juiciosamente mis explicaciones sobre algunos puntos álgidos de este libro. Quiero agradecer de manera especial a Jorge Orlando Melo, Fernando Escalante, Rodolfo Arango, Héctor Abad Faciolince, Alberto Aguirre, Álvaro Tirado Mejía, Roberto Gargarella, Cristina Motta, Martin Böhmer, Eduardo Cifuentes, Francisco Leal Buitrago, Camilo Cárdenas, Andrés Botero, Fabio Giraldo, María Teresa Hincapié, Margarita Garrido, Eric Rambo, Iván Orozco, Gustavo Duncan, Eduardo García Villegas, Andrés Rodríguez, Roberto Luis Jaramillo, Luis Carlos Arenas, Antanas Mockus, Pablo Mitnik, Franscisco Scarano, Alberto Vargas, Lisa Mackinnon, Manuel Iturralde y Alexandra Huneeus. Estoy seguro de que hay otros nombres que se me escapan en este momento, a quienes les ruego me excusen por mi mala memoria, que es la única causa de esta omisión.

Recibí valiosas ayudas académicas del Institute for Legal Studies (ILS) de la Universidad de Wisconsin, durante un par de estadías en ella. Por eso mi gratitud para su director, Howard Erlanger, y para su directora administrativa, Pamela Hollenhorst. También quiero agradecer a los miembros del Centre d'Études et de Recherche sur le Droit, l'Histoire et l'Administration Publique (CERDHAP) de la Universidad de Grenoble, y muy particularmente a su director Jean-Charles Froment, por su apoyo en las distintas ocasiones en las que fui profesor invitado. Allí tuve la ocasión de presentar y discutir lo esencial de esta investigación, lo cual me permitió recibir valiosos comentarios de Marie-Julie Bernard, Martine Kaluszynski, Laurence Demoulin, Marcel Tercinet y del propio Jean Charles Froment, entre otros. También agradezco a mis colegas y amigos Jacques Commaille, Liora Israel y Jérôme Pélisse, con quienes discutí estos temas y de quienes recibí valiosos comentarios.

Por último, quisiera agradecer a mi familia —Ángela, Julia y Emilio— por la consideración y el afecto que siempre tuvieron para conmigo durante estos últimos años, sobre todo en aquellas ocasiones en las cuales tomé la decisión de trabajar en este libro en lugar de estar con ellos. Quizás no lo hubiera hecho, si no estuviese convencido de que ellos saben muy bien que esas elecciones circunstanciales no concuerdan con mis prioridades en la vida.

1
INTRODUCCIÓN:
LA CULTURA DEL INCUMPLIMIENTO DE REGLAS

Mauricio García Villegas

La cultura del incumplimiento de reglas en América Latina se remonta a los tiempos de las colonias española y portuguesa.[1] Desde entonces, escritores, pensadores y gobernantes, a lo largo del continente, se han referido a la inobservancia de reglas. Ya en 1743, por ejemplo, el virrey Eslava se quejaba ante sus superiores porque consideraba que "las provincias de la Nueva Granada eran prácticamente ingobernables" (McFarlane 1999: 300). Algo similar sucedía en las colonias portuguesas donde, según Gilberto Freyre, el rey reinaba pero no gobernaba (Freyre 1946: 27). Allí también, dice Keith Rosenn (1985: 8), "la diversidad de medios destinados a transmitir la voluntad del rey hacia las colonias es-

---

1 Véanse, por ejemplo, Keen (1996) y Morse (1974). Por otra parte, O'Donnell (1998: 330) ha mostrado cómo éste no es un fenómeno exclusivo de América Latina. Moisés Naim, el editor de *Foreign Policy*, publicó recientemente un libro que contiene una amplia reseña de las ilegalidades más notorias del mundo globalizado actual (Naim 2005); véase también Ellickson (1991).

taba casi duplicada por la diversidad de medios utilizados por los administradores de las colonias para frustrar esa voluntad". Era tal la brecha entre el derecho escrito y la realidad, que Juan B. Terán sostiene que el estudio de la legislación sólo era útil para conocer algunos rasgos característicos de la psicología del español, pero que en todo caso no proporcionaba idea alguna de la vida colonial (Terán 1927). El desacato era un fenómeno regularizado y justificado, a tal punto que autores como John Phelan o John Lynch sugieren que una causa importante de la rebelión que dio lugar a la independencia fue el propósito imperial de imponer, a través de las reformas borbónicas de finales del XVII, la autoridad y el cumplimiento de la ley (Phelan 1978).

Con el arribo de la independencia, las normas cambiaron, pero la realidad social y la brecha entre el derecho y la realidad se mantuvieron prácticamente como estaban. El político y escritor del siglo XIX, Ignacio de Herrera, sostenía que la desobediencia al derecho era una costumbre general en la Nueva Granada, que venía desde la colonia, y que las leyes eran promulgadas pero que de diversas maneras ellas resultaban siendo desobedecidas. Por la misma época, Benito Juárez, en México, se lamentaba de "esa tendencia que generalmente se observa en los pueblos de sustraerse de las obligaciones que las leyes les imponen" (Juárez 1987: 225). Ya en el siglo XX, Octavio Paz decía que en México se vivía en una "mentira constitucional", puesto que las leyes nunca se cumplían (citado por Escalante 2006: 12).[2]

Hay que anotar, además, que todos los sistemas de reglas tienen un cierto grado de incumplimiento, y más aún, que eso los justifica. El célebre teórico del derecho Hans Kelsen se refiere a este asunto cuando sostiene que el derecho no tiene sentido en los casos de cumplimiento o de incumplimiento plenos (1984: 24). La importancia de este fenómeno en la cultura social y política del continente latinoamericano proviene entonces de su grado, de su recurrencia, y no del simple hecho de que exista.

2 "Históricamente, la constitución y las leyes sólo se han cumplido en la forma y se han violado en el fondo", dijo el ex candidato a la presidencia Manuel López Obrador en uno de sus discursos en El Zócalo. Citado por Catalina Pérez Correa (2007).

Una prueba quizás más elocuente del profundo arraigo que siempre ha tenido la cultura del desacato en América Latina es el propio lenguaje popular. Así, por ejemplo, aquí son de uso frecuente expresiones como "hecha la ley, hecha la trampa", "la ley es para los de ruana", u otras más oficiales como "se acata pero no se cumple". En Brasil, la expresión *jeito* se refiere a toda una cultura destinada a resolver problemas por encima —o por fuera— de los códigos, las normas y las leyes (Rosenn 1985). Existe una vieja expresión brasilera que reza "manda quem pode, obedece quem quer" (manda quien puede, obedece quien quiere) y es un buen reflejo de la disparidad entre las visiones del poder y de la ley que tienen los gobernantes y los súbditos.

Pero tal vez la expresión más diciente de esta cultura sea aquella que dice "para mis enemigos la ley, para mis amigos todo", de la cual existen muchas variaciones. El presidente de México, Benito Juárez, dijo alguna vez: "para mis amigos paz y justicia, para mis enemigos la ley"; y en alguna ocasión el escritor mexicano Fernando Escalante me dio a conocer esta otra cruda versión: "Para el amigo, hasta el culo; para el enemigo, por el culo, y para el indiferente, la ley vigente".

En la literatura latinoamericana también abundan las referencias a la cultura del incumplimiento, a través de personajes indómitos que no se someten a nadie. *Martín Fierro*, la obra emblemática de la literatura argentina, relata la visión del mundo de un policía rural que se rebela contra la orden de capturar a un delincuente. También en el país gaucho, *Don Segundo Sombra*, de Ricardo Güiraldes, cuenta la vida de personajes que viven altivos y libres, sin necesidad de una sociedad y menos aún de un Estado. Lo mismo se aprecia en *El mundo es ancho y ajeno*, del peruano Ciro Alegría y en la novela de Eduardo Gutiérrez, *Juan Moreira*. En *El chulla Romero y Flores*, del ecuatoriano Jorge Icaza, se muestra una sociedad escindida por las diferencias de clase y de poder, en la cual nadie cumple las reglas. De igual forma, encontramos personajes ingobernables, que no se someten a nadie, en Venezuela, como Ño Pernalete y Mujiquita, de la novela *Doña*

Bárbara, de Rómulo Gallegos, o en Perú, como el Jaguar en *La ciudad y los perros* de Mario Vargas Llosa.

Además, muchos cuentos infantiles latinoamericanos exaltan la astucia y la viveza; en ellos se relata la historia de un personaje picaresco que sale adelante en medio de la adversidad. En Brasil existe el cuento "La sopa de piedras", en Ecuador el de "Tío Conejo y Tío Lobo", en Guatemala "Pedro Urdemales", en Perú se cuenta la historia "El bastón de Santo Lloque", en República Dominicana está el cuento "Juan Bobo y el secreto de la princesa", en Venezuela "Pedro Rimales, curandero" y en Nicaragua "El rey de hojarasca". En todos ellos, el pícaro sale airoso en medio de una adversidad que lo tenía condenado.

Pero la literatura no sólo se ocupa del incumplimiento de los individuos, sino también de aquel del Estado. En *Yo el Supremo* de Augusto Roa Bastos y en *El otoño del patriarca* de Gabriel García Márquez, el Estado es una institución sometida al capricho de los gobernantes, más que a la ley. En *El coronel no tiene quien le escriba* —también de García Márquez— se relata la espera interminable de un oficial al que no le llega su pensión.

***

No obstante su omnipresencia a lo largo de la historia latinoamericana, el incumplimiento de reglas es un fenómeno poco estudiado. Dice Carlos Santiago Nino (2005: 28):

> Es sorprendente que no obstante la visibilidad de la tendencia argentina hacia la ilegalidad [...] ella no haya sido señalada hasta ahora por politólogos, historiadores y economistas como un factor significativo para dar cuenta del subdesarrollo argentino.

El desinterés por la cultura del desacato hace parte de la indolencia general que, hasta hace muy poco, las ciencias sociales latinoamericanas experimentaban frente a los temas culturales y, en particular, frente a las creencias de la gente. Se pensaba que las grandes verdades del poder y la sociedad sólo estaban vinculadas a las estructuras económicas, y la percepción que la gente del común tuviera del poder y de la sociedad no tenía mayor importancia.

Ha habido excepciones, claro. Quizás la más notable de todas es la del antropólogo Roberto DaMatta, para quien la manera como el pueblo brasileño canta, baila y festeja es una indicación clave para comprender el sistema social y, en particular, el desapego de los individuos frente al poder y la autoridad. Algo similar hace Jorge Mañach en su escrito *Indagación del choteo*, con respecto al pueblo cubano. También están los escritos de Julio Mafud, en especial su *Psicología de la viveza criolla*, donde el autor describe con agudeza la manera como el argentino siempre intenta sacar provecho al relacionarse con la autoridad. Sobre el comportamiento de los argentinos, no se puede dejar de lado el libro de Carlos Santiago Nino, *Un país al margen de la ley*, en el cual, desde una perspectiva sociológica, Nino intenta mostrar los costos que el incumplimiento tiene para la democracia y el desarrollo. Algunos historiadores de América Latina también se han preocupado por encontrar en la cultura popular elementos para comprender la relación que los latinoamericanos tenemos con la autoridad y con la ley, como en el caso de José Luis Romero en Argentina, de Leopoldo Zea en México y de Mario Góngora en Chile. Entre ellos también podría ser incluido el libro *Facundo*, del intelectual y ex presidente argentino Domingo Sarmiento.

Quizás una de las razones por las cuales el tema del incumplimiento de reglas ha sido tan poco estudiado en profundidad es su amplitud y la cantidad de aspectos —sociales, morales, políticos, económicos— que involucra. En esta introducción me propongo reducir un poco esa amplitud. Más específicamente, intento hacer tres cosas: primero, reseñar algunos estudios e ideas que se han escrito sobre la cultura del incumplimiento de reglas en Colombia; segundo, delimitar el concepto de incumplimiento; y finalmente, presentar la estructura y el contenido de este libro.

ESTUDIOS, IDEAS Y PROYECTOS SOBRE EL INCUMPLIMIENTO DE REGLAS

Colombia no es una excepción en este panorama de sociedades poco respetuosas de las reglas. A finales del siglo XIX, el escritor y político José María Samper denunciaba la existencia de dos países, uno legal y otro real. Desde entonces, los políticos han seguido denunciado la existencia de esa brecha y por ahí derecho han contribuido a ahondarla, no sólo a través de las leyes defectuosas o inaplicables que ayudan a promulgar, sino siendo ellos mismos los primeros en desconocer lo que éstas ordenan cuando les corresponde ejercer poder o autoridad. Pero no sólo en el mundo político se tiene esa impresión: Gabriel García Márquez sostuvo alguna vez que en los colombianos cohabitan "la justicia y la impunidad; somos fanáticos del legalismo, pero llevamos bien despierto en el alma un leguleyo de mano maestra para burlar las leyes sin violarlas o para violarlas sin castigo" (1996: 7).

Lo sorprendente es que esta cultura del desacato no haya despertado mayor interés entre los académicos colombianos. Los historiadores hacen referencia frecuente a la falta de cumplimiento de las reglas, pero no se detienen a explorar las raíces ni las causas de ese comportamiento. La ciencia política prácticamente se ha desentendido de todo lo que tiene que ver con la eficacia del derecho, a pesar de la importancia insoslayable que ha tenido el discurso jurídico —para bien y para mal— en la construcción de la cultura política nacional. La sociología, por su parte, ha estado más preocupada por comprender la dominación de las clases subalternas que por estudiar comportamientos sociales, temas culturales o institucionales.

1. Sólo recientemente, algunos economistas se han interesado por el tema del desacato de normas como parte de su preocupación por las causas de la violencia. Muchos de los estudios publicados por estos economistas han puesto en tela de juicio interpretaciones previas según las cuales, la desigualdad, la pobreza,

o la falta de apertura democrática explican los altos índices de criminalidad y violencia en Colombia.[3] Según estos nuevos estudios, en cambio, la ausencia de instituciones estatales y, en particular, la falta de una justicia penal eficiente y capaz de disuadir a los delincuentes, son la causa de la extraordinaria reproducción del crimen que tuvo lugar en Colombia a finales del siglo XX.[4] El auge del fenómeno del narcotráfico y la facilidad que tienen los carteles de la droga para reclutar gente dispuesta a traficar no son el resultado de una cultura de la ilegalidad propiamente colombiana, sino de la incapacidad del Estado para desincentivar esta actividad criminal. Así por ejemplo, Armando Montenegro (1995) afirma que el colapso del sistema judicial ante el narcotráfico es "una de las explicaciones más razonables sobre el crecimiento explosivo de la violencia criminal". En Colombia no hay narcotráfico porque haya miseria —dice Salomón Kalmanovitz (2001)—, sino porque el narcotráfico se ve favorecido por un sistema de justicia deficiente y corrupto.

Particular interés para el tema de la cultura del incumplimiento tienen los análisis del profesor Francisco Thoumi, quien coincide con sus colegas en que la falta de sanciones es la causa principal del florecimiento de la ilegalidad en Colombia. La particularidad del análisis de Thoumi está en que, a su juicio, esa falta de sanciones no es simplemente un asunto de debilidad estatal, sino también de debilidad social, en el sentido de que la sociedad

---

3 Históricamente, la defensa de esta hipótesis ha sido atribuida al informe de la Comisión de Estudios sobre la Violencia, publicado por el Instituto Colombiano para el Desarrollo de la Ciencia y la Tecnología (Colciencias) y la Universidad Nacional en 1987, bajo el título *Colombia, violencia y democracia* (Sánchez 1987).

4 Entre los aportes más destacados de esta nueva visión se encuentran los textos de Mauricio Rubio (1996, 1999). Otros textos clásicos son el de Camilo Echandía (1999) acerca de la violencia en las regiones; el de Alejandro Gaviria (2000) sobre cómo la falta de justicia ofrece oportunidades para una mayor expansión de la violencia; así como el texto de Armando Montenegro, Carlos Posada y Gabriel Piraquive (2000). Véanse igualmente Echeverri y Partow (1998), Fabio Sánchez (2006) y Bejarano (1990: 15-16).

colombiana es demasiado tolerante con la ilegalidad (Thoumi 2002). Según el profesor, Colombia no sólo es el principal exportador de cocaína a nivel mundial, sino "uno de los primeros productores de dólares falsos en el mundo y en ello compite con México; produce también cantidades de pasaportes falsos y es el segundo exportador latinoamericano de prostitutas a Europa" (Thoumi 2008: 2-3).[5] Thoumi se pregunta: ¿por qué esto sucede en Colombia y no en Perú o en Bolivia, donde la gente también es pobre? La respuesta, según él, no está en la naturaleza moral del colombiano: "lo que pasa es que en Colombia, dadas sus características geográficas, nunca fue posible realmente tener un Estado que controlara el territorio, que contribuyera a crear comunidad, que generara solidaridad". A falta de Estado, se formó una sociedad desestructurada, sin capital social y con un fuerte individualismo; una sociedad "donde todo el mundo compite con todo el mundo". El autor citado concluye que para imponer el imperio de la ley en Colombia es necesario que existan sanciones efectivas por parte del Estado y, sobre todo, que existan sanción y reproche sociales para las conductas de los infractores.

2. Los economistas también han mostrado que existen importantes vínculos entre la cultura del cumplimiento y el desarrollo económico y social. En aquellas sociedades en las que más se cumple y, por ello mismo, en las que más se confía en que los demás cumplirán, los negocios son más fáciles de hacer, los costos de la economía se reducen y todo funciona mejor. El Premio Nobel de Economía, Douglass North, cuenta que la primera vez que fue a una fábrica de textiles en Perú en 1980, preguntó cuánto se demoraba conseguir un repuesto para una de las máquinas, ante lo cual el dueño de la fábrica respondió que, por la vía legal, dieciocho meses, mientras que por la vía ilegal dos semanas. En Tampa, Florida, el repuesto se consigue en doce horas, agrega North (2001: 320).

---

[5] Las siguientes citas en esta página provienen de esta fuente.

El desarrollo económico no es sólo un asunto de números y capitales, sino también de valores y percepciones.[6] La manera como los individuos ven las normas estatales y el poder público tiene consecuencias no sólo judiciales y criminales, sino también económicas. La corrupción y el soborno, por ejemplo, se sustentan, en buena parte, en la percepción compartida de que las instituciones y sus leyes pueden ser engañadas. Todo esto tiene que ver con la idea de capital social, puesta de moda en la década de los noventa por Robert Putnam.[7] En un estudio en el que comparaba el norte y el sur de Italia, Putnam (1992) intentó mostrar cómo los diferentes grados de confianza entre los actores sociales y de seguimiento de normas de convivencia ciudadana, a lo cual llamó "cultura cívica", explican en buena parte el desarrollo diferenciado de esas dos regiones.[8] La confianza conduce a la cooperación, y así disminuyen los conflictos y los costos de transacción. En un sentido similar, James Coleman (1990) sostiene que una mayor integración social implica una mayor reciprocidad, expectativas sociales más firmes y comportamientos más confiables, lo cual implica un bien colectivo que se traduce en progreso y bienestar.[9]

---

6 La dominación tampoco es una simple cuestión de capital económico. Pierre Bourdieu (1979) ha mostrado la importancia que tiene la cultura en la explicación de la dominación.

7 Sin embargo, el concepto de capital social no es algo nuevo para la sociología. La importancia de la integración social ha sido considerada desde Émile Durkheim (1993) como elemento dinamizador del progreso de los pueblos. Un antecedente más directo y preciso se encuentra en la obra de Pierre Bourdieu (2000). Aún así, hay una diferencia entre la idea de capital social en Bourdieu y en autores como Putnam y Coleman. Mientras el primero se interesa por explicar los mecanismos sociales a través de los cuales se produce y reproduce la dominación, los segundos intentan desentrañar las claves del éxito en sociedades que han logrado el desarrollo económico.

8 Véase, igualmente, Fukuyama (1995). Es necesario aclarar que se trata de un concepto con múltiples definiciones y perspectivas. Al respecto véase, por ejemplo, Dasgupta y Serageldin (2000).

9 Esta idea de capital social ha sido objeto de críticas. Una de ellas sostiene que la relación de causalidad que allí se establece es problemática: no se sabe qué

Ronald Inglehart ha hecho una aplicación importante de estas ideas, al interesarse por la manera como los valores sociales inciden en el desarrollo económico y en la democracia. En su libro *Modernización y posmodernización. Cambio cultural, económico y político en 43 sociedades*, el autor sostiene que algunas sociedades se inclinan más por la búsqueda de valores materiales, como la seguridad física y económica, mientras que otras prefieren la búsqueda de la autoexpresión y el mejoramiento de la calidad de vida, a lo cual el autor denomina valores postmaterialistas. Esta escala de valores está directamente relacionada con el desarrollo económico: los países industrializados prefieren los valores postmaterialistas, mientras que los demás se aferran a los materialistas. Por otra parte, las sociedades también varían según el tipo de autoridad que prefieren. Ésta puede ser —siguiendo a Max Weber— tradicional y fundada en los lazos comunitarios y en la religión, o secultar y fundada en normas universales y racionales. La combinación de estas dos variables —supervivencia/autoexpresión y tradición/secular— es la base para clasificar los países en un conocido cuadro que relaciona un eje horizontal (supervivencia/autoexpresión) con un eje vertical (tradicional/secular). Los países más desarrollados se encuentran en la parte superior derecha del cuadrante; Rusia y los países ex comunistas en la parte superior derecha; África y parte de Asia en la parte inferior izquierda y Latinoamérica en la parte inferior derecha.

Las ideas de capital social, y en particular la teoría de Inglehart, han tenido una importante recepción en Colombia. Un ejemplo de ello es el estudio publicado por María Mercedes Cuéllar bajo el título *Colombia: un proyecto inconcluso. Valores, instituciones y capital social* (2000), resultado de una encuesta nacional realizada en junio de 1997 a 3.000 personas, con base en

causa qué. ¿Es porque las sociedades son cívicas que se desarrollan? o ¿es el civismo una expresión del desarrollo? Quizás la respuesta pueda hallarse entre las dos posibilidades: el civismo ayuda al desarrollo y el desarrollo contribuye al civismo, en una especie de incidencia recíproca. Para una crítica a las teorías del capital social, véase Portes (1998).

la metodología del *World Values Survey*, liderada por Inglehart y aplicada en 61 países. Otro estudio significativo en este mismo sentido es el reciente informe sobre la evolución del capital social en Colombia entre 1997 y 2005, llevado a cabo por el investigador John Sudarsky (2001; 2007).

Pero quizás la más ambiciosa de todas las investigaciones de este género sea la publicada con el título *Nuestra identidad* (Herrera 2006), la cual también hace parte de la encuesta mundial sobre valores, liderada por Inglehart.[10] Los resultados del estudio muestran que Colombia es una sociedad muy católica, ampliamente familiar y con serios problemas de seguridad. En el cuadro de Inglehart, Colombia se encuentra ubicada en la parte inferior derecha, muy cerca del centro y muy por debajo de la línea vertical. Países como Chile, México, Argentina y Brasil se encuentran por encima de Colombia, lo cual significa que tienen una concepción de la autoridad menos tradicional y más secular.

> Somos claramente tradicionales porque creemos firmemente que Dios es importante para nuestras vidas (94%) [...]. Somos muy dados a respetar la autoridad con obediencia (87%) y estamos muy orgullosos de ser colombianos (88%).

Sin embargo, el estudio muestra una tendencia hacia una mayor secularización del poder, lo cual se manifiesta en mayor medida en los jóvenes y en la ciudad de Bogotá.

3. Por fuera de las ciencias sociales ha habido intentos dispersos para captar la disposición cultural de los colombianos frente a las reglas. Algunos de ellos se encuentran en ese subgénero

---

[10] Los antecedentes de esta investigación datan de 1981, cuando se hizo el *Estudio Europeo de Valores* (*European Values Survey Group* [EVS]). Un segundo estudio de este tipo se llevó a cabo en 1990 y luego en 1995, de tal manera que el actual constituye la cuarta generación de este tipo de investigaciones. Colombia participó en la tercera generación con los trabajos de John Sudarsky —apoyado por el Departamento Nacional de Planeación— y María Mercedes Cuéllar —apoyado por la Universidad Externado de Colombia.

literario que podríamos denominar "¿Quiénes somos?" —en casi todos los países existe algo de esto—, que busca captar el alma nacional de los colombianos.[11] Desde la independencia, en Colombia se ha intentado responder a la pregunta "¿Quiénes somos los colombianos?". El primero en hacerlo fue Francisco José de Caldas —llamado el sabio Caldas—, quien creía que la ciencia podía dar respuesta a las preguntas sobre la identidad de los pueblos. Siguiendo lo dicho por Montesquieu, Cornelius de Pauw y George Buffon, Caldas sostenía que el carácter de la gente estaba influenciado por el clima, la presión atmosférica, la cantidad de oxígeno, la disposición de las montañas y cosas por el estilo. La locuacidad del costeño, la gravedad de los indios, el romanticismo de los campesinos de los Andes, todo ello estaba determinado por las condiciones físicas en las que vivían. Algo parecido sostuvo mucho más tarde Laureano Gómez, cuando dijo que esta parte del mundo, donde faltan las estaciones tanto como los grandes hombres, nada grande había producido.

En el siglo XIX era frecuente relacionar el mestizaje con el estudio de la personalidad. Colombia no fue la excepción. Luis López de Mesa (1970), por ejemplo, describía al colombiano como alguien que era África, Europa, América y Asia al mismo tiempo, lo cual hacía de él un ser generoso, plástico y universal, pero estas cualidades —según López de Mesa— no eran suficientes para sacar al pueblo del atraso en el que se encontraba.

---

[11] Este no es un tema pacífico. Algunos sostienen que es imposible hablar de una identidad colombiana, como lo hace Jorge Orlando Melo. Si tratamos de encontrar qué es lo que la gente cree que la define como colombiana —dice Melo— comprobamos de inmediato que las razones no cambian de persona a persona: "En los discursos colombianos sobre la identidad aparecen rasgos como el respeto a la democracia y la viveza del que comete fraude, el tradicionalismo y el abandono de toda tradición, la violencia y el amor a la paz, la capacidad creadora y la incapacidad para la invención científica [...] el machismo y el respeto por las mujeres" (Melo 2006). A mi juicio, el recuento de visiones reseñadas en este apartado sobre "nuestra identidad", corrobora la visión escéptica que defiende Melo. Al respecto, he escrito algunas columnas en el periódico *El Tiempo*, defendiendo esta visión escéptica. Véanse, por ejemplo, García Villegas (2006a, 2006b y 2007).

El autor pensaba que al colombiano le faltaba el sentido épico de la conquista del pueblo anglosajón.

Otros estudios han abordado el tema desde la perspectiva de la psicología, como lo hace Rubén Ardila en su *Psicología del hombre colombiano*. Basándose en una investigación sobre la educación de los niños, Ardila muestra las diferencias entre los habitantes de las distintas regiones de Colombia respecto a la concepción que tienen de la familia, los valores, la justicia, el sexo y la vejez, entre otros temas. Este libro parece estar destinado a desvirtuar las visiones demasiado pesimistas —como las de su colega Gerardo Marín—, que ven en rasgos como el personalismo, la pasividad, el desinterés por el futuro, el afán de aparentar, el amiguismo, el tradicionalismo y el dogmatismo, entre otros, lo esencial de la personalidad del colombiano.[12]

Lo cierto es que optimistas como Ardila no abundan en este tipo de literatura, y menos aún en épocas aciagas de nuestra historia, como lo fueron los finales y mediados de los siglos XIX y XX. Muchos han querido encontrar en la personalidad del colombiano una respuesta para explicar nuestros males, en especial la violencia y la corrupción. La inmoralidad y el marcado individualismo son los rasgos que más denuncian los estudiosos de la identidad nacional. "Todo es inmenso en Colombia, todo menos el hombre en el terreno moral", decía José María Vargas Vila, parafraseando lo dicho por Alcides Arguedas acerca de los bolivianos.[13] Para muchos, esa inmoralidad se origina en el gusto por los placeres mundanos. A finales del siglo XIX, el presbítero Federico Aguilar (1984) consideraba que la holgazanería y la parranda explicaban esa "[...] desmoralización que nos hace buscar en las pillerías, en la mala fe, en el juego, en las estafas, en

12 Desde esta misma perspectiva psicológica, otros autores, como Rogelio Díaz Guerrero, han intentado una explicación más sociológica de la personalidad del colombiano. Para este autor, la raíz de esta explicación está en las condiciones socioeconómicas.

13 "Todo, todo es inmenso en Bolivia, todo, menos el hombre" (Arguedas 1979).

el tinterillaje, en la política lo necesario para mantener los vicios que hemos contraído en la ociosidad [...]". En un tono similar, En su obra *La crisis contemporánea: estudios sociales*, Gonzalo Restrepo Jaramillo se lamentaba del "colombiano pragmático", que carece de necesidades espirituales: "los únicos placeres para él son los sensuales; en ellos se harta". Hay en estas palabras cierta nostalgia por un pasado supuestamente mejor, en el cual la religión y el orden estaban garantizados. Lo mismo se aprecia en Horacio Gómez Aristizábal, quien titula su libro *La decadencia del pueblo colombiano*.

Para otros, en cambio, los males vienen justamente de ese pasado católico, que sembró la hipocresía y la doble moral en el alma del colombiano. En Antioquia existe toda una veta de escritores críticos, desde Juan de Dios Uribe (el indio Uribe) y Camilo Antonio Echeverri (el tuerto Echeverri), hasta Fernando Vallejo y Alberto Aguirre, pasando por Gonzalo Arango y Fernando González; todos ellos encontraron en las tradiciones católicas impuestas por la burguesía decadente la causa de una personalidad nacional vendida al pillaje y la felonía.

Muchos autores destacan la habilidad del colombiano para mentir y hacer trampa.

> En cualquier género de actividades que despliegue, el colombiano —dice Horacio Gómez Aristizábal— muestra la innata tendencia a mentir y a engañar, porque, se le figura, son condiciones indispensables del éxito. (Citado por Puyana 2000: 287)

Y a robar también, dice Germán Puyana, quien sostiene que en 1993 el Palacio de Nariño tuvo que sustituir el juego oficial de cubiertos de plata por otro de fantasía, debido a que poco a poco se fueron perdiendo las piezas (Puyana 2000: 302). Así mismo, en Colombia quien tiene dinero siempre es objeto de sospecha: "los antioqueños primero se enriquecen y luego se honradecen", dijo alguna vez un bogotano al referirse a los ricos de Medellín.

Muy cerca de ese engaño banalizado está la pasión de los colombianos por la simulación. Aquí todo el mundo quiere ser lo que no es, dice Gómez Aristizábal. En *El buen salvaje*, Eduardo Caballero Calderón cuenta que, a mediados del siglo XX, la comunidad de colombianos que vivía en París se componía de unos cuantos estudiantes que no estudiaban, de algunos pintores que casi no pintaban y de escritores que no escribían. Sin embargo, con la palabra, todos ellos construían falsos mundos de éxito profesional y artístico.

El individualismo también es señalado como un rasgo típico de la personalidad del colombiano. Para Indalecio Liévano Aguirre —en su obra *Los grandes conflictos sociales y económicos de nuestra historia*—, la desconfianza y el individualismo son las características distintivas del colombiano,[14] lo cual parece ser confirmado por la Encuesta Colombiana de Valores, uno de cuyos datos afirma que el 81% de los colombianos desconfía de los demás. Claudia López (2006), con base en esa misma encuesta, muestra cómo más de la mitad de los colombianos no participa en ningún tipo de organización social, política, religiosa o de cualquier otro tipo.[15] Hernando Gómez Buendía habla de un japonés al que se le preguntó por qué su país se había desarrollado, mientras que Colombia seguía estancada, a lo cual el japonés respondió: "un colombiano es mucho más inteligente que un japonés, pero dos japoneses son mucho más eficaces que dos colombianos". Este comentario le sirve a Gómez Buendía (1999) para señalar que nuestra viveza individual es una bobería colectiva.

La crisis de los años noventa dio lugar a una abundante literatura sobre la idiosincrasia del colombiano.[16] Entre lo publicado, vale la pena destacar el libro *¿Por qué somos así?* del genetista

---

14 Algo similar sostiene Mauro Torres en su libro *De cómo se ha deformado la nación colombiana*.

15 Además, la mitad de quienes participan lo hacen en organizaciones de tipo religioso.

16 Véanse Germán Puyana (2000) y Fernando Iriarte (2001).

Emilio Yunis (2003), quien luego de rechazar toda responsabilidad de la genética en la explicación de nuestros males, se detiene en el carácter ladino del colombiano, en su opinión, nuestro rasgo más característico. El embuste, el engaño, la mimesis —según el autor— hacen parte esencial de este comportamiento ladino.

4. No es posible hablar hoy de cultura de la ilegalidad y de cumplimiento de normas en Colombia, e incluso en América Latina, sin hacer referencia a lo dicho y hecho por Antanas Mockus, alcalde de Bogotá en dos ocasiones (1995-1997 y 2000-2003), y quien antes de ser gobernante se desempeñó como rector de la Universidad Nacional de Colombia. En el país se le conoce como el alcalde que transformó la ciudad de Bogotá a partir de sus consignas culturales.[17] Su programa político, sin embargo, no era exclusivamente cultural, como lo demuestran sus logros en la disminución de la criminalidad y el pago de impuestos (Mockus, 2008). Lo cierto es que Mockus hizo ver el potencial que tenía una política de respeto por las normas, respaldada con sanciones efectivas para quienes las incumplen.

El ex alcalde ha escrito mucho sobre cultura de la legalidad, pero siempre parte de un mismo modelo teórico, según el cual, el gran mal de la sociedad colombiana se encuentra en el divorcio que en ella existe entre la regulación legal, la moral y la cultural.[18] Mientras en las sociedades modernas, dice Mockus, el Estado "garantiza el cumplimiento de un único sistema congruente de leyes que favorece —dentro de ciertos límites— la coexistencia

---

17 No fue el único, también tienen mérito en esta transformación los alcaldes Enrique Peñalosa y Luis Eduardo Garzón.

18 La ley es explícita, tiene como fuente la "voluntad popular" encarnada en el legislador, contempla sanciones específicas —multa, cárcel, destitución, etc.— y es aplicada por autoridades facultadas precisamente para ello, como los jueces. La moral, en cambio, es implícita, su fuente es la persona humana, tiene como sanción la culpa, y es aplicada por el propio sujeto. La regulación cultural, por su parte, se encuentra incorporada de manera difusa en los comportamientos sociales, tiene como fuente los valores decantados en el pasado en una sociedad o en una comunidad, y la sanción que contempla es la vergüenza, aplicada por los mismos individuos en la sociedad (Mockus 2001).

de distintas actitudes morales y tradiciones culturales", lo cual a su vez permite el pluralismo moral y cultural, en una sociedad como la colombiana existe un divorcio entre la regulación legal, moral y cultural. Como consecuencia de ello, el incumplimiento de la ley no es visto como algo moral o socialmente reprochable. Ese divorcio ha llevado a "un auge de la violencia, de la delincuencia y de la corrupción; al desprestigio de las instituciones; al debilitamiento de las tradiciones culturales y a una crisis de la moral individual". Estos males se profundizan en Colombia porque la sociedad los considera culturalmente aceptables; los comportamientos ilegales son socialmente —e incluso moralmente— tolerados.

Para enfrentar estos flagelos sociales, sostiene Mockus, es necesario intensificar la argumentación y la discusión crítica entre las personas —para lo cual invoca a Jürgen Habermas—, incentivar la autorregulación —que la gente proteste cuando otros incumplen—, mejorar la capacidad para concertar acuerdos entre los súbditos e imponer un mayor cumplimiento de las normas básicas de convivencia. Con estos propósitos, el ex rector creó toda una serie estrategias de cultura ciudadana —desde mimos en las calles hasta propuestas de ahorro de energía, pasando por mecanismos de autorregulación entre conductores—, que tuvieron un impacto sin duda favorable en la ciudad.

Antanas Mockus ha publicado varios textos en los cuales expone su política y muestra los resultados obtenidos. Uno de ellos contiene un diagnóstico de la cultura del incumplimiento en Bogotá, publicado en un libro titulado *Cumplir para convivir* —en coautoría con Jimmy Corzo—, que recoge los resultados de una gran encuesta hecha a estudiantes de noveno grado en colegios de la ciudad. La investigación intenta mostrar qué tanto saben convivir los jóvenes de la ciudad.[19] Las preguntas hechas a los

[19] Los investigadores entienden por convivir un comportamiento que hace primar la ley sobre la moral y la cultura, sin afectar el pluralismo moral y cultural. Dicho en otros términos, definen la armonía entre estos tres órdenes reguladores como

estudiantes correspondían a cinco factores: 1) capacidad para celebrar y cumplir acuerdos, 2) anomia (desobediencia de la ley por razones culturales o de utilidad), 3) aversión a las normas, 4) pluralismo y tolerancia, y 5) descuido (negligencia respecto a acuerdos).

Los resultados obtenidos sirven para clasificar a la población en tres grupos: en primer lugar, los cumplidores (29%), para quienes existe una armonía entre ley y moral, y una superioridad de la alianza ley-moral sobre la cultura; en segundo lugar, los cuasi-cumplidos (36%), los cuales se caracterizan por adoptar posiciones intermedias o flexibles ante el incumplimiento propio o ajeno. Finalmente, los anómicos (35%), quienes suelen justificar la desobediencia de la ley por razones económicas, de necesidad, de interés, etc.

Si se analizan estos resultados por clase social, se encuentra que el 33% de los cuasi-cumplidos pertenece a colegios privados de matrícula alta y representan el 57% de los alumnos de estos mismos colegios (Mockus y Corzo 2003: 87). Esto podría indicar una cierta preferencia de la clase alta por posiciones pragmáticas, que permitan introducir excepciones a las normas legales sin afectar el orden. Por otra parte, los estratos medio y bajo concentran el 70,8% de los jóvenes anómicos, pero también el 62,1% de los cumplidos. En cualquiera de los estratos, la anomia afecta al 16% de los jóvenes. En el estrato bajo, el 32% es cumplido, sólo el 25% es cuasi-cumplido y el 42% es anómico. Estos mismos porcentajes, en el estrato medio son 29,7%, 41,9% y 22,9%, respectivamente; y para el alto 27,4%, 49,7% y 22,9%. De todas estas cifras, sorprenden la preferencia por el cuasi cumplimiento de la clase alta y la división entre cumplidos y anómicos de la clase baja. La importancia del cuasi cumplimiento refleja la relatividad o flexibilidad de las normas. Los estudiantes creen en las reglas

"la conjunción de 1) no aprobación moral ni cultural de comportamientos ilegales, 2) aprobación moral y cultural de las obligaciones legales y 3) pluralismo cultural y moral" (Mockus y Corzo 2003: 139).

que deben obedecer, pero esa creencia es sopesada y negociada con otros valores y creencias. En el capítulo "Incumplimiento, ciudadanía y democracia", continuaré el análisis de algunos aspectos específicos de la teoría de Mockus.

***

Para concluir esta reseña no exhaustiva de miradas sobre la cultura del incumplimiento de reglas, quisiera hacer dos anotaciones. Una metodológica y otra sociolingüística.

La anotación metodológica es la siguiente. Esta revisión bibliográfica nos da una idea de la amplitud y complejidad del fenómeno social que aborda este libro, así como de la variedad de puntos de vista que suscita y de la ausencia casi total de comunicación entre ellos. Los estudios se diferencian, en primer lugar, por la teoría social que tienen en mente sus autores. Si bien casi todos encuentran en la cultura una explicación de la actitud indómita del colombiano frente a la autoridad y a las leyes, los enfoques son muy diversos y van desde aquellos que conciben la sociedad como un conjunto de individuos racionales que siempre buscan favorecer su interés personal (*Rational Choice Approach*), hasta aquellos que, fundados quizás en algún tipo de estructuralismo, estiman que esos mismos individuos obedecen a una tradición cultural o a una clase social que determina la manera como se comportan.

Adicionalmente, los estudios son muy heterogéneos a nivel académico. Mientras algunos son concienzudos análisis de economía política, otros son ensayos periodísticos, literarios o de políticas públicas. Hay muchas disciplinas involucradas, pero prácticamente no existen estudios interdisciplinarios.

Pero lo que más me interesa extraer de esta reseña introductoria es la ausencia de estudios que se ocupen de las motivaciones y de las prácticas que subyacen a la cultura del incumplimiento de normas. Creo que no sólo se requiere una perspectiva más interdisciplinaria, sino también más comprensiva y teórica sobre el incumplimiento. En ello me concentraré en los últimos tres capítulos de este libro.

Por otro lado, la anotación sociolingüística es la siguiente: en Colombia no sólo se utiliza mucho la palabra incumplimiento, sino que se habla de muchas cosas diferentes cuando se utiliza esta palabra. Para nosotros, el desacato de todo tipo de normas, ya sean morales, sociales o culturales, es un acto de incumplimiento. Incumple quien no llega a tiempo a una cita, quien no respeta las normas de tránsito, quien desconoce las obligaciones que tiene con su familia, quien no acata lo establecido en un contrato, quien no respeta la ley.

En otros países y en otras lenguas, en cambio, la palabra "incumplido" suele ser más específica, y por eso es también de uso menos frecuente. En inglés, italiano, francés y portugués, por ejemplo, la palabra incumplido suele ser un adjetivo reservado para designar algo que no se ha realizado o no se ha llevado a cabo. Cuando en estas lenguas se quiere expresar el hecho de que alguien no acata la ley, en cambio, se utiliza sobre todo la expresión desobedecer o no respetar la ley.

La relación de autoridad es muy evidente en el caso de la obediencia o del irrespeto —por eso se usa para valorar el comportamiento de los niños—, mientras que en el caso del incumplimiento la relación es más entre iguales: incumplido es quien no lleva a cabo su parte, por ejemplo, el que no llega a tiempo a una cita. En español también utilizamos las palabras desobediencia e irrespeto, incluso para referirnos al no acatamiento de la ley, pero éstas son de uso menos frecuente que la palabra incumplido.

Me pregunto qué tan significativas son estas diferencias lingüísticas para el análisis de la cultura hispanoamericana de incumplimiento de reglas. ¿Por qué usamos un adjetivo menos fuerte, con una carga moral menor, cuando nos referimos al desconocimiento de la ley, y reservamos las palabras fuertes —desobediencia, irrespeto— para los ámbitos familiares o religiosos? Quizás la razón de ser de esta diferencia está en la percepción hispanoamericana de la autoridad. Aquí la ley es vista sobre todo como el resultado de un contrato, como el producto de una relación entre iguales. Esta concepción tiene una larga tradición política, que viene desde la colonia y que se conoce como concepción pactista del poder. Según esa tradición —que analizo en detalle en el capítulo "La flexibilidad de la ley" de este libro—, la ley es el producto de un pacto entre el pueblo y el rey. Ambos son concebidos como partes en un contrato y deben por lo tanto respetar sus obligaciones. Si una de las partes incumple, la otra también tiene derecho a incumplir. El rey cumple haciendo leyes justas, y los individuos acatando lo que esas leyes dicen.

El hecho es que, con independencia del peso que la tradición pactista pueda tener en nuestra concepción de la ley, la autoridad para los colombianos es sobre todo la moral, aquella que viene de la familia o de la religión. La relación con la ley, en cambio, es una relación menos fuerte, más entre iguales, entre intereses que pueden incluso estar legítimamente en pugna. Quizás esto ayude a explicar la liberalidad con la que tomamos todas nuestras obligaciones legales en Colombia. Me ocuparé de esto con mayor detalle en los capítulos finales.

¿Incumplimiento de reglas?

Este es un ensayo sobre la cultura del incumplimiento de reglas en Colombia y, más concretamente, sobre aquellas reglas sociales y legales que son importantes para la convivencia en sociedad. Esas reglas son muchas y muy diversas; algunas restringen el uso de la violencia entre las personas, como la regla que prohíbe matar o golpear a alguien; otras protegen la propiedad pública y privada; otras son simples reglas de justicia básica, como aquella que ordena hacer fila para determinar el orden de entrada, o la que exige el pago de los impuestos; otras son reglamentos básicos de comportamiento —en la oficina, en el colegio, en el espacio público— que hacen posible el buen funcionamiento de las organizaciones o instituciones y el respeto entre los miembros que las componen. Desde este punto de vista, este libro se plantea un tema muy amplio y diverso, casi inabarcable.

Sin embargo, el tema del incumplimiento también tiene sus límites en este libro y de ello me ocupo enseguida.

1. Este libro no pretende ser una fotografía del fenómeno del incumplimiento en Colombia; ni siquiera aspira a ser un libro sobre lo más representativo de este fenómeno en el país. Los estudios de caso que aquí se incluyen, si bien no fueron escogidos al azar, no se seleccionaron con la intención de cubrir todo el espectro de prácticas de incumplimiento que existen en Colombia —corrupción, contrabando, infracciones de tránsito, crimen organizado, trampas, evasión de impuestos— sino para que sirvieran de ejemplos de lo que aquí llamamos una cultura del incumplimiento.

2. Este tampoco es un libro de denuncia contra los incumplidores. No se trata de mostrar que en Colombia existe una brecha muy grande entre lo que dicen las normas y lo que la gente hace —lo cual es evidente para todos—, sino de tratar de caracterizar, explicar y mostrar las consecuencias de esa brecha. Más aún, el lector encontrará que no todos los incumplimientos pueden ser objeto de condena pura y simple. Nadie se atrevería, por ejemplo, a criticar el desacato de un niño que intenta defenderse de un profesor abusador, o el de todo un pueblo contra un gobernante tirano, o el de los secuestrados contra los guerrilleros. Pero estos casos son excepcionales, sólo una pequeña parte de quienes no acatan las normas lo hace por razones tan extremas como esas. Al final del libro, habrá un capítulo específico destinado a este tema.

3. En sintonía con lo anterior, aquí intento deshacerme de las consabidas dicotomías maniqueas que estiman que, o bien estamos en presencia de un Estado bueno, que hace todo lo posible por imponer orden, pero que es víctima de una sociedad que lo engaña todo el tiempo, o bien lo contrario. No existe algo así como normas buenas y bien intencionadas de un lado, que

luego, al llegar a la sociedad, son desconocidas, manipuladas y vilipendiadas por la gente. Esto es así, no sólo porque el Estado es también un gran incumplidor, sino porque entre las normas incumplidas y el comportamiento de incumplimiento no siempre hay una relación de víctima y victimario; también hay una relación de recíproca incidencia; las normas producen el incumplimiento tanto como el incumplimiento crea o recrea la norma. Esto ya lo había señalado Michel Foucault: las normas no pueden ser vistas como simples instrumentos que regulan o manipulan una realidad externa que no las afecta.

4. El incumplimiento no sólo es un comportamiento individual; también puede ser un acto colectivo e incluso un comportamiento oficial. A veces es un grupo de gente o una comunidad la que se levanta contra el Estado y se niega a acatar las normas. En esos casos, estamos en presencia de un acto de rebeldía. Hoy en día, en Colombia se habla mucho de resistencia, y con ello de alguna manera se alude a la resistencia a la ley. Este es un fenómeno muy complejo que será abordado en el capítulo final. Pero el incumplimiento, una vez más, no sólo se observa en los gobernados o en los súbditos; también es un comportamiento muy frecuente en las mismas autoridades oficiales.

5. Este tampoco es un libro sobre el reino de la no-regla. El incumplimiento también obedece a reglas, tiene sus regularidades, sus constantes, sus rieles. Entre un mundo gobernado por la anarquía o por la guerra civil, y uno que obedece al orden y al respeto de reglas, existe otro mundo intermedio, gobernado por un incumplimiento selectivo o reglado. El que incumple sabe que para poder hacerlo se requiere un cierto grado de respeto a la regla. Uno de los personajes de Alfredo Molano, en su libro *Así mismo* (1993: 89), señala que "las leyes son la ocasión del soborno, hay que hacerlas cumplir para elevar la mordida. Si la ley no se respeta el sistema se derrumba". Donde reina el caos no puede haber incumplimiento, o para decirlo con las palabras de George Orwell (1977: 6): *"Nothing was illegal, since there were no longer any law"*.

Pero el incumplimiento no siempre es un acto excepcional y perturbador del orden establecido; a veces es el orden mismo. Es una manera de ver el mundo y de enfrentar la vida en sociedad. Eso se aprecia en la ligereza con que los latinoamericanos toman las reglas que rigen el uso del tiempo. En un libro sobre los artesanos en el siglo XIX de Alberto Mayor Mora, el autor relata la historia de su relación con un carpintero que nunca le cumple la entrega de una biblioteca que encargó para su casa. Algo parecido pasa con la puntualidad: las reuniones nunca empiezan a tiempo, las citas no se cumplen, ni siquiera los gobernantes cumplen con los horarios. Cuando se cita a una reunión y algunas personas llegan tarde, lo que ocurre es que quienes llegan a tiempo esperan. De esta manera se premia la conducta de los incumplidos. A la postre, llegar a tiempo termina teniendo un costo que sólo algunos insisten en pagar. Pero llegar tarde no es visto como un gran defecto o como una ofensa social, mucho menos como algo que ponga en tela de juicio la amistad o los negocios. Es más bien una manera de ser que se tolera en los demás y, por eso mismo, esa tolerancia se solicita de los demás.

Así pues, el incumplimiento se refiere a una situación menos dramática y excepcional de lo que en principio se cree. Hace parte del comportamiento rutinario de todas las sociedades. Es cierto que en unas es más significativo que en otras, pero en todas existe. La perspectiva delincuencial, o de página roja, contiene un tono de excepcionalidad que no se compadece con una cultura del incumplimiento que se encuentra incorporada y regularizada en lo más íntimo de las sociabilidades latinoamericanas. El incumplimiento que me interesa es menos el de un ser desviado (*deviant behavior*) que el de un integrante regular y de cierta manera típico de nuestras sociedades. Esto no significa, desde luego, que no existan los incumplimientos extraordinarios y excepcionales que perturban el funcionamiento normal de esas sociedades, para lo cual basta con ver los índices delincuenciales latinoamericanos. Sólo significa que el estudio del incumplimiento rutinario ayuda a comprender mejor la gran delincuencia y los comportamientos desviados, y que la facilidad con la cual en Colombia se pasa de un tipo de incumplimiento al otro pone de presente la existencia de estrechos lazos y conexiones entre ambos.

6. Hasta el momento he hablado mucho de las razones por las cuales los individuos incumplen, pero muy poco sobre las razones que los llevan a cumplir (véase el capítulo "Incumplimiento, ciudadanía y democracia"). Por muy significativo que sea el fenómeno del incumplimiento en una sociedad, éste nunca es tan importante como el del cumplimiento. Incluso donde menos se respetan las reglas, las personas que cumplen suelen ser más numerosas que aquellas que no lo hacen. Esta afirmación general no es válida para todas las normas y en todas las circunstancias, pero sí lo es cuando se trata de normas que son esenciales para la convivencia social, como por ejemplo la prohibición de la agresión física, el respeto por la propiedad privada y la aceptación de que la fuerza pública y la justicia tienen poder para resolver los conflictos. Sin un respeto masivo de esas normas básicas, ninguna sociedad es viable.

La teoría política debería interesarse más por el análisis de las razones que la gente tiene para cumplir,[20] pues ellas tienen incidencia en la vida cívica y democrática de un país: no es igual una sociedad compuesta por una mayoría de cumplidores natos, que no hacen cuentas estratégicas al momento de cumplir, que otra donde la mayoría sólo cumple cuando la obligan a hacerlo. El hecho de que el resultado inmediato sea el mismo —todos cumplen— no debe hacer olvidar que los costos sociales son muy diferentes en ambos casos.

7. Pero, como dije antes, no sólo los individuos incumplen. El Estado es tal vez el primer incumplidor del país. Expide normas que no cumple, hace cosas que no están autorizadas en ninguna ley o simplemente cumple a medias. Una de las maneras típicas como el Estado desconoce las normas es a través de la introducción de excepciones a las normas. El ejemplo clásico de esto es el

---

[20] Al respecto, véanse Levi (1989), Tyler (1990) y Kahan (2002).

estado de sitio o de excepción, concebido, en la práctica, como un mecanismo para mantener el sistema constitucional, aprovechando sus ventajas de legitimación política y excluyendo sus exigencias en materia de protección de derechos.[21] Como quien dice, ni Estado de derecho ni régimen militar, sino un engendro institucional en el que, sin perder la retórica democrática, se eliminan los controles al gobierno, tal como sucede en un sistema autoritario.

El incumplimiento de reglas por parte del Estado es visto desde la sociedad como una justificación para el desacato de la gente. Y lo mismo se piensa desde el Estado con respecto al incumplimiento que tiene lugar en la sociedad. Así, en este espejo del desacato, se crea una relación de aprendizaje recíproco de lo ilegal entre el Estado y sus súbditos. Donde casi nadie respeta la regla, el respeto es visto como un acto heroico que no se puede exigir a la gente común y corriente. El hecho de que la mayoría incumpla entraña una legitimación fáctica superior a la norma misma.

8. Con mucha frecuencia, el incumplimiento colectivo es el resultado de una mentalidad poco favorable a las normas y a la disciplina social. Sin embargo, en ocasiones, son las mismas normas —por falta de cuidado en su diseño— las que propician esta mentalidad incumplidora. Desde hace algunos años, las autoridades de tránsito colombianas vienen implementando la norma que establece la prohibición de adelantar en doble línea en las carreteras del país. Esta norma, como se sabe, existe en todos los países desarrollados. Allí sin embargo, se cuenta con la infraestructura vial que permite que el tráfico pesado circule por carriles propios, sin afectar el avance de los automóviles. En Colombia, en cambio, todo el tráfico suele ir junto, de tal manera que es muy difícil no adelantar camiones que van a una velocidad de 20 kilómetros por hora en carreteras de montaña. El costo de seguir uno de estos

21 Al respecto, véanse García Villegas (2003) y Uprimny y García Villegas (2004).

camiones durante horas, sin poder sobrepasarlo, hace que todos los automovilistas —y también todas las patrullas de la policía— violen esta norma. No obstante, de tanto en tanto, la policía hace cumplir la norma, y quienes resultan sancionados tienen entonces la impresión de haber caído en una ruleta de la multa, en la que sólo pierde un pequeñísimo porcentaje de quienes incumplen. De esa manera, cuando no se ve justicia en la aplicación de la norma, muchos terminan justificando el soborno.

En Colombia las normas tienen muy poca autonomía respecto de las necesidades sociales. Antes de acatarlas, ellas son sopesadas con otras reglas —morales, culturales, etc.—, en medio de un contexto complejo. Es por eso que el derecho, como los otros sistemas de normas (la moral, la urbanidad o la religión) son ordenamientos flexibles, porosos, a los cuales se les aplica un sinnúmero de excepciones, que corresponden a un sinnúmero de circunstancias cambiantes. Con la expresión colonial "se acata pero no se cumple" se expresaba justamente eso: una manera de decir que se respetaba la autoridad, pero que la norma expedida por esa autoridad no podía ser aplicada en ciertas circunstancias. Desde entonces, las circunstancias en las que actuamos, casi siempre valen más que las reglas que obedecemos.

9. Por último, este libro está escrito a manera de ensayo. Carece de muestras representativas, de estadísticas depuradas o de demostraciones definitivas. No tiene nada que ver con los métodos de las llamadas ciencias duras. Pero los problemas duros de la sociedad están en las ciencias blandas, es decir las ciencias sociales, y uno de esos problemas es el de la relación que los individuos mantienen con las autoridades y con las reglas. En ese sentido, este es un ensayo sobre la convivencia ciudadana en Colombia, en el cual intento sugerir pistas, a partir de casos concretos, sobre el origen cultural de nuestros problemas de convivencia, ciudadanía y democracia.

ESTE LIBRO

El libro está dividido en dos partes que contienen 17 capítulos, incluido este, en el que se hace una introducción general al tema del incumplimiento de reglas. La primera parte está dedicada a los estudios empíricos, que son trece. Los casos seleccionados son muy variados y fueron escritos con un propósito meramente descriptivo, casi periodístico. Algunos son el fruto de investigaciones etnográficas: incumplimiento de normas de tránsito en Bogotá; el contrabando de gasolina en Cúcuta; los saltadores de filas en Bogotá; los vendedores ambulantes en la capital; los nativos de las Islas del Rosario. Otros son estudios sobre prácticas sociales que denotan algún tipo de incumplimiento de reglas: el fraude de los estudiantes en las universidades Nacional y de los Andes de Bogotá; las letras de la música rebelde; el uso de los estados de excepción por parte de los gobiernos en Colombia; las radios comunitarias y el cultivo de amapola en Tonusco Arriba, en el departamento de Antioquia. Finalmente, hay tres capítulos sobre personajes de la vida nacional: León María Lozano, el llamado Cóndor; Teófilo Rojas y Efraín González, dos de los llamados bandoleros; y Álvaro Gómez Hurtado.

La segunda parte está dedicada a la reflexión teórica, en la cual hay tres capítulos: en el primero se hace una tipología de personajes incumplidores y de los contextos en los que actúan, para luego terminar con algunas ideas de política pública para contrarrestar el incumplimiento. En el capítulo siguiente, se ilustra una concepción, dominante en Colombia durante mucho tiempo, de la ley como instrumento flexible y negociable. El capítulo final se refiere a un tipo particular de incumplimiento, fundado en razones, y que pone de presente la relación entre incumplimiento, resistencia y democracia.

Bibliografía

Aguilar, Federico. 1884. *Colombia en presencia de las repúblicas hispanoamericanas*. Bogotá: Ignacio Borda.

Alegría, Ciro. 1968. *El mundo es ancho y ajeno*. Buenos Aires: Losada.

Ardila, Rubén. 1986. *Psicología del hombre colombiano*. Bogotá: Planeta Colombiana.

Arguedas, Alcides. 1979 [1909]. *Pueblo enfermo*. La Paz: Gisbert.

Bejarano, Jesús. 1990. "Introducción", en Jesús Bejarano (ed.), *Construir la paz*. Bogotá: Centro de Estudios de la Realidad Colombiana (CEREC).

Bourdieu, Pierre. 1979. *La distinction: critique sociale du jugement*. Paris: Minuit.

———. 2000. *Les structures sociales de l'économie*. Paris: Seuil.

Caballero Calderón, Eduardo. 1972. *El buen salvaje*. Barcelona: Destino.

Coleman, James. 1990. *Foundations of Social Theory*. Cambridge: Harvard University Press.

Cuéllar, María Mercedes. 2000. *Colombia: un proyecto inconcluso. Valores, instituciones y capital social*. Bogotá: Universidad Externado de Colombia.

Dasgupta, Partha e Ismail Serageldin. 2000. *Social Capital. A Multifaceted Perspective*. Washington: World Bank.

Durkheim, Émile. 1993. *De la division du travail social*. Paris: Presses Universitaires de France.

Echandía, Camilo. 1999. *El conflicto armado y las manifestaciones de violencia en las regiones de Colombia. Tomo I*. Bogotá: Presidencia de la República, Observatorio de Violencia de la Oficina del Alto Comisionado para la Paz.

Echeverri, Juan Carlos y Zeinab Partow. 1998. "Por qué la justicia no responde al crimen: el caso de la cocaína en Colombia", en Mauricio Cárdenas y Roberto Steiner (comps.), *Corrupción, crimen y justicia: una perspectiva económica*. Bogotá: Tercer

Mundo y Asociación de Economía de América Latina y el Caribe (LACEA).
Ellickson, Robert. 1991. *Order without Law: How Neighbors Settle Disputes*. Cambridge: Harvard University Press.
Escalante, Fernando. 2005. *Ciudadanos imaginarios*. México: El Colegio de México, Centro de Estudios Sociológicos.
Freyre, Gilberto. 1946. *The Masters and the Slaves*. New York: Knopf.
Fukuyama, Francis. 1995. *Trust: the Social Virtues and the Creation of Prosperity*. New York: Free Press.
Gallegos, Rómulo. 1998. *Doña Bárbara*. Madrid: Espasa Calpe.
García Márquez, Gabriel. 1969. *El coronel no tiene quien le escriba*. México: Era.
———. 1980. *El otoño del patriarca*. Bogotá: La Oveja Negra.
———. 1996. *Un país al alcance de los niños*. Bogotá: Villegas Editores.
García Villegas, Mauricio. 2003. "Estado de excepción en Colombia", en *Memorias del Seminario Internacional Seguridad y libertades individuales en Colombia*. Bogotá: Defensoría del Pueblo y GTZ (Agencia Alemana de Cooperación Técnica).
———. 2006a. "Gustos e identidad nacional", en *El Tiempo*, 11 de julio.
———. 2006b. "Contra el nacionalismo", en *El Tiempo*, 17 de octubre.
———. 2007. "La invención de la nacionalidad", en *El Tiempo*, 15 de mayo.
Gaviria, Alejandro. 2000. "Increasing Returns and the Evolution of Violent Crime: the Case of Colombia", en *Journal of Development Economics*, Vol. 61, N° 1: 1-25.
Gómez Aristizábal, Horacio. 1985. *La decadencia del pueblo colombiano*. Barcelona: Plaza & Janés.
Gómez Buendía, Ignacio. 1999. "Para dónde va Colombia", en *Revista Dinero*, N° 80.
Güiraldes, Ricardo. 1967. *Don Segundo Sombra*. Buenos Aires: Centro Editor de América Latina.

Gutiérrez, Eduardo. 1961. *Juan Moreira*. Buenos Aires: Editorial Universitaria de Buenos Aires.

Hernández, José. 1994. *Martín Fierro*. Madrid: Castalia.

Herrera, Camilo (dir.). 2006. *Nuestra identidad. Estudio colombiano de valores*. Bogotá: Centro de Estudios Culturales (CENEC).

Holtzman, Wayne H., Rogelio Díaz-Guerrero y Jon D. Swartz. 1975. *Desarrollo de la personalidad en dos culturas: México y Estados Unidos*. México: Trillas.

Icaza, Jorge. 2005. *El chulla Romero y Flores*. Quito: Libresa.

Inglehart, Ronald. 1997. *Modernización y posmodernización. Cambio cultural, económico y político en 43 sociedades*. Princeton: Princeton University Press.

Iriarte, Fernando. 2001. *País plural. Ensayo sobre los colombianos*. Bogotá: Esquilo.

Juárez, Benito. 1987. *México*. México: Instituto Nacional de Estudios Históricos de la Revolución Mexicana.

Kahan, Dan M. 2002. "The Logic of Reciprocity: Trust, Collective Action and Law". Yale Law School, Public Law Research Paper N° 31.

Kalmanovitz, Salomón. 2001. *Las instituciones y el desarrollo económico en Colombia*. Bogotá: Norma.

Keen, Benjamin. 1996. *Latin American Civilization History and Society, 1492 to the Present*. Boulder: Westview Press.

Kelsen, Hans. 1984. *Teoría pura del derecho*. Bogotá: Temis.

Levi, Margaret. 1989. *Of Rule and Revenue*. Berkeley: University of California Press.

Liévano Aguirre, Indalecio. 1960. *Los grandes conflictos sociales y económicos de nuestra historia*. Bogotá: Nueva Prensa.

López, Claudia. 2006. "¿Cómo es el colombiano que pertenece a organizaciones voluntarias y participa?", en Camilo Herrera (dir.), *Nuestra identidad. Estudio colombiano de valores*. Bogotá: Centro de Estudios Culturales (CENEC).

López de Mesa, Luis. 1970. *De cómo se ha formado la nación colombiana*. Medellín: Bedout.

Loveman, Brian. 1993. *The Constitution of Tyranny. Regimes of Exception in Spanish America*. Pittsburgh: University of Pittsburgh Press.

Mafud, Julio. 1971. *Psicología de la viveza criolla*. Buenos Aires: Americalee.

Mañach, Jorge. 1991. *Indagación del choteo*. Miami: Universal.

Mayor Mora, Alberto. 1997. *Cabezas duras y dedos inteligentes: estilo de vida y cultura técnica en los artesanos colombianos del siglo XIX*. Medellín: Hombre Nuevo.

McFarlane, Anthony. 1999. "Desórdenes civiles y protestas populares", en *Colombia en el siglo XIX*. Bogotá: Planeta.

Melo, Jorge Orlando. 2006. "Contra la identidad", en *El Malpensante*, N° 74: 85-98.

Mockus, Antanas. 2001. *Cultura ciudadana. Programa contra la violencia en Santa Fe de Bogotá*. Manuscrito. Washington: Banco Interamericano de Desarrollo.

———. 2008. *Cultura ciudadana como política pública y la medición de sus avances. Foro Cultura ciudadana al tablero*. Bogotá: Revista Semana y Fundación Terpel.

Mockus, Antanas y Jimmy Corzo. 2003. *Cumplir para convivir*. Bogotá: Universidad Nacional de Colombia.

Molano, Alfredo. 1993. *Así mismo. Relatos*. Bogotá: Los Cuatro Elementos.

Montenegro, Armando. 1995. "Prólogo", en Malcom Deas y Fernando Gaitán, *Dos ensayos especulativos sobre la violencia en Colombia*. Bogotá: Fondo Financiero de Proyectos de Desarrollo (FONADE) y Departamento Nacional de Planeación.

Montenegro, Armando, Carlos Posada y Gabriel Piraquive. 2000. "Violencia, criminalidad y justicia: otra mirada desde la economía", en *Coyuntura Económica*, Vol. 30, N° 2: 85-132.

Morse, Richard. 1974. *The Heritage of Latin America*. Amherst: University of Massachusetts Press.

Naim, Moisés. 2005. *Illicit. How Smugglers, Traffickers, and Copycats are Hijacking the Global Economy*. New York: Doubleday Broadway Publishing Group.

Nino, Carlos Santiago. 2005. *Un país al margen de la ley*. Buenos Aires: Ariel.

North, Douglass. 2001. "Why Some Countries are Rich and Some are Poor", en *Chicago-Kent Law Review*, Vol. 77, N° 1: 319-330.

O'Donnell, Guillermo. 1998. *Polyarchies and de (un)rule of Law in Latin America*. Notre Dame: Helen Kellogg Institute for International Studies, University of Notre Dame.

Orwell, George. 1977. *1984*. New York: Harcourt.

Pérez Correa, Catalina. 2007. *Desconfianza y desobediencia. Discurso y práctica del derecho en México*. Disponible en <http://www.law.yale.edu/documents/pdf/sela/CatalinaPerezCorrea__Spanish_.pdf>.

Phelan, John. 1960. "Authority and Flexibility in the Spanish Imperial Bureaucracy", en *Administrative Science Quarterly*, Vol. 5, N° 1: 47-65.

———. 1978. *The People of the King: The Comunero Revolution in Colombia 1871*. Madison: University of Wisconsin Press.

Portes, Alejandro. 1998. "Social Capital: Its Origins and Application in Modern Sociology", en *Annual Review of Sociology*, Vol. 24: 1-24.

Putnam, Robert. 1992. *Making Democracy Work. Civic Traditions in Modern Italy*. New Jersey: Princeton University Press.

Puyana, Germán. 2000. *¿Cómo somos los colombianos?* Bogotá: Quebecor World.

Restrepo Jaramillo, Gonzalo. 1941. *La crisis contemporánea: estudios sociales*. Medellín: Librería Siglo XX.

Roa Bastos, Augusto. 1974. *Yo el Supremo*. Buenos Aires: Siglo Veintiuno Argentina.

Rosenn, Keith. 1985. "Brazil´s Legal Culture: The Jeito Revisited", en *Florida International Law Journal I*, N° 1: 1-43.

Rubio, Mauricio. 1996. "Crimen sin sumario". Documento CEDE. Bogotá: Universidad de los Andes, Centro de Estudios sobre Desarrollo Económico (CEDE).

———. 1999. *Crimen e impunidad. Precisiones sobre la violencia.* Bogotá: Tercer Mundo.
Sánchez, Fabio. 2006. *Las cuentas de la violencia.* Bogotá: Norma.
Sánchez, Gonzalo (ed.). 1987. *Colombia: violencia y democracia.* Bogotá: Universidad Nacional de Colombia y Colciencias.
Sarmiento, Domingo. 1940. *Facundo.* Buenos Aires: Estrada.
Shihata, Ibrahim F.J. 1995. "Legal Framework for Development: The World Bank's Role in Legal and Judicial Reform", en *Judicial Reform in Latin America and the Caribbean.* Washington: World Bank.
Sudarsky, John. 2001. *El capital social de Colombia.* Bogotá: Departamento Nacional de Planeación.
———. 2007. *La evolución del capital social en Colombia, 1997-2005.* Bogotá: Fundación Restrepo Barco.
Terán, Juan B. 1927. *El nacimiento de la América española.* Tucumán: Violetto.
Thoumi, Francisco. 2002. *El imperio de la droga: narcotráfico, economía y sociedad en los Andes.* Bogotá: Planeta e Instituto de Estudios Políticos y Relaciones Internacionales (IEPRI).
———. 2008. "Colombia necesita imponer el imperio de la ley". Conferencia dictada en el Instituto Popular de Capacitación, Medellín, 25 de julio.
Torres, Mauro. 1979. *De cómo se ha deformado la nación colombiana.* Bogotá: Tercer Mundo.
Tyler, R. Tom. 1990. *Why People Obey the Law.* New Haven/ London: Yale University Press.
Uprimny, Rodrigo y Mauricio García Villegas. 2004. "The Constitutional Court and Control of Presidential Extraordinary Powers in Colombia", en Siri Glippen, Roberto Gargarella y Elin Skaar (eds.), *Democratization and the Judiciary.* London: Frank Cass.
Vargas Llosa, Mario. 1983. *La ciudad y los perros.* Barcelona: Seix Barral.
Yunis, Emilio. 2003. *¿Por qué somos así?* Bogotá: Temis.

Parte I
ESTUDIOS DE CASO

2
REGLAS DE TRÁNSITO EN BOGOTÁ[1]

Camilo García, Mauricio García Villegas y Natalia Niño

Las sociedades, como las personas, tienen su temperamento. Algunas son disciplinadas, obedientes y reflexivas, mientras que otras son impulsivas, desordenadas y creativas. Identificar de manera precisa y definitiva ese temperamento no es fácil. Sin embargo, cualquier visitante siente claramente el espíritu de la ciudad que visita. No es igual estar en Barranquilla, Colombia, que en Madison, Wisconsin, o en París que en Río de Janeiro, y no se trata simplemente de una diferencia geográfica, de clima, raza o desarrollo económico; es algo más que eso, es una diferencia de cultura, de vida en el espacio público, de relación con el otro, de disposición frente a las reglas sociales.

Algo de eso quería indicar Émile Durkheim al sostener que se podía conocer una sociedad a través de las reglas morales que obedecía. Dime cuáles son las reglas morales que obedecen —afir-

[1] Queremos agradecer a Diego Cancino, de la Corporación Visionarios, por la ayuda prestada durante la elaboración de este texto, así como a Mauro Botero, de la Secretaría de la Movilidad de Bogotá.

maba— y te diré quiénes son (citado por Robert Nisbet 1984: 117). Algo parecido se puede decir de las normas de tránsito: dime qué tipo de normas de tránsito se cumplen y yo te diré en qué sociedad estamos. La manera como la gente se comporta en las vías públicas y, en general, en el espacio público, dice mucho del carácter de una ciudad moderna. No hay un lugar público donde confluya tanta gente, donde se interactúe tanto, a partir de tantas normas y durante tanto tiempo, como en las calles y avenidas de las ciudades. Y, adicionalmente, no hay en la ciudad un territorio donde se produzcan tantas relaciones sociales, regidas por tantas normas sociales y legales, muchas de ellas previamente establecidas, como en las vías públicas.

En la actitud de los ciudadanos frente a las reglas que regulan la circulación en las vías públicas se pueden captar rasgos esenciales del temperamento de una sociedad, como, por ejemplo, el mayor o menor grado de cohesión social, la percepción de legitimidad de la autoridad, la dimensión del capital social, la mayor o menor solidaridad social, la agresividad y la tolerancia de la gente en el espacio público, etc. Es por eso que Guillermo O'Donnell quiso encontrar las claves del comportamiento de los argentinos en un estudio sobre la manera como se comportan los conductores en Buenos Aires. ¿Qué pasa —se pregunta el autor— cuando, en hora pico (*rush hour*), un automóvil quiere entrar desde una calle lateral a otra calle igualmente congestionada? En los Estados Unidos, dice, no hay problema. En Buenos Aires, en cambio, si no hay policía a la vista, cada uno se siente con derecho a pasar primero y a impedir que pase el otro. Estas actitudes frente a los demás y frente a la ley son, dice O'Donnell, la manifestación de una sociedad caracterizada por un igualitarismo individualista, muy alejado de la ciudadanía y de la democracia (O'Donnell 1984).

Así pues, una ciudad es mucho más que la sumatoria de sus individuos, casas y edificios. Entre esas personas y esos bienes hay algo inmaterial que los liga de una cierta manera, de tal suerte que esa manera resulta determinante para su desarrollo, su capacidad para resolver problemas y su futuro. Durkheim llamaba *moral social* a ese algo inmaterial (Durkheim 1993). En realidad se trata de algo más amplio que la simple conciencia moral; es una concepción, una cultura de las relaciones entre las personas, y entre ellas y lo público; es el peso relativo de lo público en la vida de las personas. En las grandes urbes de América Latina se observa cómo ese peso es mucho menor que en otras ciudades, de Europa o de los Estados Unidos. Cuando en América Latina un individuo toma su auto e ingresa a la calle, sale a un espacio al que no percibe enteramente como público. Al contrario, lo ve como un espacio de competencia, de apropiación, de exclusión y algunas veces de confrontación.

Gonzalo Cáceres hace un ejercicio similar al de O'Donnell, esta vez en la ciudad de Lima:

> Al volante, en cualquier gran ciudad europea te conviertes simplemente en un conductor más, sin nombre, sin edad, sin sexo. Tu carácter y tu humor neutralizados, tus problemas personales sanamente reprimidos. No hay nada que inventar ni nada que demostrar. Basta con introducirse en este sistema de respeto de la normativa y las reglas de tránsito y hacer tu camino. Por lo general, el conductor europeo es pues un conductor sereno y respetuoso. El conductor limeño, en cambio, debe estar necesariamente tenso, atento y con una dosis de agresividad indispensable ahí donde prima la ley del más fuerte, donde el ataque es la mejor defensa. Debe demostrar permanentemente su picaresca, su carácter insumiso, su creatividad temeraria, y mantenerse sobre la línea fronteriza entre lo permitido y lo prohibido. Por eso conducir en Lima resulta agotador, y unas horas al volante pueden acabar con la paciencia del más santo. (Cáceres 2005: 63)

Algo muy similar sobre las vías públicas puede leerse en revistas y libros de otros países de América Latina. Quizás lo único diferente es que cada autor considera que no hay situación peor que la de su propia ciudad. Para Carlos Santiago Nino, por ejemplo, "en pocos países en el mundo se manifiesta un desprecio tan amplio por las reglas que rigen el tráfico de automotores y peatones como en la Argentina" (Nino 2005: 28).

Ricardo Alemán (2007) dice lo siguiente sobre el tránsito en la ciudad de México:

> La primera pelea a la que todas las mañanas se enfrentan los habitantes de la capital del país [...] es la de ganar espacio en las calles, centímetro a centímetro, en una batalla cuerpo a cuerpo en el transporte público y coche a coche en el asfalto; una batalla en la que impera la ley del "más gandalla" y el peso de "la lámina" más resistente.

Pero las vías públicas son mucho más que la expresión de la manera de ser de un pueblo, también son un espacio privilegiado para el aprendizaje ciudadano. Allí no sólo se sale a mostrar lo que cada uno es, sino que se aprende a respetar, o a irrespetar, a los demás, a proteger, o a dañar, los bienes públicos.

La manera como se comporta la gente en las calles de una ciudad depende en gran medida del comportamiento de la mayoría, pues la gente imita lo que los demás hacen y acomoda su conducta a la de los demás. Por eso las personas cambian de actitud según la ciudad en la que se encuentren. Alguien que suele incumplir buena parte de las normas de tránsito en Bogotá o Buenos Aires se convierte en un cumplidor estricto cuando viaja a Miami o a París y alquila un automóvil para desplazarse. Lo opuesto también es cierto. Los europeos o estadounidenses que viven en Bogotá, por ejemplo, terminan conduciendo como lo hacen los colombianos. Lo mismo sucede —como se mostrará más adelante— con la manera como los taxistas se comportan cuando trabajan de noche y cuando lo hacen de día.

En lo que sigue de este capítulo se incluyen dos investigaciones puntuales sobre acatamiento de normas de tránsito en Bogotá. La primera es una investigación etnográfica sobre peatones y conductores en algunos cruces de la ciudad; y la segunda se refiere el comportamiento de los taxistas frente a las normas de tránsito. Una vez presentados estos estudios, retomaremos, a manera de conclusión, algunas de las ideas planteadas en esta introducción.

CRUCES EN LA CIUDAD DE BOGOTÁ

En la ciudad hay miles de cruces peatonales y por ellos pasan millones de personas diariamente. Según una encuesta hecha en Bogotá, denominada *Bogotá, ¿cómo vamos?* (Ipsos-Napoleón Franco 2007), el 69% de los bogotanos se moviliza en vehículos de servicio público, un 8% a pie, un 18% en vehículos privados, 2% en moto, y 4% en bicicleta.[2] Muchos de los actores de la movilidad que transitan por la ciudad, en algún momento del día se convierten en peatones.

En Bogotá, la condición de peatón es riesgosa. Cifras de Medicina Legal indican que el peatón es la víctima más frecuente en los accidentes de tránsito que ocurren en la ciudad (Instituto Nacional de Medicina legal y Ciencias Forenses 2006). En 2007 murieron 527 personas en accidentes de tránsito en Bogotá, y hubo 13.957 personas que resultaron heridas en accidentes de tránsito, de las cuales el 48,4% eran peatones, 19% motociclistas, 23% conductores y 13,5% ciclistas. Como se observa en estas cifras, la vulnerabilidad de los peatones no es un asunto menor. Por eso decidimos incluirlo en una investigación etnográfica sobre el acatamiento de las reglas de tránsito en cruces de la ciudad de Bogotá. En los sitios seleccionados, se observó y contó el comportamiento de peatones y conductores, a partir de una metodología de aforo.[3] Este método consiste en observar el comportamiento

---

2 Esta encuesta es un ejercicio ciudadano de observación social, en el cual se le hace seguimiento al cumplimiento del plan de desarrollo de la ciudad.

3 En este caso se adoptó un diseño de aforo diseñado por la Universidad Nacional de Colombia, en un proyecto de diagnóstico de cultura para la ciudad de Pereira.

de los ciudadanos, y llenar una planilla con los datos observados durante un periodo de tiempo determinado.[4]

Para los peatones, se estudiaron las siguientes conductas: 1) peatones que cruzan la calle respetando, o no, el semáforo; 2) peatones que cruzan por la cebra, o no; y 3) peatones que utilizan el puente peatonal, o no. Para los conductores se observó lo siguiente: 1) conductores que hacen la fila para avanzar, o no la hacen; 2) conductores que ponen la direccional para hacer el giro, o no la ponen. Las observaciones se llevaron a cabo durante periodos de entre tres y cuatro horas, observando durante quince minutos —con descansos de quince minutos— y alternando cada una de las preguntas o ítems del aforo.

Los cruces fueron seleccionados a lo largo de la carrera séptima, que desde la fundación de Bogotá, hace más de cuatrocientos años, es una de las principales vías de comunicación vehicular en la ciudad. Por ella cruzaba un tranvía que luego fue suprimido, y hoy en día, el alcalde planea construir allí un metro. Se le conoce popularmente como la 7ª, recorre la ciudad de sur a norte y tiene un gran flujo vehicular de transporte público y privado. En ella se concentran todo tipo de actividades comerciales, recreativas, industriales, financieras, educativas, etc.

Según datos publicados por la Policía de Tránsito de Bogotá, en la carrera 7ª hubo, en el año 2007, un total de 1.310 incidentes, de los cuales el 0,8% terminó con decesos, el 28,6% con heridos, y el 70% constituyó sólo un choque de latas.

Para la selección de los cruces se hicieron varios recorridos a lo largo de esa avenida, en diferentes medios de transporte: automóvil, bus, bicicleta y a pie. Con base en esta experiencia inicial, se seleccionaron las siguientes intersecciones:

---

4 Esta planilla se divide en dos columnas, en la primera se registran los comportamientos de quienes acatan la norma y en la segunda de quienes no la acatan. La observación se lleva a cabo en periodos de quince minutos para cada uno de los dos tipos de comportamiento. Se descansa durante cinco minutos y se reinicia el conteo.

- Carrera 7ª con calle 72. Este sitio está ubicado en uno de los más importantes centros financieros y comerciales de la ciudad.
- Carrera 7ª con calle 19. Zona comercial de alta congestión vial y peatonal en el centro de la ciudad.
- Carrera 7ª con calle 81. Zona residencial de circulación peatonal relativamente baja y de gran circulación vehicular.
- Carrera 7ª con calle 34. Zona escolar que comprende un tramo entre el colegio Camilo Torres hasta el cruce de la calle 35.
- Carrera 7ª con calle 116. Zona financiera, cercana a embajadas y barrios de estrato alto.

Para la selección de estos sitios se tuvo en cuenta, por un lado, la mayor afluencia de personas y vehículos y, por el otro, la diversidad tanto socioeconómica como de las actividades urbanas.

Primera observación: peatones en la carrera 7ª con calle 72[5]

Los resultados de la observación se exponen en el siguiente cuadro de tres columnas: la primera columna contiene la hora de la observación; la segunda, los resultados del conteo de peatones que cruzan la calle respetando el semáforo (A); y la tercera, los

[5] Fecha: 3 de diciembre de 2007. Se analizó el comportamiento de esta esquina durante la "hora pico": de 8 a 11 a.m. A continuación, los datos urbanísticos del sitio. Uso del suelo: principal zona financiera, oficinas, locales comerciales, bancos, restaurantes. Inventario de infraestructura: seis semáforos vehiculares, cuatro semáforos peatonales, tres zonas demarcadas con cebras, dos pasos a desnivel para uso de discapacitados, dos isletas, dos canecas de la basura, tres árboles. Población: flotante; según un estudio del Centro de Movilidad Local de Chapinero (CML), se calcula que en la zona se movilizan de 6 mil a 8 mil personas en horas pico. Velocidad vehicular promedio: 65 km/h. Características viales: dos calzadas, seis carriles en total. Por ambas se moviliza tanto transporte público como particular (*El Tiempo* 2008b).

resultados de los peatones que cruzan la calle sin respetar el semáforo (B).

Cuadro resumen

Hora	*A*	*B*
8:00 a 8:15 a.m.	165	
8:30 a 8:45 a.m.		40
9:00 a 9:15 a.m.	130	
9:30 a 9:45 a.m.		15
10:00 a 10:15 a.m.	140	
10:30 a 10:45 a.m.		25

En síntesis, 515 peatones cruzaron durante las tres horas que duró el experimento. De ellos, 435, equivalente al 84,5%, lo hicieron respetando la instrucción del semáforo, mientras que 80, el 15,5%, no respetaron dicha instrucción.[6]

SEGUNDA OBSERVACIÓN: FILA DE CONDUCTORES EN LA CALLE 81 CON CARRERA 7ª[7]

En este cruce se observó el comportamiento de los conductores que viajan en dirección sur-norte de la ciudad, y que se detienen

[6] La duración de la luz verde del semáforo es apenas suficiente para atravesar la calle. La señalización de las cebras y de la "isleta" se encuentran en deterioro. Las zonas peatonales son insuficientes para albergar la cantidad de gente que intenta cruzar. El cruce seleccionado se encuentra en buenas condiciones de pavimentación. Existen rampas, pero las personas no las usan porque el espacio no parece suficientemente amplio.

[7] Fecha: 5 de diciembre de 2007. Los siguientes son los datos urbanísticos del sitio estudiado. Uso del suelo: oficinas, residencias familiares y comercio, predominan los edificios. Población: flotante. Inventario del mobiliario: cinco zonas demarcadas para uso peatonal, seis semáforos vehiculares, tres semáforos peatonales, tres canecas de la basura, dos vendedores ambulantes. Señalización y demarcación: la pintura de las vías está deteriorada, así como el pavimento de las vías. Los andenes están en buen estado. Velocidad vehicular promedio: 65 km/h. Características viales: seis carriles.

en el semáforo para descender por la calle 81 hacia el occidente. Para hacer dicho cruce, previamente deben hacer una fila frente al semáforo y luego atravesar el carril opuesto. La observación consistió en contar los conductores que al cruzar respetaban la fila del semáforo (A) y los que no lo hacían (B).

Cuadro resumen

Hora	*A*	*B*
3:00 a 3:15 p.m.	55	
3:30 a 3:45 p.m.		15
4:00 a 4:15 p.m.	35	
4:30 a 4:45 p.m.		10
5:00 a 5:15 p.m.	55	
5.30 a 5:45 p.m.		15

Durante las tres horas que duró la observación, pasaron por el cruce 185 conductores. De ese total, 145, es decir un 78,4%, hicieron la fila para avanzar y 40, es decir el 21,6%, no la hicieron.[8]

Tercera observación: uso de direccionales por conductores en la calle 81 con la carrera 7ª[9]

En el mismo sitio se observó a los conductores que pusieron la direccional para girar (A), y los que no lo hicieron (B). En este punto, el flujo vehicular avanza hacia el norte, y hay un desvío por el cual los carros deben cruzar hacia la izquierda para salir de la avenida.

8 Al comienzo de la tarde, el tráfico fluía normalmente, la fila era corta y los vehículos la respetaban. Sobre las cinco de la tarde, momento en el que se inicia el contraflujo (medida distrital que se implementa de cinco de la tarde a ocho de la noche de lunes a viernes, desde la calle 32 hasta la calle 92, para facilitar una mayor fluidez del tráfico), el volumen vehicular aumentó, así como el incumplimiento. Cuando el tráfico es fluido el cumplimiento es alto, pero frente a la más minima señal de congestión el incumplimiento se incrementa.

9 Fecha: 13 de febrero de 2008.

Cuadro resumen

Hora	*A*	*B*
7:30 a 7:45 p.m.	138	
8:00 a 8:15 p.m.		72
8:30 a 8:45 p.m.	118	
9:00 a 9:15 p.m.		115
9:30 a 9:45 p.m.	100	
10:00 a 10:15 p.m.		45

De los 588 vehículos observados, 356 (60,5%) cumplen la norma y ponen la direccional para hacer el giro, y 232 de ellos (39,4%) no lo hacen.[10]

CUARTA OBSERVACIÓN: CONDUCTORES EN LA CALLE 116 CON CARRERA 7ª[11]

En este punto de la ciudad se observó el comportamiento de conductores que hacían fila para cruzar la calle (A) y quienes no hacían dicha fila (B). En este lugar se realizó la observación durante la hora pico, que se caracteriza por su congestión, sobre todo en este sitio, pues a esta altura de la avenida no hay contraflujo.

10 Observaciones: el incumplimiento de esta norma es muy alto (40%), y aunque no es tan evidente como irrespetar un semaforo, sí es una instrucción que le indica a otros actores de la movilidad hacia dónde se va a desplazar el vehículo. El irrespeto a la norma se incrementa por la falta de regulación, causada por la incapacidad técnica para observar el comportamiento de cada vehículo.

11 Fecha: 10 de diciembre de 2007. A continuación los datos urbanísticos. Uso del suelo: oficinas, comercio y residencias familiares. Población: flotante, oficinistas y familias. La zona tiene una constante de nueve vendedores ambulantes. Inventario: ocho semáforos vehiculares, seis peatonales, cuatro pasos peatonales, una isleta, tres canecas de basura, un puente vehicular cercano, cuatro señales de tránsito. Estado de la malla vial: la pintura de las zonas demarcadas se encuentra en un deterioro progresivo, los andenes tienen fisuras, las señales de tránsito tienen graffitis y dos de ellas están dobladas. Velocidad vehicular promedio: 30 km/hora.

Cuadro resumen

Hora	*A*	*B*
5:00 a 5:15 p.m.	165	
5:30 a 5:45 p.m.		40
6:00 a 6:15 p.m.	130	
6:30 a 6:45 p.m.	165	
7:30 a 7:45 p.m.		40

De los 540 vehículos observados, 460 (85,2%) cumplieron la norma de la fila, y 80 no lo hicieron (14,8%). Si bien los incumplidores fueron una minoría, en repetidas ocasiones sus comportamientos crearon situaciones de riesgo que pudieron haber terminado en accidentes.[12]

QUINTA OBSERVACIÓN: PEATONES EN LA CALLE 19 CON CARRERA 7ª[13]

En este cruce se observaron los peatones que cruzaron por la cebra (A) y aquellos que no lo hicieron (B).

---

12 Hubo un pequeño incidente en el que dos carros casi chocan, lo cual obstaculizó bastante el tránsito. A esta hora el tráfico es pesado, pero la regulación es alta, hay tres policías de tránsito con moto. Todo parece indicar que este control fue una de las razones por las cuales más individuos hicieron la fila.

13 Fecha: 12 de diciembre de 2007. Los datos urbanísticos son los siguientes. Inventario: ocho semáforos vehiculares, dos semáforos peatonales, seis pasos a desnivel, dos zonas demarcadas para paso seguro peatonal, veinte bolardos, dos canecas de basura, tres postes de luz, dos carriles en la vía. Estado de la malla vial: la pintura de la cebra de la zona peatonal está totalmente desvanecida, hay grietas en la vía y ésta no está demarcada por carriles. Uso del suelo: comercial, alrededor del cruce hay un banco, una librería-papelería, un almacén de ropa, un local de comida rápida, a poca distancia del cruce funcionan institutos de educación superior y de idiomas. Por esta zona circulan vehículos de servicio público, como buses y taxis, y transitan todo tipo de vehículos particulares como automóviles, camionetas y motocicletas.

Cuadro resumen

Hora	*A*	*B*
5:00 a 5:15 p.m.	205	
5:30 a 5:45 p.m.		30
6:00 a 6:15 p.m.	150	
6:30 a 6:45 p.m.		20
7:00 a 7:15 p.m.	180	
7:30 a 7:45 p.m.		25

Hubo un total de 610 peatones observados, de los cuales 535 (87,7%) hicieron uso de la cebra, y 75 (12,3%) no lo hicieron.[14]

Sexta observación: peatones en la carrera 7ª con calle 34[15]

En este cruce se observó a los peatones que cruzaron el puente peatonal (A) y a aquellos que no lo cruzaron (B). Estos son los resultados:

[14] Esta es una zona de un elevado flujo vehicular y peatonal. El sitio es considerado inseguro, por lo cual la gente prefiere no permanecer mucho tiempo en un lugar. El cumplimiento de las normas es alto. Hay presencia policial, así como miembros de Misión Bogotá con carteles que invitan a respetar la cebra y a cruzar por las esquinas. En la noche baja el flujo peatonal, se va la policía, sube la percepción de inseguridad y también sube el incumplimiento.

[15] Fecha: 6 de diciembre de 2007. A continuación, los datos urbanísticos. Inventario: un puente peatonal, una valla de contención que restringe el paso en el costado del colegio Camilo Torres, un andén, un poste peatonal, dos cebras, cuatro semáforos vehiculares, dos semáforos peatonales. Uso del suelo: zona escolar, comercial y residencial. Velocidad vehicular promedio: 60 km/h. Este cruce es un paso obligado para algunos y cercano para los estudiantes del colegio Camilo Torres y de otros cuatro colegios.

Cuadro resumen

Hora	*A*	*B*
5:00 a 5:15 p.m.	59	
5:30 a 5:45 p.m.		38
6:00 a 6:15 p.m.	295	
6:30 a 6:45 p.m.		149
7:00 a 7:15 p.m.	136	

Se observaron un total de 677 peatones, de los cuales 490 (72,4%) hicieron uso del puente peatonal, y 187 (27,6%) no lo usaron.[16]

De esta investigación se pueden sacar algunas conclusiones provisionales: en el cumplimiento de peatones y conductores parecen intervenir tres factores: el estado de la infraestructura urbana, las posibilidades de sanción y el riesgo de un accidente.[17] Cuando hay una buena infraestructura, la policía está presente y los riesgos de accidentalidad son altos, el incumplimiento es mínimo y viceversa. Otros factores, como la autorregulación entre conductores o entre peatones, no parecen tener mayor relevancia. Así, los que más cumplen —incluyendo a los conductores y a los peatones— son los peatones de la calle 19 con séptima, mientras que quienes menos lo hacen son los peatones de la séptima con 34. La razón de esta diferencia parece estar en que, en la 19, no sólo hay presencia de uniformados, sino que hay mucho tráfico y

---

16 Esta es una zona escolar y de alto flujo a la hora de la salida de los estudiantes. Muchos niños hacen caso omiso del puente y pasan por debajo. Cruzan en grupos grandísimos a través de la séptima; en ocasiones cogidos de las manos, como apoyándose unos a otros al cruzar. Algunos estudiantes se quedan en el puente mirando pasar los carros y jugando con sus compañeros. La señal de velocidad no es respetada, y los reductores de velocidad están deteriorados.

17 Las dos últimas razones son evidentes y operan como un peligro que hay que evitar, la sanción en un caso y el accidente en el otro. El mayor o menor deterioro de la infraestructura en la cual se aplican las normas es algo que ha sido analizado recientemente en un célebre estudio conocido como *Fixing Broken Windows* (Kelling y Coles 1996).

son muy pocas las posibilidades de pasar de manera segura cuando el semáforo está en rojo. El deterioro de la infraestructura es compensado por la presencia de la policía.

Por otra parte, en términos porcentuales, el cumplimiento parece elevado. Si se promedian todos los comportamientos aquí analizados, se concluye que el 80% fueron de acatamiento a las normas de tránsito. Esa cifra parece muy alta, pero no lo es. El 20% de incumplidores representa una cantidad enorme de personas, cientos de miles quizás, que crean, con su comportamiento desviado, grandes trastornos en la movilidad del tránsito. Basta con que una persona cruce un semáforo en rojo para que ponga en riesgo todo el sistema de circulación en un cruce y eventualmente, cause un accidente y un colapso vehicular.

Taxistas en Bogotá

La ciudad de Bogotá ha cambiado mucho en los últimos diez años. Parte importante de esta transformación está relacionada con el mejoramiento en el cumplimiento de las normas de tránsito. El cambio ha sido, en primer lugar, normativo: en el año 2003 entró en vigencia el nuevo Código de Tránsito (Ley 769 de 2002) en el que se consagraron nuevas normas relacionadas con peatones, parqueos y conductores particulares. A esto se agregó un cambio cultural, impulsado por las campañas de cultura ciudadana —sobre todo durante la alcaldía de Antanas Mockus— destinadas a inculcar en la población la idea de que el cumplimiento de este tipo de normas es parte importante de los deberes ciudadanos. Esta transformación se puede ver en las cifras que aparecen en las siguientes tablas. La primera muestra el promedio anual de las infracciones más sancionadas en el periodo 1998-2001, y la segunda, en el periodo 2003-2006.

Tabla 1
Infracciones en Bogotá, 1998-2001

Descripción de la infracción	*Promedio anual de infracciones*
Transitar en zona prohibida (incluyendo horas no permitidas, como el llamado "pico y placa")	231.532,25
No respetar las señales de tránsito o no pagar el peaje en los sitios establecidos	128.229,5
Transportar pasajeros excediendo la capacidad autorizada en la licencia de tránsito y tarjeta de operación	114.430,5
Interrumpir el tránsito	97.734,5
Estacionar sin las debidas precauciones y/o sin colocar las señales de tránsito de peligro reglamentarias	88.305,25
No utilizar cinturón de seguridad en vehículos de modelo 1985 en adelante	81.764, 25
Conducir un vehículo sin seguro obligatorio	47.875,75

Fuente: Secretaría de Movilidad (2007).

Tabla 2
Infracciones en Bogotá, 2003-2006

Descripción de la infracción	*Promedio anual de infracciones*
Estacionar un vehículo en sitios prohibidos	96.686,75
Cruzar la vía atravesando el tráfico vehicular en lugares donde existen pasos peatonales	69.338,5
Transitar por sitios prohibidos o no autorizados por la autoridad competente (incluye horas prohibidas)	62.427,75
Actuar de manera que ponga en peligro su integridad física	59.628,75
Bloquear una calzada o intersección con un vehículo	44.396,5
Conducir un vehículo de transporte público individual sin cumplir con los requerimientos exigidos	34.785,33
Dejar o recoger pasajeros en sitios prohibidos, o diferentes a los demarcados	31.468,66

Fuente: Secretaría de Movilidad (2007).

Como se observa al comparar las dos tablas, el orden de las conductas más sancionadas cambió. Mientras en el primer periodo el mayor número de multas fue impuesto por "transitar en zona prohibida", en el segundo la principal conducta sancionada está relacionada con el estacionamiento en sitios no autorizados. Sorprende el alto número de comparendos por cruzar la vía en lugares en donde existen pasos peatonales (más de 69 mil). También es interesante notar cómo el peso de las infracciones a los conductores de transporte público, en relación con los conductores particulares, decrece en el segundo periodo.

Entre 1999 y mediados de 2006 se impusieron en Bogotá un total de 7.600.343 comparendos a los conductores. Los taxistas, por su parte, recibieron un total de 692.863 comparendos, es decir cerca del 10%. Si se tiene en cuenta que en Bogotá existen cerca de 45 mil taxis legalmente registrados (representando tan sólo un 4,2% del parque automotor estimado en la ciudad), puede concluirse que cada taxista recibió, en promedio, 15,39 comparendos en ese periodo.[18] Según la Secretaría de Tránsito y Transporte,

> [...] en Bogotá, los 100 mayores deudores de comparendos son conductores de transporte público colectivo e individual que tienen a su haber un total de 24.408 comparendos por $4.497 millones. (Secretaría de Movilidad de Bogotá 2008b)

En este apartado se muestran los resultados de una investigación sobre conductores de taxis en Bogotá, a partir de encuestas y entrevistas realizadas durante un lapso de tiempo de tres meses, a finales de 2006. Fueron encuestados cien taxistas; y la mitad de la encuestas se hizo durante el día y la otra mitad durante la no-

[18] El número de taxis legales en la ciudad de Bogotá es de cerca de 45.000, los cuales realizan cerca de 343.000 viajes diariamente. Sin embargo, quizás el mayor incumplimiento en el mundo de los taxis urbanos está en el número de taxis ilegales, es decir, sin permiso para circular, que se calcula en veinte mil (Secretaría de Movilidad de Bogotá 2008a).

che, con el objeto de captar la incidencia del contexto —más o menos policías, tráfico, pasajeros, etc., según el horario diurno o nocturno— en el cumplimiento de las normas.[19] La encuesta fue aplicada en los siguientes puntos de la ciudad: calle 122 con carrera 15, calle 118 con carrera 12, calle 116 con carrera 15, calle 72 con carrera 7ª, calle 122 con Autopista Norte y calle 100 con carrera 32. Para complementar los resultados obtenidos en la encuesta, se hicieron 14 entrevistas en profundidad (siete a taxistas diurnos y siete a nocturnos) en los diferentes puntos en los que se realizó la encuesta. El propósito de la encuesta y de las entrevistas fue el de encontrar las diferentes razones, circunstancias y percepciones que explican las infracciones de tránsito cometidas por los taxistas.

EL CONTEXTO: DIURNO/NOCTURNO

Los taxistas hacen una marcada diferencia entre cumplir las normas de tránsito durante el día y durante la noche.

> Haga esta entrevista de día y verá —nos dijo Asdrúbal, un taxista nocturno— nadie le va a decir que se mete en contravía o que se pasa los semáforos en rojo... va a ver cómo todos le van a decir que cumplen con todas las normas y que somos nosotros, los de la noche, los que violamos todo.

Quizás Asdrúbal exageraba un poco, pero tenía razón en que los taxistas diurnos consideran que incumplen menos las normas que sus colegas de la noche. Eso fue lo que nos dijo Roberto, un taxista que trabaja de día: "No le voy a decir mentiras, de día hacemos infracciones, pero en términos generales somos

[19] A los taxistas de la noche se les encuestó en un horario comprendido entre las 12 y las 4 a.m., para tener certeza de su condición de nocturnos. A los diurnos, entre las 6 y las 9 a.m., y de 12 m. a 1 p.m.

más bien cumplidores... en cambio en la noche... ahí sí que no se cumple nada".

Si bien los taxistas nocturnos son conscientes de que sus colegas los perciben como quienes menos obedecen las normas de tránsito, justifican su comportamiento en la gran diferencia que existe entre conducir de día y de noche, en una ciudad como Bogotá. Para Alexander,

> Todo el mundo dice que los de la noche hacemos más infracciones... esa es una fama que nos ganamos, pero no es que seamos tan diferentes a los del día, sino que a nosotros nos queda más fácil incumplir, pero casi no le hacemos daño a nadie [...].

Wilmer, por su parte, nos dijo: "De noche es casi seguro que a uno no lo multan, entonces uno se pasa los semáforos en rojo, unos con más cuidado que otros, pero igual uno se los pasa todos".

Al haber menos tráfico de noche, los conductores piensan que se pueden cometer más infracciones, porque no hay otros autos que se lo impidan.

> Hacer eso en el día es imposible —comenta Rogelio— porque hay muchos carros, pero de noche es más fácil, no hay nadie en sentido contrario, o uno sabe que por esa calle no pasa nadie, entonces uno sigue tranquilo [...].

La misma justificación fue dada por Jesús, cuando nos dijo:

> De noche uno debe disminuir la velocidad en un semáforo en verde, igual que en uno en rojo. Uno nunca sabe cuándo un borrachito se va a pasar el semáforo; por eso no hay que confiarse; si uno para, le pegan por atrás o lo pueden atracar... todo el mundo sabe que los semáforos no se respetan y que a esas horas uno tiene que manejar a la defensiva [...].

Percepción del incumplimiento

El 31% de los taxistas encuestados reconoció que pasar los semáforos en rojo es la infracción que más comete. Le siguen los cruces prohibidos, con un 27%; las contravías, con un 13%; la prohibición de parquear, con un 11%; no respetar las señales de pare, en un 9%; y los giros a la izquierda, en un 8%. Los taxistas justifican el incumplimiento de estas normas por circunstancias tales como el afán y la falta de sanciones.

A la pregunta "¿quiénes incumplen más las normas de tránsito en Bogotá?", el 68% respondió que todos los conductores comenten infracciones, un 22% que los conductores de buses, un 5% que los conductores de taxi y un 5% que los peatones. Se debe resaltar que si bien la mayoría considera que todos los conductores comenten infracciones de tránsito, un 27% relaciona el incumplimiento con los conductores de servicio público.

La mayoría de los taxistas piensa que la desobediencia de algunas normas —como parquear en sitios prohibidos o invadir el carril del otro— no es importante, y que el verdadero incumplimiento se refiere sólo a las normas más graves. Son muy pocos los taxistas que intentan justificar o explicar las circunstancias en las que se incumplen las normas leves.

En términos generales, los taxistas perciben a sus colegas como más incumplidores que ellos. A la pregunta, "¿qué hace un colega suyo cuando se encuentra ante un semáforo en rojo y tiene mucho afán, y además, sabe que no lo van a multar?". El 94% respondió que creía se pasaría el semáforo en rojo. Cuando, en cambio, se les pregunta: "¿y en esa misma situación usted qué haría?", sólo el 63% responde que pasaría en rojo. Ese porcentaje aumenta a 70% cuando se hace la pregunta a los taxistas que trabajan de noche. Esteban, uno de los taxistas que respondió que se pasaría el semáforo en rojo, aclaró lo siguiente: "Me paso el semáforo en rojo cuando veo que los otros carros se demoran en arrancar, o cuando sé que voy a pasar sin que me estrellen o sin que me pase nada".

RAZONES PARA INCUMPLIR

Los conductores incumplen, pero toman precauciones. Santiago, un taxista del turno diurno, nos dice:

> Cuando uno hace una contravía, tiene que saber dónde la hace. Si es una calle principal, uno no se atreve, pero si es una calle pequeña uno puede avanzar en reversa o lanzarse, si no ve que vienen carros o son pocos, y hay espacio para pasar [...].

La explicación de Santiago muestra bien cómo los conductores de taxi (tanto los diurnos como los nocturnos) se comportan, por lo general, como actores racionales, es decir como individuos que buscan maximizar su interés y el de sus clientes. Eduardo, por ejemplo, sostiene: "Dejar a un pasajero en donde no está permitido o irrespetar los pares, cuando el cliente tiene afán, es mejor para nosotros porque hacemos el servicio más rápido y podemos hacer más carreras al día [...]". Elías, por su parte, sostiene:

> De noche nosotros no podemos ir por ahí buscando un servicio. Lo que casi siempre hacemos es parquearnos en algún sitio como este (en el que está prohibido parquear) y esperar que la central mande un servicio, y si toca hacer una contravía, un giro en U prohibido o cualquier otra infracción, se hace porque hay que llegar primero a atender el servicio. No llegar primero a un servicio es perder plata [...].

Como se ve, el beneficio que se deriva de atender a un mayor número de clientes, haciendo la mayor cantidad de servicios en el menor tiempo posible, es una de las razones más comunes para incumplir. Al respecto, Ignacio nos dice:

> Yo puedo ganar mucha más plata y cumplirle a la empresa con los viajes que me ponen, si hago unas cuantas infracciones, pero claro, primero se tiene que mirar que no haya policías, porque la multa

> siempre es cara, entonces no gano nada porque me quedo sin cliente, sin carro y sin más plata de la que me ganaría... es igual con los accidentes; uno pa' que va a hacer una contravía si sabe que se va a estrellar y se va a meter en un problema con la fiscalía, entonces uno se tiene, ¿entiende? [...].

Al revisar los registros de los grandes deudores por comparendos entregados por la Secretaría de Tránsito y Transporte, se encuentra que

> [...] la mayoría de los conductores alega que infringen las normas de tránsito porque deben cumplir con un producido diario de pasajeros, de lo contrario, dicen, perderán su empleo. (Secretaría de Movilidad de Bogotá 2008b)

Ante esta situación, el Secretario de Tránsito y Transporte, Justo Germán Bermúdez Gross, señaló que

> [e]l actual sistema del transporte público es riesgoso: mientras un conductor no reciba un sueldo fijo mensual, tenga un horario de trabajo y condiciones conforme a la ley, esta situación no cambiará. (Secretaría de Movilidad de Bogotá 2008b)

Las circunstancias externas —afluencia vehicular, presencia de las autoridades de policía, número de clientes que demandan un servicio, seguridad, etc.— tienen relevancia en la evaluación costo/beneficio que hace el taxista. Es por eso que en la noche el incumplimiento es visto como algo más justificado que en el día, como lo explica Darío:

> En la noche la ciudad es más peligrosa, no hay policías y los pocos que hay están en los retenes; no hay casi carros y las vías están solas; por eso, hacer contravías, cruces prohibidos o pasarse los semáforos no causa casi accidentes, pero igual sigue siendo peligroso, aunque a veces es más peligroso cumplir con las normas de tránsito [...].

La presencia de la policía también es un factor tenido en cuenta por el taxista en el momento de decidir si obedece o no la norma de tránsito. Al respecto, comenta Samuel:

> De día es más probable que a uno lo detenga un policía. Uno no sabe en dónde se esconden, a veces están esperando que uno se descuide y le ponen una multa por cualquier cosa... El problema con la multa es que uno pierde tiempo haciendo las colas para pagarlas.

Los taxistas nocturnos, por su parte, sostienen que la casi total ausencia de policías durante la noche es lo que les permite incumplir sin temor.

> Uno hace infracciones —dice Pedro— porque sabe que no le va a pasar nada. No hay casi policías de noche y uno sabe que por más grave que sea la contravía, no lo van a multar, entonces uno la hace y se gana el servicio.

En síntesis, se aprecia cómo los taxistas obedecen las normas de tránsito, fundamentalmente, por el temor a la sanción legal. La autorregulación y la regulación social inciden muy poco en sus comportamientos.

La competencia por ganar clientes es menos dura en el día, y por eso el incumplimiento de normas es visto como algo menos necesario:

> La guerra del centavo, que llaman —dice Wilson— no es tan grave de día. Uno encuentra gente que necesita taxi más fácil. No toca matarse por coger al usuario, uno sabe que hay más y por eso no se justifica correr el riesgo de hacer una contravía o un cruce prohibido con muchos carros para ganárselo [...].

Sin embargo, de cualquier forma la competencia es dura, y por eso los taxistas suelen pensar que siempre es necesario incumplir algo para ganarse la vida: parar en doble carril, no transitar por la derecha de la vía y detenerse en lugares prohibidos, entre otras, son cosas que si no se hacen —dice la mayoría— traen consecuencias económicas perjudiciales para el trabajo. Teodoro lo explica sin ningún reparo:

> Recoger a un pasajero en donde está prohibido, cerrar a otro carro para recogerlo, o pasar un semáforo en rojo para coger a un cliente al otro lado de la calle, es algo normal. Uno no va a dejar de ganarse la platica por respetar una señal que dice que no puede recoger o dejar pasajeros, uno simplemente para, monta al personaje y se va, igual, con eso no se le hace mal a nadie [...].

La inseguridad también cuenta a la hora de decidir si se cumple o no. Casi todos los incumplimientos son vistos como algo justificado cuando se trata de evitar la inseguridad: "Hay lugares de la ciudad —dice Moisés— en los que uno tiene que tener precaución. Al parar en un semáforo en rojo a uno le pueden, por ejemplo, robar un espejo". Y Aldemar agrega lo siguiente:

> A mí una vez por parar en un semáforo me cerró una moto, me encañonaron y me robaron como 200.000 pesos que había hecho esa noche. Por eso prefiero no parar en ningún semáforo, sólo disminuyo la velocidad [...].

Conclusiones

En este capítulo, después de una introducción general, se mostraron los resultados de dos investigaciones empíricas: una de ellas destinada a evaluar el comportamiento de los ciudadanos en los cruces de la carrera séptima en Bogotá, y otra sobre el cumplimiento de reglas por parte de los taxistas de la ciudad. Se trata, desde luego, de dos investigaciones muy distintas, no sólo respecto a su contenido, sino también en cuanto al método que se utilizó para llevarlas a cabo. No obstante, dan cuenta de un mismo fenómeno, el cumplimiento sólo parcial de las normas de tránsito por parte de los bogotanos y, sobre todo, la importancia que tienen el contexto y las circunstancias concretas a la hora de decidir si la norma se cumple o no.

Teniendo en cuenta los resultados de estas dos investigaciones, y retomando la reflexión general que se hizo en la introducción, haremos tres anotaciones finales sobre el tránsito en las vías públicas de Bogotá.

En primer lugar, la ausencia de reglas es sólo aparente. Es difícil imaginar una ciudad que carezca por completo de reglas para sus calles y avenidas.[20] El incumplimiento de reglas es tan usual, que a veces tenemos la impresión de que en la calle todo el mundo hace lo que quiere, no lo que debe. Sin embargo, esa impresión no tiene en cuenta las reglas informales e ilegales que regulan el tránsito. Una de las primeras preguntas que hacen los visitantes europeos cuando llegan a Bogotá y son conducidos en un taxi que va del aeropuerto al hotel, es "¿y con esta manera de conducir, cómo es posible que no se presenten más accidentes? Si esto pasara en mi país, dicen, los hospitales no darían abasto con los heridos". Lo que pasa es que el conductor latinoamericano cumple otra serie de reglas, no escritas, pero que están muy presentes en la cultura de los conductores y que de cierta manera regulan su comportamiento. Esas son las reglas de la "viveza criolla", del "no dar papaya", del "llegar primero", que hacen que todos estén atentos a los demás, y por eso eviten buena parte de los accidentes que se producirían en ciudades en las cuales el conductor sólo está pendiente de cumplir con la norma. Como lo sugieren los taxistas entrevistados aquí, en nuestras ciudades

---

[20] La idea de eliminar las reglas fue utilizada como un experimento pedagógico en 2001, en un barrio londinense conocido como *exhibition roads*. Allí fueron retiradas las tradicionales marcas viales, las barreras utilizadas para separar la calle de la acera. La regla de la prioridad quedó "abierta" a negociación. El "caos deliberado" así creado, obligaba a los conductores a reducir la velocidad y establecer contacto visual con los peatones. Todo esto hace tomar conciencia de la importancia que tienen las reglas en el tránsito.

primero se está atento a lo que van a hacer los otros y luego a lo que dice la regla oficial.

En segundo lugar, los conductores y los peatones parecen ser actores racionales guiados por la búsqueda de su propio interés. Ahora bien, la estrategia que adoptan para proteger ese interés muchas veces entra en conflicto con lo que las normas ordenan. En otros países, donde el tráfico es ordenado y hay pocos infractores, la protección del interés personal es vista como algo que por lo general coincide con el interés público plasmado en las normas. En Bogotá, en cambio, el desacato es visto como un medio necesario para llegar primero, para ganar. Los taxistas, mejor que nadie, reflejan este espíritu competitivo.

Pero hay algo paradójico en el tránsito. Si bien cada cual se guía por una especie de racionalidad instrumental, es decir, egoísta y destinada a llegar primero, el resultado final es que todos terminan perdiendo. Cada conductor mete la trompa de su auto, como dice O'Donnell, e intenta pasar al otro sin tener en cuenta turnos de precedencia en la fila, líneas de carriles o señales de tránsito. El resultado final es una ineficiencia descomunal: todos llegan más tarde, porque se bloquean unos a otros. Este fenómeno colectivo es denominado por Carlos Santiago Nino "anomia boba". La actitud generalizada, que consiste en violar las normas para llegar primero, termina produciendo un desorden colectivo cuyo resultado es que todos pierden. A veces colaborar es la mejor manera de ser un buen egoísta. Algo de eso pasa también con la corrupción. Cuando ella se generaliza, acaba "con los huevos de oro", con la institución misma de la cual se beneficia.

En tercer lugar, y ligada al punto anterior, una de las razones por las cuales la gente incumple tanto las normas de tránsito es por el alto costo que en ocasiones conlleva el cumplimiento. El sistema no premia a los cumplidores. El hecho de que la mayoría viole las normas crea una situación muy difícil para quien, en principio, está dispuesto a cumplir: su actitud de obediencia respecto de la norma de tránsito entra en conflicto con su percepción de estar siendo víctima de una injusticia social, la injusticia que premia a los que no cumplen. Si bien este tipo de razonamiento suele ser el origen de la justificación amañada y cómoda del desacato de muchos, en ocasiones plantea dilemas complejos entre la legalidad y la justicia o la moral. Mientras en una ciudad europea cumplir es algo que va en sintonía con el interés personal, en Buenos Aires, Bogotá o México, cumplir es algo que a veces necesita mucha paciencia, y sobre todo un fuerte sentimiento moral.

Por último, el incumplimiento depende mucho del contexto en el que se esté ubicado. En el momento de decidir si una norma se acata o no, las personas se guían, en primer lugar, por lo que hacen los demás, y eso que los demás hacen depende de muchos factores, propios del contexto, tales como la eventual presencia de la policía, el riesgo de accidentes y la infraestructura.

BIBLIOGRAFÍA

Alemán, Ricardo. 2007. "'Mordelones', el otro poder", en *El Universal*, 23 de julio.

Cáceres, Gonzalo. 2005. "El tráfico nuestro de cada día", en *Revista Ideele*, N° 173: 63.

Durkheim, Émile. 1993. *De la division du travail social*. Paris: Presses Universitaires de France.

El Tiempo. 2008a. "Accidentes de tránsito dejaron un muerto cada 16 horas en promedio durante el 2007", 26 de febrero.

———. 2008b. "La calle 72 se rajó en señalización vial y seguridad peatonal", 21 de febrero. Disponible en <http://www.eltiempo.com/archivo/documento/CMS-3967438>. Consultado el 22 de febrero de 2008.

Felstiner, William, Richard Abel y Austin Sarat. 1981. "The Emergence and Transformation of Disputes: Naming, Blaming, Claiming...", en *Law & Society Review*, Vol. 15, N° 3-4.

Instituto Nacional de Medicina Legal y Ciencias Forenses. 2006. *Forenses, datos para la vida*. Bogotá: Instituto Nacional de Medicina Legal y Ciencias Forenses.

Ipsos-Napoleón Franco. 2007. Encuesta *Bogotá, ¿cómo vamos?* 2007. Bogotá: Ipsos-Napoleón Franco.

Kelling, George y Catherine Coles. 1996. *Fixing Broken Windows: Restoring Order and Reducing Crime in Our Communities*. New York: Free Press.

Nino, Carlos Santiago. 2005. *Un país al margen de la ley*. Buenos Aires: Ariel.

Nisbet, Robert. 1984. *La tradition sociologique*. Paris: Presses Universitaires de France.

O'Donnell, Guillermo. 1984. *¿Y a mí qué me importa? Notas sobre sociabilidad y política en Argentina y Brasil*. Buenos Aires: Centro de Estudios de Estado y Sociedad (CEDES).

Secretaría de Movilidad de Bogotá. 2008a. "Bogotá en taxi", 12 de junio. Disponible en <http://www.transitobogota.gov.co/categoria.asp?cat_id=212>. Consultado el 12 de junio de 2008.

———. 2008b. "Suspendida licencia a los 100 mayores infractores", 12 de junio. Disponible en <http://www.transitobogota.gov.co/contenido.asp?plantilla=6&pag_id=1199&pub_id=585&cat_id=61>. Consultado el 12 de junio de 2008.

***

Ley 769 de 2002, Código de Tránsito.

3

FRAUDE ACADÉMICO: COMPARACIÓN ENTRE DOS UNIVERSIDADES COLOMBIANAS

Mauricio García Villegas, Andrés Henao,
José Fernando Mejía y Claudia Ordóñez

INTRODUCCIÓN

El tema del fraude en las universidades no despertaba, hasta hace muy poco, mayor interés en América Latina. En Colombia, el tema adquirió cierta importancia desde mediados del año 2006, cuando se denunció que un hijo del presidente de la República había sido descubierto haciendo fraude en un ensayo en la Universidad de los Andes. Desde entonces, al menos en esta universidad, existe una mayor preocupación por el tema. Pero eso no basta. La cultura del fraude académico sigue estando profundamente arraigada en la mentalidad de los estudiantes colombianos, desde el bachillerato. Esto se debe, en parte, a que las instituciones educativas han visto este tema como una simple violación del reglamento académico, y no como una práctica con hondas raíces pedagógicas y culturales. El aumento exponencial de la información producida durante las últimas décadas, y transmitida a través de medios electrónicos, ha agravado el problema del fraude y ha puesto en evidencia las graves consecuencias de una cultura poco severa frente a este tipo de práctica.

En otros países y otras culturas, el interés por el tema del fraude siempre ha estado presente. Esto es particularmente cierto en los Estados Unidos, donde los investigadores sociales estudian, desde hace mucho, la frecuencia con la que se presentan casos de fraude. Al respecto se han hecho hallazgos muy diversos. Algunas investigaciones revelan incrementos dramáticos en los niveles de fraude en los últimos años. Para Donald McCabe, Linda Treviño y Kenneth Butterfield (2001), por ejemplo, el fenómeno del fraude se ha difundido mucho en las universidades y viene en aumento, como también lo indican Stephen Davis, Cathy Grover, Angela Becker y Loretta McGregor (1992), quienes registran que mientras un 23% de los estudiantes cometía fraude en las universidades norteamericanas en 1941, estudios recientes muestran tasas superiores al 80%.

Según Bob Brown y Dennis Emmett (2001), esta tendencia al aumento no se relaciona necesariamente con el aumento de la frecuencia del fraude académico, sino con un cambio en la manera de medirlo, que ahora incluye más conductas fraudulentas que en el pasado, como los fraudes relacionados con el uso de nuevas herramientas tecnológicas, como Internet. Estos dos autores realizaron un análisis comparativo de 31 estudios publicados en un periodo de 33 años, y determinaron que la forma más común de medir la frecuencia de fraude ha sido el autorreporte, que consiste en que el estudiante debe indicar qué fraudes ha cometido a partir de un listado predeterminado. Así, mientras más conductas contenga la lista, mayor será la probabilidad de respuestas afirmativas sobre su comisión. Esto implica que la afirmación sobre el aumento del fraude en los últimos años pueda no ser cierta, y que cualquier medición del fraude académico debe incluir un repertorio amplio de conductas fraudulentas, para evitar una subvaloración del fenómeno.

La forma en que el fraude académico es definido, y por lo tanto medido, es ahora más compleja que hace treinta o cuarenta años. Antes, muchos estudios se centraban solamente en un tipo específico de fraude, como la copia en exámenes. Hoy en día, los estudios toman en consideración diversos tipos de fraude. Además, las nuevas herramientas tecnológicas han abierto nuevas posibilidades para la comisión de fraude académico; por lo cual, elementos como la disponibilidad de una gran cantidad de información a la que se puede acceder fácil y rápidamente en Internet, y la posibilidad de hacer plagio en segundos con la herramienta virtual "*copy-paste*", han hecho que algunos investigadores orienten sus estudios hacia estas nuevas modalidades de fraude (Zack 1998).

De todos modos, existe consenso en el hecho de que se trata de un fenómeno ampliamente difundido, y en que por lo menos algunos tipos de fraude, especialmente los relacionados con el uso de la tecnología, se han incrementado en los últimos años. Autores como Julio Turrens, Irene Staik, Kristen Gilbert, Small Curtis y John Burling (2001) hacen una revisión de las frecuencias de fraude identificadas en varios estudios realizados entre 1984 y 1998 en más de treinta universidades estadounidenses, y concluyen que entre un 75% y un 98% de los estudiantes universitarios de ese país ha estado involucrado por los menos una vez en situaciones de fraude académico.

En relación con las causas del fraude, McCabe y Treviño (1993) identifican dos perspectivas distintas, desde las cuales se ha abordado el estudio de las posibles causas del fraude académico, y que pueden ser complementarias. La primera se caracteriza por estudiar factores individuales y asociarlos con la comisión del fraude académico, entre los cuales están el género, el rendimiento académico, el nivel de competitividad, la autoestima y el desarrollo moral. Al respecto, algunos estudios han revelado que los estudiantes hombres cometen más fraude que las mujeres, los jóvenes más que los mayores y los malos estudiantes más que los buenos (Anderman, Griesinger y Westerfield 1998). Davis, Grover, Becker y McGregor (1992) sugieren que la mayor presión social sobre los hombres puede explicar el hecho de que cometan más fraude. McCabe y Treviño (1993), por su parte, encuentran una marcada relación entre la percepción que los estudiantes tienen de los comportamientos de sus pares y la probabilidad de cometer fraude.

Un enfoque diferente se centra en el análisis de factores institucionales, como los códigos de honor y las acciones disciplinarias con las que las instituciones responden a los casos de fraude. En una síntesis de diez años de trabajo, orientado a revelar las razones de los estudiantes para cometer fraude, McCabe, Treviño y Butterfield (2001) encontraron una relación más fuerte entre la frecuencia del fraude académico y factores contextuales, que entre aquella y factores individuales. Así, revelan mayor fraude cuando existe un mayor comportamiento deshonesto de los compañeros, y menor, cuando hay desaprobación de estos comportamientos por parte de los pares y cuando las sanciones se perciben como severas.

En Colombia, miembros del Centro de Investigación y Formación en Educación (CIFE) de la Universidad de los Andes encontraron, igualmente, que el fraude es un fenómeno muy frecuente y difundido entre los estudiantes. Para demostrarlo realizaron tres estudios. En el primero encuestaron una muestra del 12,7% de estudiantes de toda la universidad —con representación proporcional de todas las facultades— acerca de la comisión de fraudes definidos por la institución, y hallaron que el 94% de los encuestados admitió haber realizado por lo menos un fraude en su historia académica universitaria (Mejía y Ordóñez 2004).[1]

---

1 En la primera investigación realizada por el CIFE en la Universidad de los Andes, la encuesta aplicada incluía una lista mixta de razones, tanto contextuales como individuales para cometer fraude, y otra de razones para no cometerlo. Los participantes marcaron como las que los motivarían más fuertemente a hacerlo, en su orden, tener mucho trabajo académico, contestar evaluaciones que miden sólo memoria, la posibilidad de ayudar a un compañero y el riesgo de bajar el promedio de notas. Por otro lado, las razones que más los disuadirían

El segundo estudio midió el mismo fenómeno en una sola facultad, con encuestas a una muestra representativa de estudiantes de todos los semestres (a partir del segundo), y reveló que el 95% de los estudiantes de esta facultad admitía haber realizado al menos un fraude durante el primer semestre de 2005 (Mejía, Ordóñez y Castellanos 2006).

En el tercer estudio del CIFE, se quiso profundizar en las causas del fraude, y para ello se hizo una serie de entrevistas, tanto a estudiantes que habían sido sancionados por cometer fraude académico, como a estudiantes que no lo habían sido (Ordóñez, Mejía y Castellanos 2006). Se encontró que las razones para hacer fraude se relacionaban sobre todo con creencias particulares de los estudiantes acerca de lo académico. Estas creencias conforman toda una cultura en la que el fraude se acepta, se justifica y se convierte en una práctica natural de la vida universitaria. Se sugiere que la universidad refuerza esta cultura desde las prácticas pedagógicas de enseñanza de aula, de organización curricular y de evaluación del conocimiento, todas basadas en una concepción de aprendizaje básicamente cuantitativa y de información, que ya debería haber cambiado desde hace varios años.

***

En este capítulo presentamos los resultados de una investigación comparada sobre frecuencia, tipos y motivaciones del fraude académico en la Universidad Nacional de Colombia, sede Bogotá, y en la Universidad de los Andes (Mejía y Ordóñez 2004). La investigación consistió en replicar el estudio y la metodología del primer estudio del CIFE en la Universidad Nacional. Fue así como medimos la frecuencia de fraude a partir del autorreporte, en una encuesta que incluye una lista de catorce conductas definidas

de cometer fraude fueron la posibilidad de sanciones fuertes, el sentimiento de deshonestidad que les produciría el fraude y el deseo de aprender (Mejía y Ordóñez 2004).

como fraude en el reglamento de estudiantes de la Universidad de los Andes, una pregunta sobre asignación de gravedad para cada conducta en una escala de cinco niveles, y las mencionadas listas mixtas de posibles explicaciones de los estudiantes para cometer o no fraude académico. Luego comparamos los resultados obtenidos en ambas universidades.

La Universidad Nacional y la Universidad de los Andes son instituciones de reconocida importancia y prestigio en el ámbito nacional e internacional, por su calidad tanto en educación como en investigación, pero presentan grandes diferencias entre ellas. Por un lado, la Universidad Nacional de Colombia es la universidad pública más grande e importante del país, mientras que la de los Andes es la más reconocida de las instituciones privadas. La Universidad Nacional cuenta con una población de estudiantes mucho mayor que la de los Andes (23.368 y 13.705 respectivamente), perteneciente a estratos socioeconómicos medio y bajo, mientras que la Universidad de los Andes cuenta en su mayoría con estudiantes de estratos socioeconómicos medio y alto, y es la universidad con la matrícula más costosa del país. Finalmente, en el momento en el que se llevó a cabo la investigación (primer semestre de 2007), la Universidad Nacional no contaba con documentos que expresaran institucional y públicamente la importancia y gravedad que atribuye al fraude académico, ni la forma como lo define y califica, y no reglamentaba formas de sancionar las conductas fraudulentas. En cambio, en el momento de la investigación correspondiente, la Universidad de los Andes presentaba a los estudiantes partes concretas de su reglamento que definían sanciones para diferentes tipos de fraude, y contaba con una historia de varios años de detección y sanción de diferentes formas de fraude académico, representada en un trabajo específico sobre sanciones y motivación para la detección, realizado por sus comités de facultad y su Comité de Asuntos Estudiantiles (CAE).

La comparación del fraude académico en estas dos universidades responderá fundamentalmente a dos propósitos. El primero consiste en describir el fenómeno en la Universidad Nacional y determinar si existen diferencias entre estos hallazgos y los obtenidos previamente en la Universidad de los Andes, en cuanto a los tipos de fraude cometidos, los niveles de gravedad que se les asignan y la frecuencia admitida de cada uno de ellos. El segundo es identificar algunos factores que los estudiantes de la Universidad Nacional asocian con el hecho de realizar o no acciones consideradas fraudulentas en el medio universitario, y determinar si entre las dos universidades estudiadas existen diferencias al respecto.

MÉTODO

PARTICIPANTES

La muestra de estudiantes que se utilizó en la investigación de la Universidad de los Andes se conformó a partir de cincuenta cursos elegidos aleatoriamente y que incluyeron, de manera representativa, un número de cursos por departamento proporcional al ofrecido por cada uno de los departamentos de la universidad. La encuesta se aplicó a un total de 1.194 estudiantes, que corresponden al 12,7% de la población total de la institución.

Para construir la muestra en la Universidad Nacional de Colombia se siguió un proceso similar. Sin embargo, dado que la Universidad Nacional tiene quince departamentos académicos más que la Universidad de los Andes, fue necesario definir una población sólo constituida por las facultades afines a las de la Universidad de los Andes, con el fin de que la comparación fuera posible. Una vez definida esta población, con un número total de 12.624 estudiantes, utilizamos el mismo proceso aleatorio de selección de cursos para la muestra, de manera que se aplicó la encuesta en treinta de ellos. El total de estudiantes encuestados fue de 628, que equivalen a un 5% de la población de la Universidad Nacional.

INSTRUMENTO

La encuesta aplicada en la Universidad Nacional —igual a la aplicada en Los Andes— contiene la siguiente lista de comportamientos considerados fraudulentos:

1. Copiar las respuestas de un compañero en un examen.
2. Dejar que un compañero copie sus respuestas en un examen.
3. Copiar el trabajo de un compañero.
4. Prestar un trabajo que usted hizo para que lo copien.
5. Bajar un trabajo de Internet y presentarlo como propio.
6. Utilizar ideas de un autor sin citarlo.
7. Copiar o parafrasear apartes de otros trabajos, sin hacer la referencia correspondiente.
8. Presentar un certificado médico falso para justificar una inasistencia.
9. Utilizar herramientas que no están autorizadas en un examen (apuntes, calculadora).
10. Firmar una lista de asistencia a nombre de un compañero.
11. Incluir a alguien en un grupo sin que haya colaborado con el trabajo.
12. Aparecer como miembro de un grupo sin haber colaborado con el trabajo.
13. "Copiar y pegar" texto de Internet sin hacer la referencia correspondiente.
14. Presentar una prueba (examen o parcial) a nombre de un compañero.

Los estudiantes debían, en primer lugar, responder si consideraban que las conductas constituían o no fraude; en segundo lugar, debían asignarle un nivel de gravedad de cero (0) a cinco (5), y finalmente debían responder, para cada conducta, si habían incurrido en ella alguna o varias veces, y cuándo.

Adicionalmente, se le presentó a los encuestados una lista de doce razones para no cometer fraude. Los estudiantes debían asignar un puntaje de cero (0) a cinco (5) a cada una de esas razones, según su importancia. A continuación presentamos la lista.

1. Lo que pensará mi familia.
2. El/la docente está muy pendiente.
3. Quiero aprender.
4. El/la docente es muy buena gente.
5. La materia me gusta mucho.
6. Las sanciones son muy fuertes.
7. No quiero que me vean como alguien malo.
8. La clase es muy buena.
9. Sería algo deshonesto.
10. Mis compañeros me rechazarían.
11. Afectaría el funcionamiento del curso.
12. Después me sentiría mal.

Finalmente, la encuesta contenía dieciséis razones por las cuales un estudiante podría verse inclinado a cometer fraude; los participantes debían, al igual que en la lista anterior, asignar un puntaje de cero (0) a cinco (5) a cada una de estas razones. He aquí la lista.

1. Tener pereza de estudiar.
2. Que la evaluación no tenga un objetivo claro para mí.
3. Tener mucho trabajo académico.
4. Que la evaluación mida sólo memoria.
5. No querer bajar el promedio.
6. Tener presiones familiares por buenas notas.
7. Ayudar a un compañero (por ejemplo, dejarlo copiar mis respuestas).
8. Que la materia no me guste.
9. No manejar bien el tema.
10. Que la evaluación no se entienda bien.

11. Que todo el mundo lo haga.
12. Que el maestro no enseñe bien.
13. Que la materia no se relacione con mi carrera.
14. Que la evaluación implique análisis y argumentación.
15. Estar seguro de que no me van a pillar.
16. Quedar bien ante mis compañeros.

Resultados

A continuación presentamos los resultados obtenidos. En un primer apartado, se muestran las respuestas relacionadas con la descripción del fenómeno del fraude académico en ambas universidades. Allí comparamos la frecuencia y los tipos de fraude admitidos por los participantes, sus percepciones sobre éste y la gravedad que le asignan. En la segunda parte, se comparan las diferentes razones que dieron los estudiantes encuestados (factores asociados) para cometer o no cometer fraude académico en las dos universidades.

Descripción y comparación del fenómeno del fraude en la Universidad de los Andes y la Universidad Nacional

Frecuencia de fraude admitido

A continuación se analiza y se compara la frecuencia de fraude académico admitido desde dos puntos de vista básicos. Por un lado, se muestran los *porcentajes de alumnos que admiten haber cometido fraude*, y por otro, los *promedios de fraude admitido* en cada universidad. La combinación de los dos puntos de vista sirve para describir las similitudes y diferencias que encontramos entre los resultados de ambas universidades.

El gráfico 1 presenta el porcentaje total de estudiantes, de cada una de las dos instituciones, que admitió haber cometido por lo menos uno de los tipos de fraude que indicaba la encuesta, tanto en toda su historia académica en la universidad, como durante el semestre anterior a la aplicación de la encuesta.

Gráfico 1
Porcentaje de personas que admitió haber cometido por lo menos un fraude

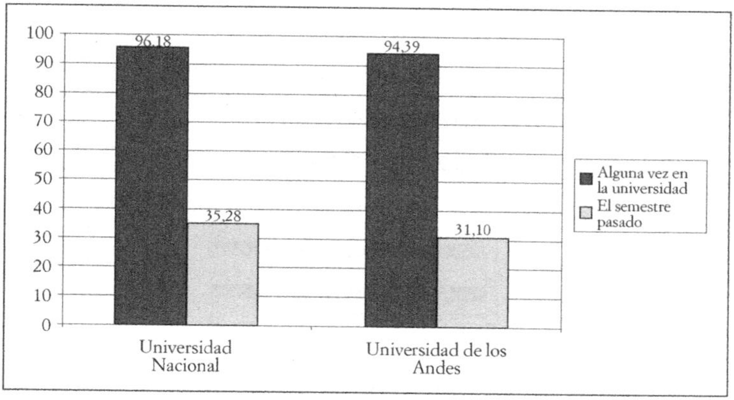

Se observa una enorme similitud en las dos universidades: más del 90% de los estudiantes de cada institución admite haber cometido por lo menos un tipo de fraude, al menos una vez en su vida académica. En la pregunta sobre comisión de fraude en el semestre anterior, el porcentaje de estudiantes que dio respuesta positiva es igualmente superior al 30% en ambas universidades. Aunque para las dos preguntas los porcentajes son un poco más altos en la Universidad Nacional que en la Universidad de los Andes, las diferencias son bastante pequeñas.

El gráfico 2 muestra el porcentaje total de alumnos de cada muestra institucional que admite haber cometido cada uno de los 14 tipos de fraude indicados en la encuesta. En este caso, a diferencia del gráfico anterior, las diferencias entre las dos universidades son notorias.

Gráfico 2
Porcentaje de personas que admitió haber realizado cada una de las conductas alguna vez en la universidad

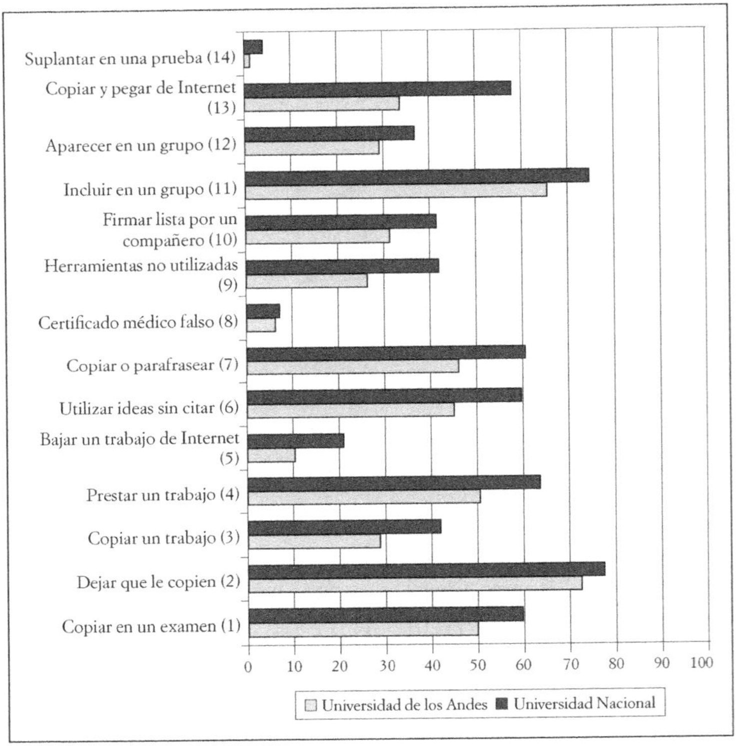

Como puede observarse, a pesar de que el porcentaje general de alumnos que ha cometido por lo menos un fraude en su vida académica en ambas universidades es prácticamente el mismo (véase gráfico 1), en la Universidad Nacional un mayor porcentaje de personas admite haber cometido cada una de las conductas fraudulentas específicas. Teniendo en cuenta que hablamos de las mismas muestras de estudiantes sobre las cuales se hizo el gráfico 1, esto se traduce en que cada participante de la Universidad Nacional admitió haber realizado más número y variedad de tipos fraudes que cada participante de la Universidad de los Andes. Así, 7 de los 14 tipos de fraude académico son admitidos en la Universidad Nacional por más del 50% de los estudiantes encuestados, mientras que en la Universidad de los Andes esto sólo sucede en 3 de las 14 conductas. La mayor diferencia se encuentra en la admisión de copia y pegado de información sin referencia y tomada de Internet; en la Universidad de los Andes lo admite menos del 35% de los estudiantes, mientras que en la Universidad Nacional lo hace casi el 60%. En las dos universidades, el fraude admitido por un mayor número de personas consiste en permitir que un compañero copie las respuestas en un examen; más del 70% de los estudiantes de cada universidad admitió haberlo hecho. Suplantar en una prueba y presentar un certificado médico falso aparecen como las conductas de fraude admitidas por menos del 10% de los estudiantes de cada muestra.

El gráfico 3 se refiere al fraude en el semestre anterior a la administración de la encuesta. Nuevamente, los porcentajes de personas que admiten haber cometido fraude son más altos en la Universidad Nacional que en la Universidad de los Andes. La conducta que es admitida por un mayor número de personas en la Universidad Nacional es la de incluir a alguien en un grupo de trabajo en el que no participó. En la Universidad de los Andes sobresalen esa misma conducta —incluir a alguien— y la de permitir que alguien se copie en un examen.

La mayor frecuencia y variedad de tipos de fraude académico por persona en la Universidad Nacional que muestran los gráficos 2 y 3 se confirma al analizar, ya no el porcentaje de personas que admiten haber cometido fraude, sino los promedios generales de conductas fraudulentas admitidas individualmente en la encuesta. La encuesta interrogaba a los estudiantes sobre qué fraudes habían realizado en su historia académica en general y durante el semestre anterior a la aplicación. A continuación, se presentan los resultados en los gráficos 4 y 5.

Gráfico 3
Porcentaje de personas que admitió haber realizado cada una de las conductas en el semestre anterior a la aplicación de la encuesta

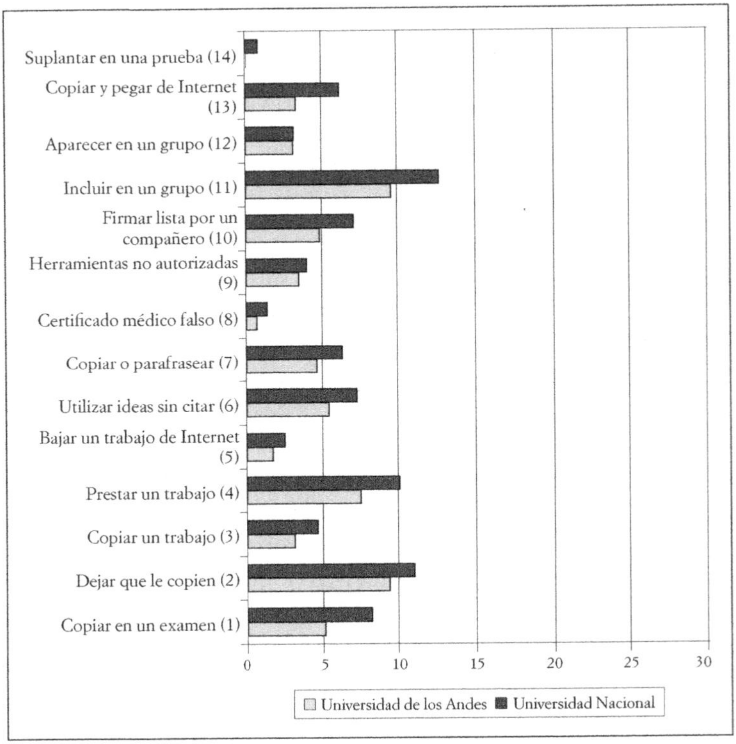

En el gráfico 4 se muestra cómo cada estudiante de la Universidad Nacional admite, en promedio, haber cometido 6,5 de los 14 fraudes de la encuesta durante su permanencia en la universidad, mientras que los estudiantes de los Andes admiten en promedio 5 de esos fraudes.

Según el gráfico 5, durante el semestre anterior, cada estudiante de la Nacional admite en promedio 0,85 de los 14 fraudes presentados, mientras que en los Andes se admite el 0,62. El análisis de varianza indica que las diferencias entre los promedios de la Nacional y los Andes en ambos casos son estadísticamente significativas.[2]

Gráfico 4
Promedio de fraudes admitidos (de los 14 posibles) alguna vez en la universidad

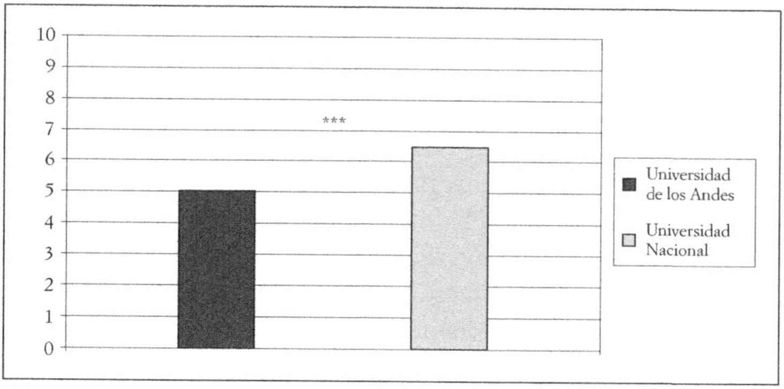

* p< 0,05; ** p< 0,01; *** p< 0,001

Gráfico 5
Promedio de fraudes admitidos (de los 14 posibles) el semestre pasado

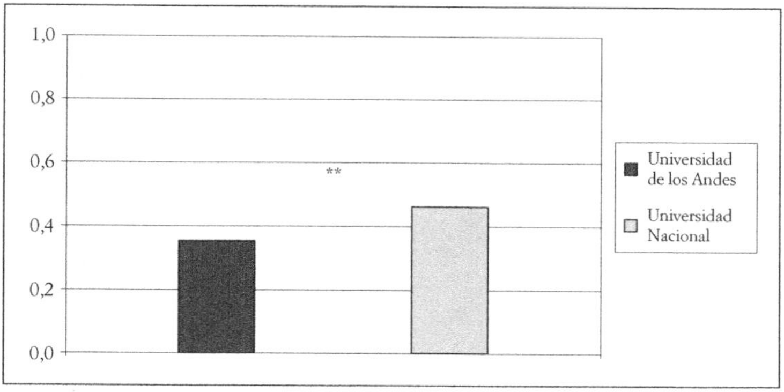

* p< 0,05; ** p< 0,01; *** p< 0,001

---

2 El análisis de varianza se utiliza para comparar dos o más conjuntos de datos numéricos, con el objeto de ver si son significativamente distintos.

Al observar la frecuencia de fraude en ambas universidades por facultades, de nuevo encontramos que ésta es mayor en las facultades de la Universidad Nacional. Al comparar los promedios de fraudes admitidos (de los 14 posibles) por facultad en ambas universidades, por medio de un análisis de varianza, la Universidad Nacional supera de forma estadísticamente significativa a la Universidad de los Andes en todas las facultades, menos en la de Derecho, como se observa en el gráfico 6. Sin embargo, la diferencia no es estadísticamente significativa en dicha facultad, en la que además el número de encuestas en la muestra de la Universidad de los Andes fue muy bajo, en comparación con las demás facultades. Por lo tanto, la interpretación de los datos en dicha facultad no se puede generalizar.

La facultad de Arquitectura de la Universidad Nacional es la única en la que cada estudiante admite más de 7 de los 14 posibles fraudes. En cuatro de siete facultades de esta misma universidad (Ingeniería, Ciencias Sociales, Ciencias y Economía, en orden descendente) los estudiantes admiten, en promedio, más de 6 fraudes. En la Universidad de los Andes, por el contrario, tres de las facultades tienen promedios cercanos a 6 conductas admitidas por persona. La facultad que presenta los más bajos promedios individuales de fraudes admitidos es Artes y Humanidades, con un promedio cercano a 3 conductas. En la Universidad Nacional, la facultad de Derecho admite la menor cantidad de tipos de fraude por persona (con casi 6).

Gráfico 6
Promedio de fraudes (de los 14 posibles)

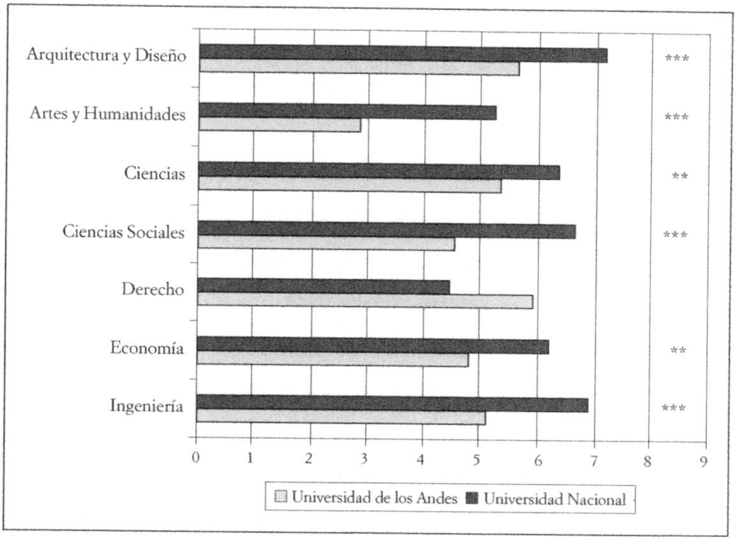

* p< 0,05; ** p< 0,01; *** p< 0,001

Percepciones acerca del fraude académico y su gravedad en ambas universidades

El gráfico 7 presenta los porcentajes de estudiantes que consideran fraude cada una de las conductas de la encuesta. En general, el gráfico pone de presente diferencias entre las dos universidades, pero éstas no son muy notorias.

Como puede apreciarse, más personas consideran una mayor cantidad de conductas como fraude en la Universidad de los Andes que en la Universidad Nacional, pero hay 3 conductas en las que es mayor el porcentaje de estudiantes que las considera fraude en la Universidad Nacional: "suplantar en un prueba", "presentar un certificado médico falso" y "dejar que un compañero copie en un examen". Además sólo 3 conductas en la Universidad

Nacional y 4 en la Universidad de los Andes son consideradas fraudulentas por más del 90% de los encuestados.

Gráfico 7
Porcentaje de personas que considera que cada una de las conductas es fraude

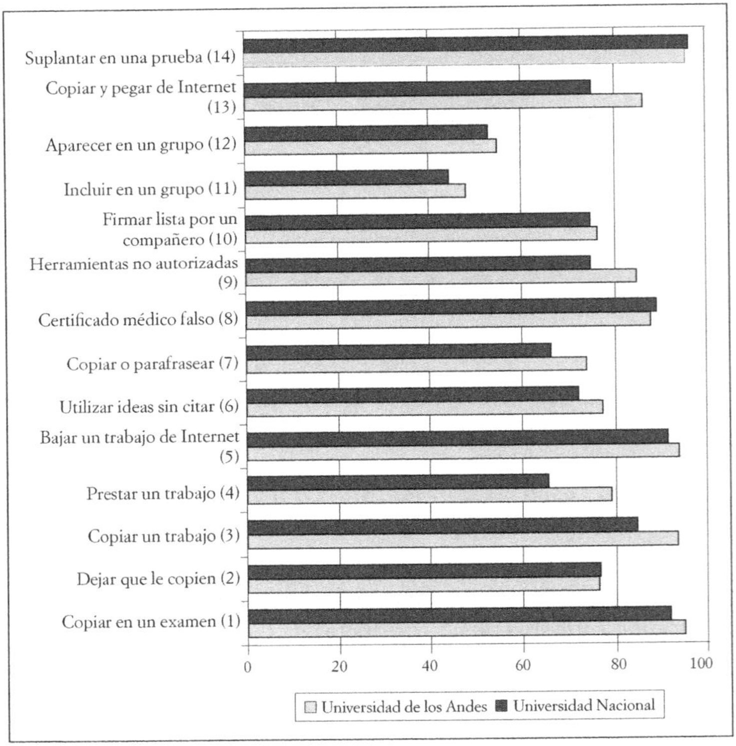

En cambio, hay grandes diferencias entre las dos universidades en los niveles promedio de gravedad asignados a cada conducta de la encuesta, resultados que presentamos en el gráfico 8. Puede observarse que los estudiantes de la Universidad de los Andes asignan en promedio una mayor gravedad a la mayoría de las conductas, en comparación con los estudiantes de la Universidad Nacional. Las diferencias entre las dos instituciones resultan además estadísticamente significativas —al aplicar una prueba de análisis de varianza— en 10 de las 14 conductas de la encuesta.

Gráfico 8
Gravedad de las conductas

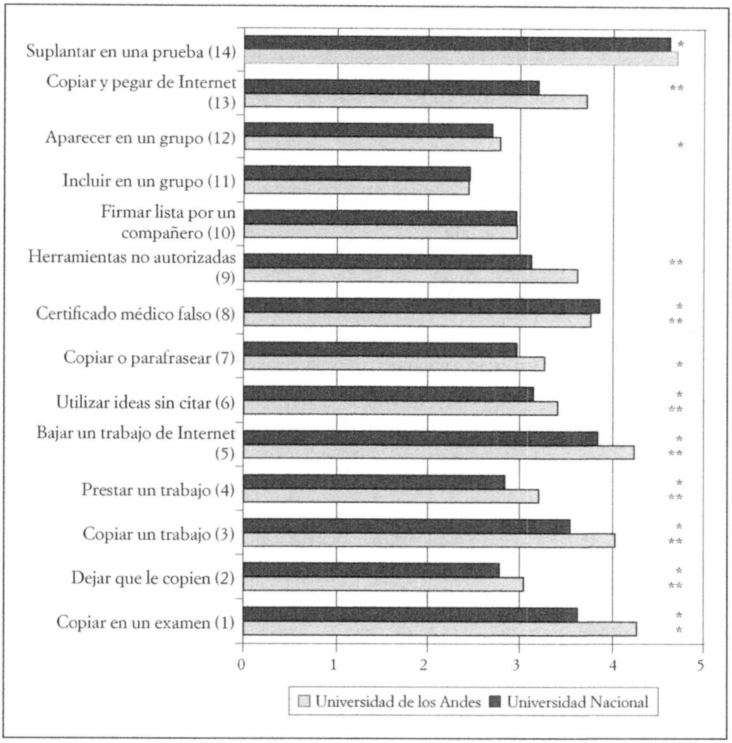

En la Universidad Nacional el fraude que consiste en "suplantar en una prueba" supera el promedio de gravedad de 4,5 (es la única conducta que además supera el promedio de calificación de 4,0). En la Universidad de los Andes, en cambio, 4 conductas están por encima de este promedio de calificación. Prestar un trabajo y permitir que otro copie del trabajo propio son conductas que se califican con un nivel de gravedad relativamente bajo en ambas universidades, aunque el nivel es aún estadísticamente más bajo en la Universidad Nacional. Por último, incluir a un compañero que no ha trabajado en un grupo, aparecer en un grupo sin haber trabajado, firmar una lista por un compañero y utilizar un certificado médico falso como excusa, son conductas cuya calificación de gravedad es la misma en las dos universidades. Las tres primeras conductas son también calificadas con un nivel de gravedad relativamente bajo en ambas instituciones.

FACTORES ASOCIADOS CON LA COMISIÓN DEL FRAUDE ACADÉMICO EN LAS DOS UNIVERSIDADES

El segundo propósito de esta investigación consiste en describir y comparar la percepción de las causas del fraude académico. En general, encontramos similitudes entre las dos instituciones respecto a las razones que podrían promover o no el fraude, según la percepción de los estudiantes. El gráfico 9 muestra cómo los alumnos participantes de ambas universidades consideran que las razones que más los llevarían a cometer fraude son, en orden de importancia descendente, "tener mucho trabajo" y "que la evaluación mida sólo memoria". Calificaron estas razones por encima de 3,0. Así mismo, califican por debajo de 1,0 "quedar bien con los compañeros" y "que la evaluación implique análisis y argumentación", como las razones que menos relacionan con cometer fraude.

A pesar de estas semejanzas generales, se observan también algunas diferencias. Por ejemplo, en la Universidad de los Andes se le asigna más importancia —para cometer fraude— a "no querer bajar el promedio" y a las "presiones familiares". En cambio, la falta de gusto por la materia y la poca relación de la materia con la carrera son razones más importantes para los estudiantes de la Universidad Nacional.

Gráfico 9
Calificación de las razones que los llevarían a cometer fraude

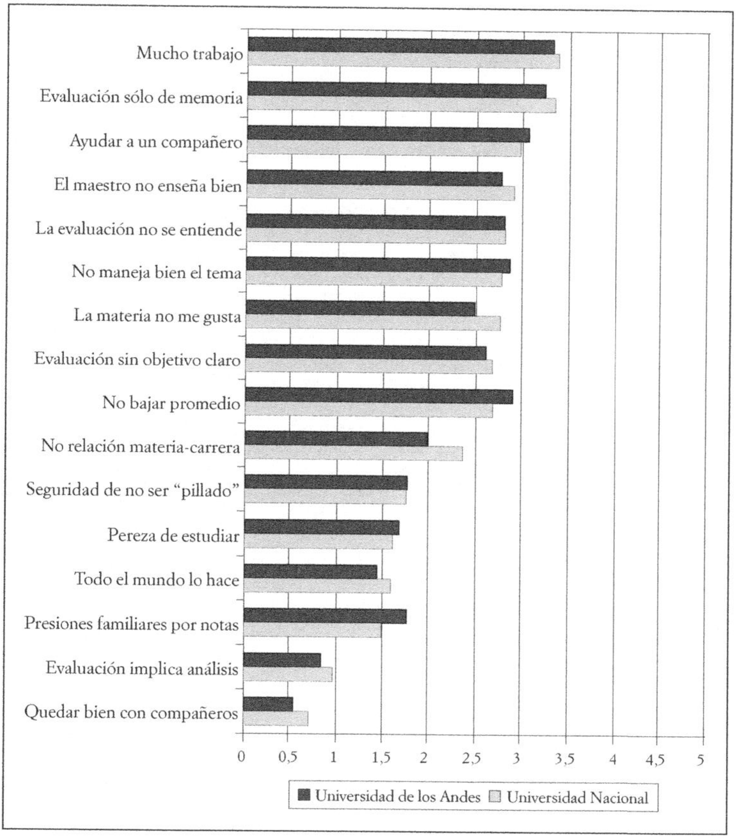

En relación con los motivos que disuaden a los estudiantes para cometer fraude, también sucede algo similar en las dos universidades. Como se observa en el gráfico 10, ninguna razón se califica por encima de 4,0 y más de la mitad de las conductas se califican por debajo de 3,0. Sin embargo, hay una diferencia importante en cuanto a la existencia de sanciones fuertes, que tiene el primer lugar como razón disuasiva en la Universidad de los

Andes, mientras que se ubica en cuarto lugar en la Universidad Nacional. Igualmente, el hecho de sentirse mal después aparece con mayor importancia en la Universidad de los Andes que en la Universidad Nacional.

Gráfico 10
Calificación de las razones que le impedirían hacer fraude

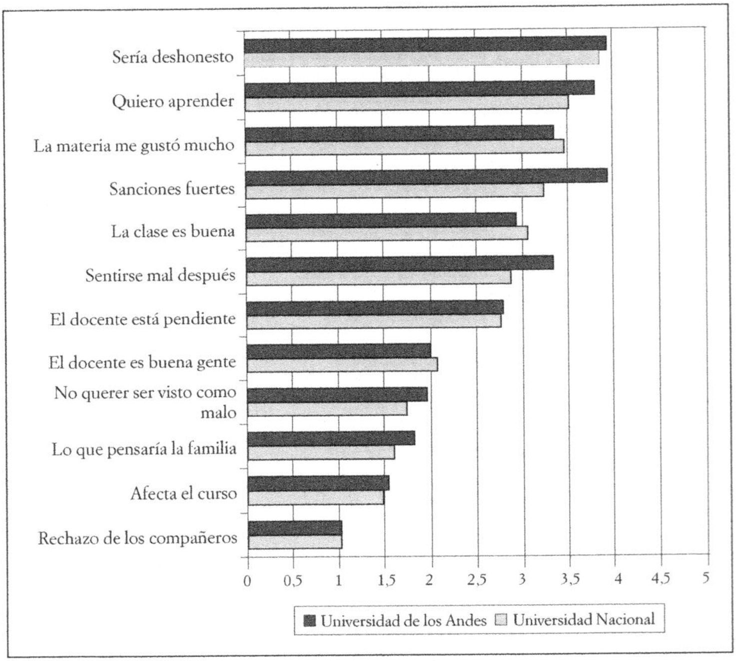

CONCLUSIONES

Como puede verse en esta investigación, los niveles de fraude admitidos en ambas universidades son muy elevados, y muestran que el fenómeno es amplio y muy difundido.[3] Aunque en las dos universidades estudiadas observamos niveles elevados de fraude

3 Además, es muy probable que exista un porcentaje importante de estudiantes

similares, en la Universidad Nacional se admitieron una mayor frecuencia y variedad de fraudes que en la Universidad de los Andes. Esta diferencia puede ser interpretada de varias maneras. Por un lado, puede significar que efectivamente la admisión de fraude se relaciona con el fraude cometido, y que en la Nacional existe una menor conciencia de la gravedad del fraude; por otro lado, puede significar que en la Universidad Nacional los estudiantes admiten más fácilmente sus conductas fraudulentas —son más francos— que en los Andes. Cualquiera de estas dos explicaciones puede estar relacionada con el hecho de que en la Universidad de los Andes se vienen tomando medidas para enfrentar el fenómeno desde hace varios años. Allí se ha fomentado la reflexión entre estudiantes y profesores sobre la gravedad del fraude y se ha estimulado la delación de quienes lo cometen.

El trabajo que la Universidad de los Andes viene realizando para enfrentar el problema se ve reflejado también en otros datos de esta investigación. Por ejemplo, en Los Andes hay más estudiantes que consideran que las conductas mencionadas son fraude y les asignan en promedio niveles de gravedad mayores que los asignados por los estudiantes de la Nacional. En este mismo orden de ideas, los estudiantes de la Universidad de los Andes le dan más importancia a la fortaleza de las sanciones como una razón que los disuade de cometer fraude en circunstancias en que podrían hacerlo.

En todo caso, debe quedar claro que la admisión y la comisión de fraude no son medidas equivalentes. El hecho de que se admita más fraude en un establecimiento que en otro es un indicio importante, pero no significa necesariamente que haya habido mayor fraude en un sitio que en otro. El ocultamiento del fraude puede tener como causa, por ejemplo, una mayor restricción moral. No es posible, pues, afirmar con total certeza, a partir de esta investigación, que en la Universidad Nacional se comete más

---

que, aunque hayan hecho fraude, no lo admiten al responder la encuesta. Sobre este tipo de subrepresentaciones, véase Felstiner, Abel y Sarat (1981).

fraude académico que en la Universidad de los Andes. Sin embargo, esta es una posibilidad sobre la que se puede profundizar en futuras investigaciones, así como sobre los factores que podrían explicar la presencia o ausencia de estas diferencias.

Al observar las razones por las cuales los estudiantes hacen trampa, se nota una depreciación de la gravedad del fraude académico. La mayoría de las conductas fraudulentas admitidas en ambas universidades son aquellas en las cuales el valor de la solidaridad entre estudiantes está en juego, como, por ejemplo, prestar un trabajo para que otros lo copien, o incluir en un grupo a personas que no trabajaron. El porcentaje de estudiantes que estima que estos comportamientos son fraude es menor que el que considera otras conductas como tal. Los estudiantes de la Universidad Nacional, por su parte, le asignan en promedio una menor gravedad a cada una de estas conductas, mientras que cada una de ellas es admitida por más personas.

La copia de textos ajenos, por ejemplo, parece no ser vista como la apropiación de un bien ajeno, como robarle algo a alguien, sino como una falta menor, que se comete para evitar algo peor. Es por eso que otros valores, como la solidaridad con los compañeros —el amiguismo—, la necesidad, el esfuerzo personal, o simplemente la justicia, terminan prevaleciendo en la mente de los estudiantes sobre el valor de la honestidad académica. Dicho en otros términos, para muchos estudiantes, la regla que prohíbe hacer fraude tiene excepciones, que resultan de situaciones puntuales en las cuales otros valores terminan siendo dominantes. Este tipo de flexibilización de la regla —el valor que la regla protege no vale siempre y en todo lugar, sino según las circunstancias— no es exclusivo del mundo académico, como se explica en muchos de los capítulos empíricos publicados en este libro.

En toda la sociedad, e incluso en la familia y en la comunidad, la flexibilización de las reglas existe y es practicada a sus anchas. Los jóvenes estudiantes son depositarios de esa concepción de las reglas, que hace de ellas referentes simbólicos manipulables. Es por eso que la manera como se viven las reglas en el mundo académico es un reflejo —y una causa— de la cultura general sobre las reglas en una sociedad. Pero no sólo eso, una parte de las razones por las cuales la sociedad tiene una visión relajada y flexible de las reglas proviene del hecho de que recibe esa concepción desde los ámbitos académicos. Es probable que un profesional que solía hacer trampa cuando era estudiante esté más cerca de, por ejemplo, involucrarse en hechos de corrupción que otro profesional que nunca hizo trampa como estudiante. Desde luego, se requiere de más investigación para comprobar estos vínculos. Pero no parece muy aventurado sostener que entre la cultura de la trampa en la universidad y la cultura de la ilegalidad que existe en la sociedad hay una relación de incidencia recíproca.

BIBLIOGRAFÍA

Anderman, Eric, Tripp Griesinger y Gloria Westerfield. 1998. "Motivation and Cheating during Early Adolescence", en *Journal of Educational Psychology*, Vol. 90, N° 1: 84-93.

Brown, Bob y Dennis Emmett. 2001. "Explaining Variations in the Level of Academic Dishonesty in Studies of College Students: Some New Evidence", en *College Student Journal*, Vol. 35, N° 4: 529.

Davis, Stephen, Cathy Grover, Angela Becker y Loretta McGregor. 1992. "Academic Dishonesty: Prevalence, Determinants, Techniques and Punishments", en *Teaching of Psychology*, Vol. 19, N° 1: 1040-1048.

Felstiner, William, Richard Abel y Austin Sarat. 1981. "The Emergence and Transformation of Disputes: Naming, Blaming, Claiming...", en *Law & Society Review*, Vol. 15, N° 3-4.

McCabe, Donald y Linda Treviño. 1993. "Academic Dishonesty Honor: Codes and other Contextual Influences", en *Journal of Higher Education*, Vol. 64, N° 5.

McCabe, Donald, Linda Treviño y Kenneth Butterfield. 2001. "Cheating in Academic Institutions: A Decade of Research", en *Ethics & Behavior*, Vol. 11, N° 3: 219.

Mejía, José Fernando y Claudia Lucía Ordóñez. 2004. "El fraude académico en la Universidad de los Andes. ¿Qué, qué tanto y por qué?", en *Revista de Estudios Sociales*, N° 18: 13-25.

Ordoñez, Claudia Lucía, José Fernando Mejía y Sonia Castellanos. 2006. "Percepciones estudiantiles sobre el fraude académico: hallazgos y reflexiones pedagógicas", en *Revista de Estudios Sociales*, N° 23: 37-44.

Turrens, Julio, Kristen Gilbert, Irene Staik, Small Curtis y John Burling. 2001. "Undergraduate Academic Cheating as a Risk Factor for Future Professional Misconduct". Disponible en <http://ori.dhhs.gov/multimedia/acrobat/papers/turrens.pdf>.

Zack, Ian. 1998. "The Latest Academic Vice: Computer-Assisted Cheating", en *The New York Times*, 16 de septiembre.

4
HACER FILA EN BOGOTÁ

Mauricio García Villegas, Andrés Henao y Sebastián Rubiano

Un ingeniero llamado Richard Larson calculó el tiempo promedio que a lo largo de sus vidas los estadounidenses dedican a hacer fila, y concluyó que ese tiempo era de tres años (Cox 2005). ¿Cuánto tiempo dedicamos los colombianos a hacer fila? Probablemente lo mismo que los argentinos o los mexicanos, y seguramente mucho menos que los noruegos o los belgas. Ahora bien, ¿por qué, si en todas las sociedades occidentales —con independencia de su nivel de desarrollo económico— la regla de la fila es percibida como una norma elemental e indiscutible de justicia, en algunos países es más respetada que en otros?

Parecería que esto se debe a que el respeto no depende tanto de la convicción que tiene la gente de que ésta existe, como de la incidencia que tiene el contexto y las circunstancias específicas en las cuales la norma se aplica. Dicho en otros términos, la norma es clara e indiscutible en abstracto, pero en la práctica su aplicación puede dar lugar a múltiples interpretaciones, discusiones y disculpas para justificar su desconocimiento.

Al respecto se han hecho algunos experimentos. Uno de ellos fue llevado a cabo por Felix Oberholzer-Gee (2000), un profesor de la Universidad de Harvard, quien seleccionó cuatro puntos de la ciudad de Filadelfia donde había filas, y encargó a varios de sus asistentes que fueran de fila en fila ofreciendo a las personas de uno a diez dólares para que los dejaran colar. El autor reportó tres hallazgos : 1) entre más generosa era la oferta, más probable era que las personas dejaran colar a sus asistentes; 2) aunque muchas dejaban colar, pocas aceptaban el dinero ofrecido; y 3) entre quienes rechazaban el ofrecimiento de dinero, aumentar el monto de la oferta incrementaba las posibilidades de dejar colar (Oberholzer-Gee 2000: 428). El profesor concluyó que, aunque la fila es una regla institucionalizada y con una aceptación social generalizada, su acatamiento, en la práctica, es relativo, y en muchos casos, muy débil. Por sólo un par de dólares, muchas personas estarían dispuestas a violar la norma, aun cuando el colado sea un completo desconocido.

Así pues, las circunstancias cuentan mucho a la hora de obedecer la regla de la fila, así como en el momento de obedecer casi todas las normas. Cuando una fila funciona bien, los comportamientos de la gente son visibles para todos, no existen circunstancias excepcionales, la sanción social es efectiva, y una grandísima mayoría, o la totalidad de la gente, sigue la norma. Pero cuando falla alguna condición, la tentación de saltarse la fila aumenta y un porcentaje importante cede a ella. Para ilustrar este fenómeno, a continuación presentamos los resultados de dos cortas investigaciones sobre filas en Bogotá. La primera es una experiencia etnográfica, llevada a cabo en diferentes sitios de la ciudad, y la segunda es una encuesta.

Haciendo fila en Bogotá

En este apartado se describen las experiencias vividas en el curso de una investigación etnográfica sobre filas en Bogotá. Se observaron filas en bancos, colegios, cafeterías, teatros, establecimientos oficiales, etc., durante un periodo de tres meses, a mediados de 2007.

En el Banco AV Villas de Bosa hay dos filas: una para quienes tienen tarjeta débito y otra para los que sólo tienen una libreta. En esta última hay cuarenta personas, mientras que la primera sólo tiene siete. Pero no todos los que hacen la primera fila, prevista sólo para quienes tienen tarjeta, efectivamente la tienen. Algunos de quienes están allí fingen no conocer la regla que separa las dos filas, con el fin de llegar más rápido al cajero, seguros de que éste no se va a atrever a devolverlos a la fila larga. En la sucursal del Banco Colmena, en Bosa, también hay dos filas. La más corta está destinada para "clientes de esta oficina". Le preguntamos a la subgerente qué personas tienen derecho a hacer esa fila, y nos explica que está dirigida sólo para quienes son titulares de una cuenta del banco, sin importar la sucursal. Nos damos cuenta, sin embargo, que de las cuatro personas que hacen esa fila corta, dos no cumplen con la condición.

Una de las personas que es atendida en la fila corta en el Banco AV Villas —con tarjeta— llama a una conocida suya que estaba haciendo la otra fila —la larga— y le dice, "venga, no sea boba que aquí también la atienden". Todos observamos la escena y sabemos que se nos están colando, pero nadie dice ni hace nada.

La mala atención incita al incumplimiento. Observamos una fila de aproximadamente doscientas personas que intentan pagar sus cuentas de servicios públicos en las instalaciones de Telecom. Allí conversamos con quien está en el primer lugar, justo antes de que lo atiendan y nos dice que lleva dos horas haciendo la fila. De inmediato interviene una señora que estaba unos puestos más atrás, quien pensando que estábamos controlando la prestación del servicio, nos dice que ella lleva cinco horas haciendo esa misma fila. Una persona más se involucra en la conversación y afirma que lleva tres días haciendo fila. ¿Cómo es eso posible?, le preguntamos, y responde que los dos días anteriores había hecho filas en la sucursal de Telecom de su barrio, pero que no había alcanzado a llegar al puesto de atención. En la misma fila conversamos con varias personas que se encuentran esperando su duplicado del recibo de pago, y observamos que la gran mayoría es gente de estratos bajos. Una señora nos dice que a ella casi nunca le llegan los recibos y que por eso, al final del mes, siempre tiene que hacer esa fila.

Algo similar ocurre en algunos colegios. Simón, un alumno del Colegio San Bartolomé La Merced, nos dice que él también se cuela en la fila de la cafetería, porque si no lo hace, cuando llega al sitio de atención, todo lo que venden se ha agotado. Algo similar nos dice Lucía, una alumna de grado once del colegio Pureza de María: "Lo que a mí me gusta comer —dice— sólo se consigue cuando se está en los primeros puestos de la fila, por eso me la salto".

La desobediencia llama a la desobediencia, lo cual se ve en las filas en los colegios, que son las más desordenadas. Cuando muchos se saltan la fila, los demás se sienten con derecho a hacerlo. En la cafetería del Colegio Pureza de María, una estudiante que hace la fila para recibir su almuerzo se demora trece minutos, mientras que una que se la salta se demora minuto y medio.

En muchas filas en los colegios no se sabe muy bien quiénes ocupan los primeros puestos; en la cabeza de la fila hay un tumulto. En estos casos, gana el que más insiste o el más fuerte. Los más grandes y los más fornidos se imponen a los menores, algunas veces con amenazas explícitas, otras con la presión de su cuerpo, o con una simple mirada. Incluso, en algunas ocasiones, ante el atropello que se comete contra los menores, algunos grandes salen en su defensa y le piden a sus compañeros que dejen pasar a los chiquitos. Los grandes suelen hacer caso, pero a los pocos minutos todo vuelve a esa normalidad salvaje. Pero no sólo aquellos de mayor tamaño y edad salen ganando. En el Pureza de María, las muchachas bonitas también hacen uso de sus condiciones físicas para pedirle a algún amigo grande y fuerte, por lo general de grado once, que les compre lo que ellas quieren.

Saltarse la fila de manera sigilosa, solapada, de tal forma que los demás no reaccionen en contra, es visto en los colegios como una victoria. Eso nos dicen varios de los colados que entrevistamos. El disimulo es considerado como una actitud justificada para obtener esa victoria: "Es que si no lo hago yo, de todas maneras lo hacen mis compañeros", nos dice Luis, un estudiante de décimo grado en el Instituto Don Bosco.

Pero también hay maneras menos agresivas de colarse en las filas. Cuando Daniel y Luisa llegaron a Unicentro, para comprar las boletas para el concierto del domingo, vieron cómo la fila le daba la vuelta casi completa al centro comercial. Había gente que estaba esperando desde las seis de la mañana. Entonces llamaron por celular a sus amigos que estaban más adelantados en la fila, y les pidieron que los dejaran colar. Así fue; se acercaron a ellos y solapadamente se fueron metiendo en la fila hasta camuflarse entre los demás.

Así mismo, el desorden en las filas tiene mucho que ver con el entorno físico. En la fila de la terminal de transportes observamos cómo la barra metálica que delimita la fila no tiene más de dos metros de largo desde la ventanilla donde se venden los tiquetes. De ahí para atrás predominan el desorden y los colados. Todos ellos justifican su actitud en la falta de orden. Es evidente el contraste con las filas que se hacen en el aeropuerto El Dorado —en el año 2006—, donde los pasajeros esperan su turno y no intentan colarse. Mientras en el aeropuerto todo está limpio, el espacio está bien ordenado y el entorno es moderno, en la terminal impera el deterioro físico, el hacinamiento y el desorden.

Las filas de la Biblioteca Luis Ángel Arango son largas pero ordenadas. El ambiente es agradable, imponente, moderno y limpio. Todos los usuarios hacen la fila. Más aún, algunas personas tienen la amabilidad de preguntar quién es último en la fila para no saltarse el turno de manera involuntaria. Lo sorprendente es que vemos muchos alumnos de bachillerato, quizás algunos de ellos venidos de los colegios que visitamos previamente y donde muchos intentaban saltarse la fila. Aquí se comportan de manera muy diferente. Súbitamente, en este ambiente que no les es familiar, se vuelven pacientes, respetuosos y disciplinados.

En algunos colegios, los mismos profesores contribuyen al desorden cuando permiten que, por ejemplo, los alumnos que están en los equipos de deporte o de música, no tengan que hacer la fila. Estos privilegios suscitan la rebeldía de muchos de quienes no están en esos equipos y por esa razón, porque no están de acuerdo con que se otorgue ese privilegio, se sienten con derecho a saltarse la fila.

Otra manera muy usual de saltarse la fila en los colegios consiste en conseguir un intermediario. En el San Bartolomé La Merced, uno de los estudiantes hace pedidos para cuatro de sus compañeros. Esto es lo que los estudiantes denominan el "sáqueme". Los jóvenes aprovechan que uno de sus amigos ha hecho la fila, y le piden el favor de que les "saque" lo que quieren. Este comportamiento nos pareció más frecuente en colegios grandes, donde las filas son más largas, la gente se conoce menos y, sobre todo, entre los estudiantes hombres.

Guardarle el puesto a otro es algo que también sucede por fuera de los colegios. Es el caso de los llamados "hacedores de filas", que cobran dinero por hacer la cola en lugar de otro. Esta práctica era muy frecuente en la fila para obtener el certificado del "pasado judicial", y hoy en día es algo corriente en las filas para obtener visa en algunas embajadas y para sacar el carro de los "patios".

La amistad es una causa muy frecuente de desobediencia en las filas de los colegios. Cuando un amigo le pide a otro que le "guarde el puesto" es poco probable que este último se niegue. La deslealtad con los amigos es vista como una falta mucho más grave que la violación de la regla de la fila. El amiguismo, como el familismo, es una causa muy común del incumplimiento de reglas. Por eso, "guardar el puesto" es algo que se percibe como un comportamiento colectivamente aceptado.

Pero esto no sólo sucede en los colegios. En las filas que se hacen para comprar boletas para ir a los conciertos e incluso en las filas de los bancos, los amigos suelen afectar el curso normal de la fila. Esto también es frecuente en los juzgados. Tener un contacto en el juzgado es algo que muchos abogados consideran necesario para poder recibir a tiempo los expedientes que quieren revisar. También en las notarías sucede eso: los amigos del notario o de sus empleados pasan primero.

El "amiguismo" tampoco está ausente de los bancos. Después de cuarenta minutos de espera para recibir asesoría comercial en el Banco Caja Social de la carrera 13 con calle 27, una pareja llega directamente donde la empleada del banco que estamos esperando y nos quita el turno. Cuando reclamamos, la funcionaria no nos da ninguna explicación satisfactoria; nos dice que pronto nos van a atender, que no nos preocupemos, que la pareja que acababa de recibir pedía algo que tenía un trámite muy corto. Le preguntamos entonces a la mujer de la pareja por las razones que tuvieron para colarse, y nos dice que tenían una cita previa con el auxiliar y que habían conseguido esa cita por teléfono. Le preguntamos entonces a la funcionaria por el número al que se puede llamar para obtener cita previa, ella nos dice que no lo conoce y que esa señora es una clienta muy importante del banco.

La condición social o económica es una causa frecuente de desobediencia en las filas, lo cual es muy notorio en los bancos. Al Banco AV Villas del barrio El Chicó llegaron dos señores muy elegantes, que fueron atendidos directamente por el subgerente. Vemos cómo le entregan unos cheques y cómo el subgerente llama a uno de los cajeros para que los reciba y lleve a cabo la transacción de manera inmediata. Así se hace, y los señores salen del banco sin haber hecho la fila correspondiente. En la sucursal de Colmena del Chicó, una señora muy elegantemente vestida ingresa al banco saludando por su nombre a la asesora comercial, quien interrumpe lo que está haciendo y llama a la gerente, quien viene directamente a recibir a la señora. Se saludan de beso y la gerente ordena el trámite inmediato de la solicitud de su cliente.

Algo parecido pasa en los juzgados. Incluso a la entrada, cuando se espera para tomar los ascensores, los abogados prestigiosos se ponen en frente de quienes están esperando para entrar primero. Nadie protesta. Luego, cuando entran al despacho, alguien los saluda, les ofrece ayuda y tramita su solicitud con rapidez. Lo mismo se observa en las notarías, donde sólo la gente común y corriente espera con paciencia su turno.

En ocasiones la desobediencia no es causada por las personas que hacen la fila, sino por quienes atienden, situación muy común en las cafeterías, y en general en los establecimientos comerciales de la ciudad de Bogotá. Los clientes llegan en masa al mostrador a pedir lo que necesitan. Entre tanto, quien atiende no presta ninguna atención al orden de llegada y por eso cada cual intenta precipitarse para que lo vean y le reciban el pedido antes que a los demás. En los colegios también es frecuente este comportamiento. En el Pureza de María nos acercamos a la cafetería unos minutos después de que se ha dado la orden de salir a recreo. Las alumnas corren hacia el mostrador, se empujan entre ellas y gritan para que las atiendan. Detrás del mostrador se encuentran dos personas recibiendo los pedidos, pero ninguna de ellas presta atención al orden de llegada. Son las más grandes y las que más gritan quienes salen primero de aquel embrollo. Los profesores que pasan al lado y que ven el desorden, no intervienen.

Cuando no hay una autoridad que haga respetar el orden de las filas, es muy difícil que la sanción social —la vergüenza— sea suficiente para que la gente respete la norma. En la fila de la Gobernación de Cundinamarca, de aproximadamente unas sesenta personas, muchos son los colados. Hace calor y la gente empieza a impacientarse. Hay algunos policías encargados de imponer el orden en el sitio, pero éstos son tolerantes con quienes se saltan la fila; o bien no lo consideran un asunto grave, o no quieren discutir con la gente y meterse en problemas. El hecho es que muchos se cuelan frente a todo el mundo y nadie protesta airadamente, sólo se quejan en silencio, o en el mejor de los casos, reniegan para que su vecino se entere.

A veces no es la falta de autoridad, sino la falta de sanciones lo que incentiva el incumplimiento. Laura, una profesora del Colegio Pureza de María, nos dice que a los estudiantes que se "cuelan" se les llama la atención, pero que no existe ninguna sanción institucional para ellos. Lo mismo sucede en los demás colegios, en los bancos y en casi todos los sitios que visitamos.

ENCUESTA A LOS HACEDORES DE FILAS

Durante el mes de julio de 2008, hicimos cien encuestas a personas que estaban haciendo fila en cinco puntos de la ciudad de Bogotá. Los sitios escogidos fueron los siguientes: una estación de Transmilenio, un Supercade, un banco, un cine en día de estreno y la terminal de transporte. Los siguientes son algunos de los resultados que obtuvimos.

PERCEPCIÓN DE LA NORMA

En la regla que se refiere a la fila, hay una cierta ambivalencia entre la obligación y el derecho de hacer fila. Es una obligación, en cuanto la regla ordena no pasar delante de quienes están primero que nosotros; pero es también un derecho, en el sentido de que nadie que llegue después puede pasar adelante. Cuando estamos en el final de una fila, la percibimos más como una obligación, mientras que cuando estamos en los primeros lugares, la percibimos como un derecho.

Cuando una fila avanza normalmente —de acuerdo a las expectativas—, y todos sus integrantes tienen la percepción de que van a obtener lo que buscan, la regla de la fila es vista como legítima, por lo cual se reprocha la actitud de los infractores. El 97% de los encuestados respondió que efectivamente le molesta que las personas se cuelen en las filas. No obstante, a pesar de este consenso, son muchos los que no obedecen la regla.

La percepción del número de personas que desobedecen es alta. En la encuesta preguntamos, "¿cuál es el porcentaje de personas que cree usted que logran colarse en las filas?". Les dimos cinco opciones: 0%, 10%, 30%, 60% y 90%.

El 15% respondió que el 10% de la gente se colaba. La percepción opuesta, es decir aquella que considera que la gente logra colarse en casi todos los casos —en el 90% de ellos—, la tiene el 16%. El resto de los encuestados tiene visiones más matizadas: el 35% respondió que el 30% lograba colarse y el 36% restante dijo que el 60% se colaba.

EL INCUMPLIMIENTO PROPIO

La regla de la fila se viola, bien sea colándose en ella, o bien dejando que otro se cuele. Preguntamos a la gente cuál de estos dos comportamientos le parecía más grave.

Gráfico 1
Si usted está en una fila y ve a un amigo o conocido, ¿usted le ofrece colarse?

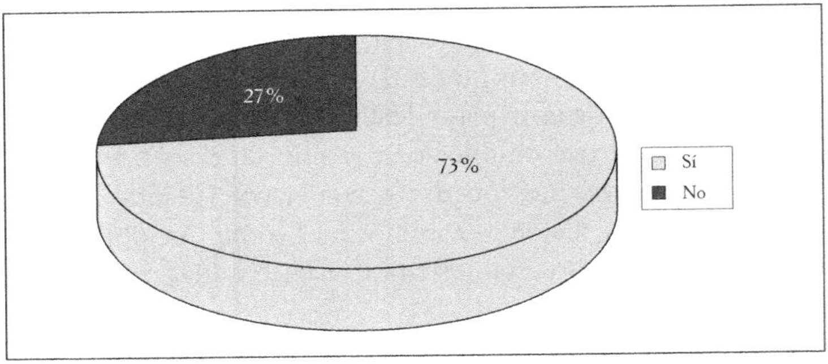

Si usted tiene la oportunidad de colarse sin que lo descubran, ¿lo haría?

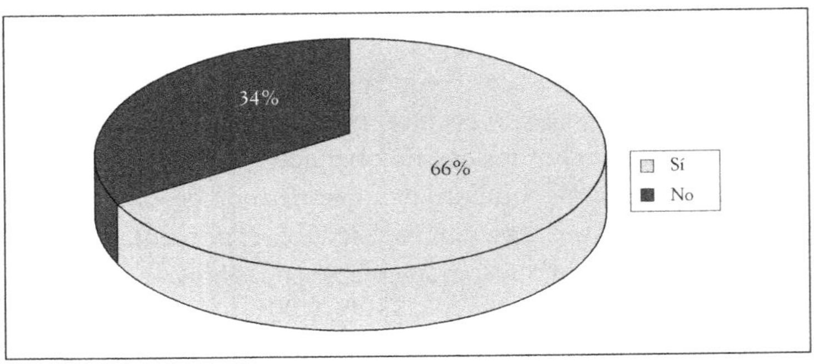

El 66% respondió que se colaría si tuviera la oportunidad de hacerlo, mientras que el 34% restante respondió que no. Por otra parte, el 73% dijo que dejaría colar a un amigo. Como puede apreciarse, el segundo comportamiento —dejar colar— es considerado como menos grave que el primero. Ello se debe a que la gente considera que ser cómplice de una falta es menos grave que ser responsable directo. También se debe a la importancia que tiene entre nosotros el comportamiento "amiguista", como lo ha mostrado Antanas Mockus en algunos de sus estudios (Mockus 2002). De cualquier manera, sorprende que a pesar de que a la gran mayoría (97%) le molesta que las demás personas se cuelen, muchos aceptan que no cumplen la norma. Nadie duda de que la norma existe y de que en principio debe respetarse, pero muchos toleran el incumplimiento propio y ajeno.

Aun así, los porcentajes de quienes respondieron negativamente son significativos. En la primera pregunta, la tercera parte de los encuestados dijo que no se colaría, incluso si tuviera la oportunidad. Y en la segunda pregunta, una cuarta parte dijo que no dejaría colar a nadie, aunque fuera un amigo o un conocido.

También preguntamos si la persona se colaría en caso de que un amigo o conocido que estuviera adelante en una fila se lo ofreciera. Así como el 73% de los encuestados dejaría colar a un amigo o conocido en una fila, casi el mismo porcentaje (74%) se colaría en una fila si un amigo o conocido se los ofrece. El "amiguismo" entonces funciona en ambas direcciones.

Reacción y sanción al incumplimiento ajeno

Una prueba de la fragilidad de la norma de la fila cuando de seguirla y aplicarla se trata —en contraste con su firmeza abstracta— se aprecia cuando se observa la sanción social que reciben los infractores. "¿Qué hace usted en caso de que alguien se cuele en su fila?", preguntamos a los encuestados.

Gráfico 2
Cuando una persona se le cuela en la fila, ¿usted qué hace?

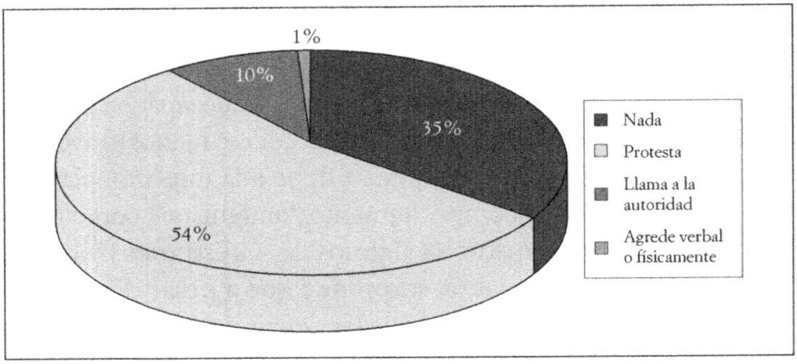

Cuando alguien que está delante de usted en una fila cuela a un amigo o conocido, ¿usted qué hace?

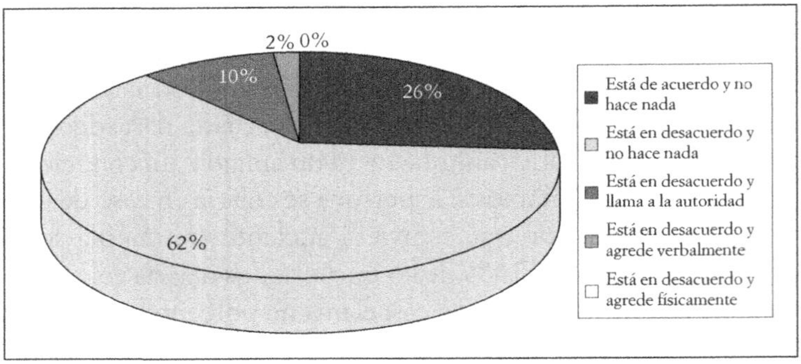

El 54% respondió que protestaría; el 10% dijo que acudiría a la autoridad —si la hay—; el 1% dijo que agrediría verbal o físicamente a quien se cuela; y el 35% dijo que no haría nada. En la encuesta se distinguió entre protestar y agredir o confrontar verbalmente al incumplidor. Quienes protestan se limitan a manifestar una inconformidad en términos generales, sin un señalamiento directo a los responsables.[1] Por eso, la sanción social

[1] Mientras tanto, la agresión verbal implica un reclamo directo al infractor en términos agresivos.

es muy débil. Si se suma el porcentaje de quienes simplemente protestan y de quienes no hacen nada, tenemos que el 89% no iría más allá de quedarse en su lugar y pronunciar una tímida queja verbal. Apenas el 11% emprendería una acción directa frente al incumplimiento, ya sea llamando a la autoridad del lugar (10%), o confrontando verbal o físicamente al incumplidor (1%). La falta de sanción social —vergüenza— crea un ambiente social que favorece a los incumplidores. En Colombia la impunidad no sólo es un problema criminal. También hay impunidad social.[2] También preguntamos: "cuando alguien que está delante de usted en una fila cuela a un amigo o conocido, ¿usted está de acuerdo?; y si no lo está, ¿qué hace?". El 26% está de acuerdo y por lo tanto no hace nada; el 62% está en desacuerdo, pero tampoco hace nada; el 10% está en desacuerdo y llama a la autoridad; el 2% está en desacuerdo y agrede verbalmente. Como se ve, aquí también, el 88% no haría nada.

La excepción a la norma

También averiguamos por situaciones excepcionales en las cuales se justificaría no cumplir con la obligación de hacer fila: "de la siguiente lista de personas —una mujer embarazada, un amigo, un familiar, un jefe, o cualquier persona que lo necesite— ¿a cuál dejaría colar?", esto fue lo que encontramos.[3]

---

[2] Véase García Villegas (2009).

[3] En esta pregunta y en la siguiente, los encuestados tenían la opción de marcar cuantas respuestas quisieran. Por esa razón, y para mayor comodidad del lector, los comentarios a las gráficas de estas dos preguntas no se harán en términos de porcentajes, sino en términos del número total de encuestados.

Gráfico 3
Si usted estuviera en una fila dejaría colar a

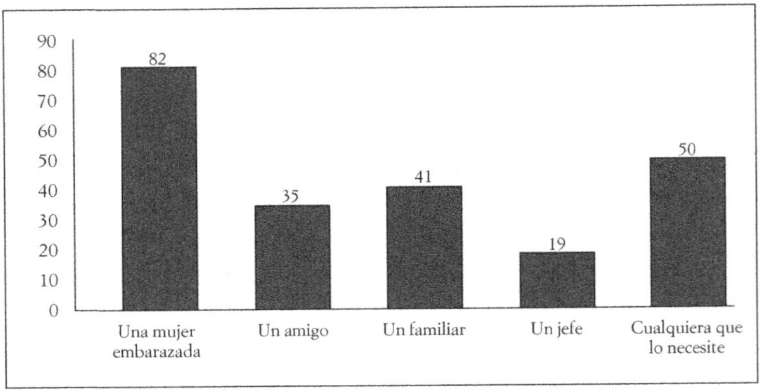

De las cien personas encuestadas, 82 dejarían colar a una mujer embarazada; 35 dejarían colar a un amigo; 41 dejarían colar a un familiar; 19 dejarían colar a un jefe; y 50 dejarían colar a cualquiera que lo necesite. Sorprende el alto porcentaje de personas que dejan colar a una mujer embarazada. Es de anotar también la importancia del amiguismo (35%) y del facilismo (41%), así como el porcentaje que deja colar al jefe (19%). Resulta también interesante que la mitad de los encuestados haya dicho que dejaría colar a cualquiera que lo necesite.

En cuanto a las razones, casi dos terceras partes de los encuestados dijeron que una urgencia familiar era un motivo válido para colarse. La diferencia con respecto a las demás razones es contundente.

Sin embargo, los porcentajes que le siguen no son desdeñables: 32% piensa que tener afán es una buena razón y 30% que ahorrar tiempo también lo es. Tener dolor de estómago es una justificación para el 25% y que un amigo lo ofrezca lo es para el 21%. Sorprende que sólo el 14% diga que el hecho de que los de adelante se cuelen justifica colarse. En estas respuestas hay un sesgo moral evidente. Una cosa es lo que la gente justifica para colarse, en abstracto, y otra lo que en la práctica sucede. Es muy probable que el desorden en una fila, ocasionado por el hecho de que los de adelante se cuelen, sea en la práctica una justificación suficiente para que un gran número intente colarse. Por último, es importante señalar que el 18% cree que ninguna razón justificaría colarse en la fila de un banco.

Gráfico 4
Razones que justificarían colarse en la fila de un banco

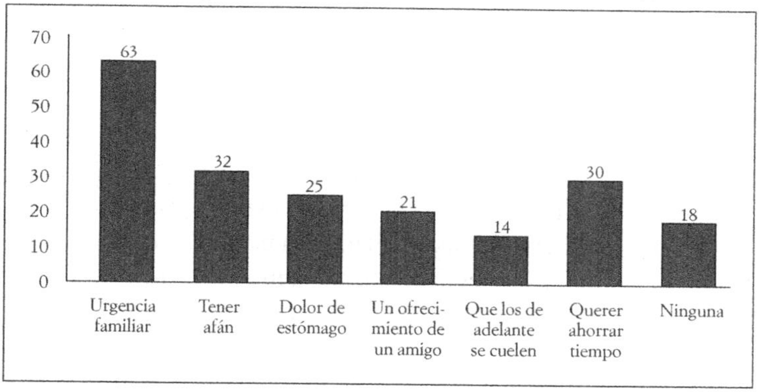

Comentarios finales

La regla de la fila suele ser firme y clara en su formulación, pero frágil en su aplicación. Si cuando las personas que se encuentran en una fila son, por ejemplo, compradores desconocidos, de mediana edad, pertenecientes a la clase media, en buenas condiciones físicas, y el sitio donde hacen fila está limpio, ordenado, alguien se encuentra a cargo de vigilar la fila y ésta avanza según las expectativas de la gente, es muy poco probable que alguien se salte el turno. Pero cuando alguna de estas condiciones falla, la firmeza de la norma empieza a perderse. Así, por ejemplo, la deficiente infraestructura del sitio donde se hace la fila, la ausencia de sanciones sociales —o legales— efectivas, el mal servicio, la lentitud, la falta de claridad en la regla, etc., afectan la percepción que la gente tiene de su obligación de hacer fila. Muchas de las condiciones ideales suelen fallar en Colombia y en otros países de América Latina.

Hay dos tipos de saltadores de filas. Los primeros suelen tener poder o fama, y por ello creen que no tienen la obligación de esperar detrás de quienes llegan primero. Piensan que la fila está hecha para gente del común; no para ellos. Quienes viven en Bogotá se topan con cierta frecuencia con personajes importantes o conocidos de la vida nacional que nunca hacen fila. Quienes tienen poder económico, político o social, con mucha frecuencia consideran que ese poder los faculta para invocar una excepción a su favor. Lo que falla no es tanto la percepción de que la regla existe y es justa, sino la percepción de que la desigualdad social de los sujetos no implica un trato diferenciado. Es por eso que en nuestros países la lista de quienes suelen estar eximidos de hacer fila se alarga de manera incontrolada. Ya no son sólo los lisiados, los ancianos y las mujeres embarazadas quienes tienen derecho a no hacer fila, sino los jefes, los amigos, los ricos, los gobernantes, los poderosos, etc. Todo eso hace que los colombianos, como los argentinos o los mexicanos, nos sintamos menos dispuestos a cumplir con la regla de la fila que los noruegos o los belgas.

Uno de los ejemplos más dicientes de tal desigualdad puede observarse en una de las filas más sufridas por todos los colombianos, aquella establecida para obtener el certificado judicial en el Departamento Administrativo de Seguridad (DAS). Ningún personaje famoso o con poder hace esa fila, y la explicación está en que existe una fila paralela, preferencial, prevista para "personajes", como llaman los funcionarios del DAS a quienes tienen fama o poder. Es cierto que, a veces, por razones de seguridad, o de dignidad, ese tipo de personas no debería hacer fila. Pero también es cierto que, con frecuencia, la seguridad y la dignidad son utilizadas por ellos como un comodín para no igualarse con el resto de la ciudadanía. Algo parecido sucedía en la fila de emigración del aeropuerto. Hasta hace poco, el director del DAS autorizaba que viajeros importantes no hicieran esa fila al salir del país.

Los otros saltadores de filas son los vivos; es decir, quienes se aprovechan del cumplimiento de los demás. Ellos pasan delante de quienes con paciencia esperan ante un derrumbe o un accidente de tránsito. También se creen superiores; no por tener poder o fama, sino por ser más astutos. Para ellos el mundo es de los vivos, y no sólo desatienden a quienes —muy pocos— protestan ante el abuso, sino que con frecuencia se indignan por ello.

Es difícil encontrar una regla de comportamiento ciudadano más básica y elemental que la regla de la fila. Un sentido natural y universal de justicia nos ordena que quien llega primero pasa primero. No importa quiénes llegan —ricos, pobres, poderosos o humildes— lo que importa es el orden de llegada. En la fila todos somos un número, somos ciudadanos. Pero Colombia es un país de reglas violadas y la regla de la fila no es una excepción.

La regla de la fila no es una regla constitucional, ni siquiera es una regla legal. A lo sumo se encuentra en los reglamentos de los colegios. Pero posee un enorme significado social y cultural. La democracia también está hecha de actitudes cotidianas y elementales de respeto por los demás y por lo público, como las que ponen de presente quienes hacen fila. Todos deberíamos rechazar al poderoso cuando —sin razones— se niega a respetar el orden de llegada con un arrogante "¿sabe usted quién soy yo?"; o al vivo, que lo hace con un "¿y a usted qué le importa?". Una democracia es también un sistema político, donde la gente se rebela contra los incumplidores y pregunta: "¿y usted quién se cree?".

Ahora bien, ¿por qué, si la norma de la fila es tan elemental y tan justa, tenemos tantos incumplidores? Muchos factores intervienen; pero hay uno que me parece particularmente relevante y es la falta de vergüenza de quienes incumplen. La vergüenza es a las normas sociales —como la de la fila— lo que la multa o la cárcel son a la ley penal. En Colombia ambas sanciones son deficientes: así como carecemos de una justicia capaz de encarcelar a la mayoría de los criminales, tampoco contamos con un reproche social capaz de avergonzar a la mayoría de los incumplidores.

Aquí los saltadores de filas viven a sus anchas; casi nadie los confronta. Su desacato es visto como una fatalidad, como algo que hay que soportar, incluso tolerar, no como una falta. Por eso, los saltadores de filas no sólo no aceptan el reproche de quienes eventualmente los critican, sino que contestan esos reclamos con un airado "¿y a usted qué le importa? ¡No sea sapo!".

Así como en Colombia debería haber más delincuentes juzgados y sancionados, también debería haber más saltadores de fila avergonzados. Aquí no sólo tenemos un problema de impunidad penal sino también de impunidad social. Esto es particularmente grave por dos razones. En primer lugar, porque la impunidad no sólo es producto de tanto delito, sino que tanto delito es producto de la impunidad. Por lo mismo, tanto sinvergüenza en la calle es el producto de tan poca crítica ciudadana. En segundo lugar, porque no parece una casualidad que las sociedades donde abundan los incumplidores sociales sean también aquellas donde abundan los incumplidores de la ley penal.

Bibliografía

Cox, Tony. 2005. "Scientists seek to make line more bearable", en *NPR News*, 6 de enero. Disponible en <http://www.npr.org/templates/story/story.php?storyId=4271009>. Consultado el 25 de julio de 2008.

García Villegas, Mauricio. 2009. "Impunidad Social", en *El Espectador*, 7 de febrero.

Mockus, Antanas. 2002. "Convivencia como armonización de ley, moral y cultura", en *Perspectivas*, Vol. XXXII, N° 1.

Oberholzer-Gee, Felix. 2000. "A market for time: fairness and efficiency in waiting lines", en *Kyklos: International Review for Social Sciences*, Vol. 59, N° 3: 427-440.

5
EL CULTIVO DE AMAPOLA EN TONUSCO ARRIBA[1]

Héctor Abad Faciolince

Si usted no sabe en qué parte de Colombia queda Tonusco Arriba, no se preocupe, que yo tampoco sabía. El río Tonusco es un afluente del Cauca que baja de la cordillera occidental, haciendo bulla por entre peñas y rocas, y desemboca, ya más sosegado, cerca de Santa Fe de Antioquia. Y Tonusco Arriba es un corregimiento de Santa Fe que está a cuatro horas en bus de escalera desde la plaza grande de la que fuera hace tiempos la capital del departamento de Antioquia.

Esta chiva, de nombre La Llorona, pintada de rojo como debe ser, es el único contacto del pueblo con el resto del mundo, y no sube al caserío sino cada ocho días, los fines de semana, siempre y cuando no haya problemas graves de retenes, o tomas de la guerrilla. La carretera es destapada, de un solo carril, y serpentea montaña arriba entre curvas cerradas y precipicios de espanto.

---

[1] Una versión inicial de este artículo fue publicada en *El Espectador*, el 28 de junio de 2008.

Hoy en día Tonusco Arriba es un pueblo abandonado, casi desierto, y las casas, cerradas y sin que nadie les ponga mano, se están cayendo a pedazos. En el caserío viven unas diez familias, eso es todo. Pero hace apenas cinco años, empezando este siglo, la cosa era muy distinta, pues en el pueblo vivían (y todas a sus anchas) unas doscientas familias. La iglesia, de tablas, también se está cayendo, y al párroco ya no le llueven como antes las limosnas para arreglarla.

Hay escuela y colegio, con maestros que suben cada semana de Santa Fe, y si no los han cerrado, esto no se debe a los veinte niños que habitan en el caserío, sino a los alumnos que vienen de otras veredas, sobre todo de El Churimbo, a media hora a pie, todavía más arriba de Tonusco Arriba.

Durante cuatro años, entre el año 1997 y finales de 2000, Tonusco Arriba cambió, y del pobre pero digno caserío aburrido, que era una típica población campesina antioqueña enclavada en la montaña, se volvió un pueblo boyante de la noche a la mañana: conoció la bonanza de la amapola. Durante cuatro años Tonusco Arriba probó la felicidad, o al menos esa apariencia de felicidad que se llama abundancia.

Por allá no iba nadie que no fuera de allá, ni la guerrilla, que sólo pasaba de vez en cuando a pedir comida, y como había plata, las muchachas los invitaban a beber y a bailar; ni los "paras", que no se habían interesado en esas soledades; y mucho menos el Ejército o la Policía, que vivían como ustedes y yo: sin tener ni idea de que Tonusco Arriba existe. Era una isla de anarquía, o, si lo prefieren, de libertad. De libre empresa también, para los campesinos, y el cultivo que más daba, porque era de dos cosechas al año, muy bien pagadas, era el de la amapola. La amapola rompió en pocos meses con varios siglos de costumbres ancestrales.

A mediados del año 1997 llegaron unos tipos de Medellín con unas semillas, a proponer el negocio. Con ellos venía León Quiroz, un conocido de todo el mundo allá, porque había nacido en Tonusco Arriba, y aunque se había ido hacía tiempos a buscarse la vida en la capital, era muy recordado porque a su padre lo habían matado por un oscuro asunto de venganza y pundonor. Él, León, fue el que llevó a los tipos de Medellín con la semilla, porque era socio de ellos y les había recomendado su pueblo como el lugar más escondido y anónimo del departamento.

Él mismo fue convenciendo a sus paisanos de la bondad del cultivo, de lo rentable que era. Y no hubo campesino de Tonusco Arriba que no se metiera en el cultivo de la flor. A nadie le importaba ni tampoco quería averiguar para qué era esa flor, aunque los tipos decían, si les llegaban a preguntar algo, que con eso se hacían drogas para el dolor, como la morfina, que se usaban si alguien tenía cáncer, y nada más.

León y los otros les explicaron cómo se sembraba y cómo se cultivaba esa flor. Después les dijeron cuándo y cómo la tenían que recolectar. A los seis meses casi todos los habitantes del pueblo, campesinos y no, habían dejado las artesanías o el comercio, habían abandonado los cultivos de fríjol, maíz y café, y habían convertido sus parcelas en sembrados de amapola.

"Había que ver la belleza de esos campos cuando la amapola florecía", cuenta Marina Alcaraz, una desplazada de Tonusco Arriba que hoy trabaja lavando platos en un restaurante en Medellín.

> En todas las cañadas, donde la tierra es más húmeda, iban brotando los botones, de muchos colores, moradito, rosado, blanco, rojo… Haga de cuenta un jardín. Después de que florece la amapola, como a los quince días, empiezan a caer las flores, y ahí es cuando uno comienza a rallar la bolita.

"¿A rallar la bolita?", le pregunto.

> Sí, es que la flor viene como pegada de una bolita, y cuando la flor se cae, la bolita está madura, lista para exprimirla. Entonces uno la ralla y empieza como a ordeñarla, y le sale una leche, manchosa, una gomita. Los tipos de Medellín nos dejaban unos vasitos de metal, como de esos que se usan para hacer cremas y paletas. Y en tiempo

> de cosecha, día por medio, durante casi un mes, nos salíamos todos los del pueblo, madrugados, hombres, mujeres y niños, a espichar las bolitas y recogerles la mancha. Claro, el dueño de cada parcela se iba a trabajarla con los familiares, y así.

"Todos en Tonusco Arriba tenían su cultivo", sigue contando Marina, una mujer alta, robusta, con su tez rozagante de campesina fuerte, aunque con cierta amargura en la sonrisa lejana.

> Yo misma tuve el mío, y nunca he vuelto a ver tanta plata junta como en aquellos años. Era la dicha. Pero no era sólo yo. Toda la gente en el pueblo tenía su lote sembrado de amapola, si no en lo propio en los baldíos, que por allá hay mucho baldío todavía, metiéndose en el monte. Señoras, muchachos, jovencitas, hasta niños, todo el mundo tenía su cultivo, porque esos señores de Medellín compraban todo lo que diera la tierra, así que a nadie le importaba la competencia, porque a todos lo mismo nos iban a pagar por igual, y en efectivo, como quien dice chan con chan.

Mucho mejor que el fríjol, el tomate o el maíz, porque si un año había mucho fríjol, el precio bajaba, y si le iba bien a este vecino, al del lado le iba mal. En cambio con la amapola todos podían cultivar lo mismo, y todo lo que alcanzaran a sembrar y a recoger, sin envidia ninguna, pues de todas maneras la venta estaba asegurada, y todo, todo lo que recogieran se lo iban a pagar. Había cierta justicia y hasta un incentivo al mérito individual, pues, como dice Marina, "en esos años, el que más trabajaba era el que más ganaba".

Una amiga de Marina, que vive todavía en el caserío, Benita Muñoz, cuenta lo que eran los fines de semana y sobre todo los diciembres, en aquellos años.

> La segunda cosecha, y la mejor, caía a mediados de noviembre. Y por ahí el quince de diciembre venía León con los tipos de Medellín. En moto, pa' no dar mucho visaje. Iban pesando la manchita,

y llevaban unos morrales negros repletos de efectivo. Pagaban en billetes de veinte y de cincuenta mil, y además redondeaban la suma para arriba, de modo que quedáramos todos más contentos. El kilo de goma lo pagaban a millón y a más de millón. Alquilaban una casa y se encerraban ahí; llevaban unos químicos y al cabo de dos días salían con un polvito blanco, como bicarbonato, metido en bolsas plásticas, transparentes, que no pesaba nada. Con decirle que pesaba menos que la plata con que habían llegado. Eso era todo lo que se llevaban y por ese polvito dejaban rico al pueblo; tan rico, que la plata alcanzaba para los seis meses completos que seguían, y ni así se acababa.

Los fines de semana se hacían marranadas, se bajaba a Antioquia y se hacían mercados que ni se habían visto en ese pueblo, ni se han vuelto a ver. Se abrieron cantinas, se compraron pianolas. La gente bailaba, se emborrachaba, todo el mundo se daba regalos, quemábamos pólvora, y durante tres años vivimos como en una nube, en una fiesta que parecía que nunca se fuera a terminar. Si llegaba a pasar la guerrilla, para mantenerlos buenos, las muchachas los invitaban a comer y a bailar.

Pero un día, a principios de 2001, sin que nadie supiera cómo ni por qué, el negocio se enredó. Los de la guerrilla empezaron a decir que León Quiroz les estaba pagando vacuna a los paramilitares, para que lo dejaran pasar con su polvito blanco por la carretera a Antioquia, río Tonusco abajo. Que eso les traía problemas. Y una mañana en que León estaba en la casa de una señora Blanca López, procesando la mancha de la amapola, el ocho de febrero de 2001, fueron por él. "Lo sacaron de la casa, le dijeron dos groserías y lo mataron en la manga", cuenta Marina.

A doña Blanca la desterraron también. Y como él era el contacto con la gente de Medellín, los de las motos ya no volvieron a subir, porque les daba miedo de la guerrilla. Lo bueno no dura. Ahí fue cuando la dicha se acabó.

Los cultivos estaban intactos, las eras ya sembradas, y a mediados de aquel año la amapola floreció, más bonita que nunca. Hasta hubo algunos optimistas que se dedicaron a rallar la bolita y a recoger la mancha, como siempre. Olían la gomita solamente, porque qué más podían hacer, y se mareaban, pero no había quién se las comprara. No servía ni para alimentar a los cerdos. Y para acabar de empeorar las cosas, los de la guerrilla empezaron a decir que todo el que cultivara amapola les tenía que pagar una vacuna.

"Pero vacuna de dónde", comenta Marina, "si con la muerte de León ya no teníamos quién nos comprara la cosecha". Después mataron a otros cuatro en el corregimiento, incluyendo al chofer del bus de escalera, Alexander López, que era el que había bautizado La Llorona a la chiva.

> Su culpa fue que no les había llevado a los de la guerrilla un mercado que le habían encargado desde Santa Fe. Lo pararon en el camino, le pidieron el revuelto, y como no lo llevaba, ahí mismo lo mataron, al borde de la carretera.

Y entonces empezó la desbandada del pueblo. Algunos aguantaron algún tiempo, cultivando lo de siempre, pero ya rara vez subía un carro para bajar la mercancía a Antioquia, y los precios, comparados con los de la amapola, parecían ridículos para tanto trabajo. Entre muertos, desocupación y hambre, el pueblo se fue vaciando. Cada ocho días salía una familia, con todos los corotos, como desplazados. Muchos se fueron para Medellín, otros pocos para Frontino o Santa Fe.

El súbito cambio de hábitos, la repentina bonanza, los años de aparente (o real) felicidad, habían roto con siglos de costumbres de trabajo y austeridad. Ya nadie se contentaba con su papa, su yuca y su maíz. Todo parecía poco comparado con los años brillantes de la amapola, con sus exorbitantes entradas fáciles y generales. La muerte de algunos, y la incapacidad de volver a los cultivos de siempre, produjeron la dispersión del pueblo.

Los hermanos se separaron, los primos no se volvieron a ver, los amigos se perdieron el rastro, las comadres acabaron en ciudades distintas, todo el tejido social se deshizo, como una telaraña rasgada y arrasada por una escoba.

De los miles que se fueron, ninguno ha vuelto, pero todos conservan la nostalgia de esos años en que la flor de todos los colores los hizo felices. Ahora muchos, con el pasar del tiempo, cuando ya se puede hablar, cuentan la historia completa, con mucha más añoranza que remordimiento. Algunos reconocen que esa bendición momentánea se convirtió también en una maldición disfrazada de felicidad. El pueblo tuvo una explosión de luces, como la pólvora, y después todo acabó.

Aún quedan diez familias en Tonusco Arriba. Son los más tercos, y no se quieren ir. El líder del pueblo, Diofanor Oquendo, uno de sus últimos moradores, dice que se piensa morir ahí, y de viejo, porque él no le ha hecho mal a nadie, ni se siente culpable con ninguno. Así que se va a quedar, pase lo que pase, y va a seguir viviendo ahí, de carpintero, tal como había sido antes de la amapola. La madera la da el monte, y él la puede ir a cortar sin que nadie le diga ni "mu". Las puertas y ventanas que hace le ayudan a ganarse la vida. Por lo demás, sus vecinos lo eligieron concejal de Santa Fe, y trata de defender sus derechos. Pero a nadie le importan los derechos de tan poca gente; y los que eran miles se convirtieron en cien, porque todos los otros viven dispersos por el país.

"¿Y de qué vivirán?", le pregunto a Marina.

> Pues yo creo que viven del recuerdo. Del recuerdo de esos tres años felices en que la amapola todo nos lo dio. Pero eso ya no existe. Y nadie va a volver a lo mismo de antes: a cultivar fríjol, maíz y café.

Santa Fe de Antioquia es conocida entre los paisas como la "Ciudad del Tonusco", por el río que pasa por allí; "Ciudad Madre" o la "Cuna de la raza paisa", porque en la época colonial fue la capital de la región. Precisamente su historia, su arquitectura y sus paisajes la convirtieron en la más visitada del occidente antioqueño, a pesar de los problemas de violencia.

Tanto los sistemas de monitoreo de la Policía como del Ejército Nacional indican que los amapolares, camuflados entre los cultivos tradicionales de *pancoger*, se han vuelto una constante en las veredas de los municipios antioqueños más montañosos y alejados de los centros urbanos. Un fenómeno que se trasladó a este departamento luego de que las autoridades los tuvieran al borde de la erradicación total en Tolima, Huila y Cauca. Los reportes de la IV Brigada del Ejército 2007-2008 señalan a Tonusco Arriba y a La Milagrosa Alta como los lugares de Santa Fe de Antioquia donde se han localizado cultivos atribuidos a guerrilleros del frente 34 de la guerrilla de las FARC, con un promedio de dos mil matas.

Como se trata de sembrados pequeños, los militares hacen patrullajes y erradican manualmente. El último operativo se hizo en el sitio Peñas Blancas de la vereda La Milagrosa, donde se arrancaron tres hectáreas de plantas.

En los informes de desplazamiento forzado por la violencia, Santa Fe de Antioquia figura, junto a Abriaquí, Anzá, Armenia, Buriticá, Cañasgordas, Dabeiba, Ebejico, Frontino, Giraldo, Heliconia, Liborina, Olaya, Peque, Sabanalarga, San Jerónimo, Sopetrán y Uramita, con 30.645 personas afectadas. Los labriegos reportaron haberse ido a vivir a las cabeceras municipales o a Medellín por la amenaza de paramilitares, guerrilleros y narcotraficantes.

6
LEÓN MARÍA LOZANO, *EL CÓNDOR*

Mauricio García Villegas y Nathaly Rodríguez

En las elecciones presidenciales de 1946, el Partido Liberal se dividió en dos facciones: oficialistas y gaitanistas. Esta división hizo posible el triunfo del Partido Conservador y de su candidato, Mariano Ospina Pérez. Pero el presidente Ospina debió enfrentar una grave situación de orden público, ocasionada por el levantamiento de algunos grupos liberales locales contra su gobierno. Empeñado en recuperar el control del orden público, Ospina nombró alcaldes militares en algunas zonas del país, tomó medidas excepcionales de policía y facilitó que la población conservadora se armara contra los liberales. Esos civiles armados recorrían los municipios, con el fin de perseguir a los liberales que se oponían al gobierno. El más famoso de aquellos grupos se formó en la vereda Chulavita del municipio de Boavita, al norte de Boyacá, y por eso se le conoció como el grupo de los *Chulavitas* (Guzmán Campos 1982).

Años más tarde, la presión violenta contra los liberales fue encargada a otro grupo, denominado los *Pájaros*. Se les llamó así porque se decía que asesinaban de forma rápida e intempestiva, y después salían *volando*. Estaban encargados de *conservatizar* las regiones liberales del Valle del Cauca, y para lograrlo, despojaban a los liberales de sus cédulas o los obligaban a cambiar de partido (a *voltiarse*). Sus dirigentes eran fieles católicos, cargaban escapularios de la Virgen del Carmen como muestra de su religiosidad, y creían ser parte de una guerra santa en contra de los liberales ateos.

Los *Pájaros* recibieron un apoyo velado del gobierno y del Partido Conservador. Los mayores beneficiarios de sus acciones fueron los notables y políticos conservadores locales, que conseguían no sólo vengarse de sus enemigos políticos liberales, sino también preparar el terreno para ganar las elecciones locales, comprar tierra barata abandonada por los campesinos liberales y apoderarse de la administración pública.

Hubo muchos *Pájaros* famosos, entre ellos *Lamparilla, Turpial, Pájaro Azul, Pájaro Verde, Bola de Nieve* y *Pájaro Negro* (Guzmán Campos 1982: 149), quienes aterrorizaron las regiones en donde vivieron. Pero hubo uno que sobresalió entre todos, por su capacidad para exterminar a sus enemigos y sembrar el terror entre la población civil. Por ser "el que más alto voló" de todos los de su especie, se le llamó *El Cóndor*, y su nombre de pila era León María Lozano (Álvarez Gardeazábal 1972).

Lozano nació en Tuluá, una población pequeña —en esa época— del occidente colombiano. Su padre, Benito Lozano, era el contador del ferrocarril. León María sólo estudió hasta cuarto de primaria, porque su padre enfermó y debió dejar el colegio para salir a trabajar. Cuando tuvo edad para independizarse, adquirió un negocio de quesos en la plaza de mercado y gracias a eso vivía sin aprietos. Se casó con Agripina Salgado, a la cual no sólo encargó de la crianza de sus dos hijas —que tuvo en un matrimonio anterior—, sino que mantuvo prácticamente encerrada en la casa y sometida a su voluntad indiscutible. Lozano era visto por los habitantes de Tuluá como un hombre común y corriente; como alguien que se ocupaba de su familia, y cumplía con sus deberes sociales y religiosos. Alguien que no era jefe de nadie, que no sobresalía en nada, mucho menos por ser una persona violenta o peligrosa. Era un simple parroquiano que se sometía a las leyes y a las jerarquías sociales.

Quizás por lo único que sobresalía Lozano era por su catolicismo ferviente. Se confesaba todos los primeros viernes del mes y asistía sin falta a la misa de las seis de la tarde. Él mismo se consideraba un defensor incondicional de la Iglesia católica y renegaba de la "chusma atea". También defendía con devoción al Partido Conservador y sus ideas; pagaba cumplidamente las contribuciones al Directorio Conservador, leía diariamente los editoriales de *El Siglo* —para él, la única verdad de la situación política y social por la que atravesaba el país— y oía atentamente la *Voz Católica*, una emisora de radio conservadora. La sala de su casa era una especie de santuario del Partido; allí podían encontrarse las fotografías de sus principales jefes políticos, así como comunicados y declaraciones políticas célebres, debidamente enmarcadas y adornadas.

Lozano valoraba la lealtad, y sobre todo la lealtad a las ideas religiosas y políticas; por eso no reparaba en la violencia de los métodos que debían utilizarse para defender esas ideas, cuyos fines superiores eran justificación suficiente. Siempre se consideró un fiel servidor de su partido y de su Iglesia; alguien que cumplía con lo que le ordenaban, que hacía las cosas bien, por lo cual merecía la confianza de sus superiores.

Su vida apacible cambió el día que recibió en su casa a una comitiva del Partido Conservador, que le solicitó que se hiciera cargo del manejo de un grupo de hombres armados, con el objeto de "defender a Tuluá" de los posibles desórdenes y ataques de los *nueve-abrileños*.[1] Aunque Lozano era consciente de la ilegalidad de la labor que se le encomendaba, estimaba que los objetivos finales lo justificaban, en aras de la conservación del orden, la religión y las leyes colombianas. Además, era un encargo de sus jefes en el partido, y para él, eso era suficiente para acatarlo. Unos

[1] Nombre dado a los liberales tras el Bogotazo, ocurrido el 9 de abril de 1948.

cuantos días después de aquella reunión, empezaron a aparecer cadáveres tirados en las afueras de Tuluá.

León María Lozano forjó una organización compacta y mortífera que sembró el terror en Tuluá y los municipios aledaños. Era respetado y obedecido por sus hombres. Los *Pájaros* transportaban a sus víctimas en carros que no tenían placas; los mataban en un sitio y tiraban los cuerpos en otro lugar, para no despertar sospechas. Utilizaban carabinas y municiones que venían de Cali, y recibían un pago por sus crímenes. Lozano dirigía sus operaciones de exterminio desde un café de Tuluá que se llamaba el Happy Bar, al cual llegaban políticos del partido, autoridades locales, inspectores de policía y hasta oficiales del Ejército, que terminaron recibiendo órdenes suyas.

Inicialmente, en 1949, nadie sospechaba de Lozano. En Tuluá se sabía que existía un grupo de conservadores que estaba matando liberales, pero nadie sabía quién lo dirigía. En todo caso, nadie podía imaginar que el piadoso León María Lozano fuera el cerebro de todas las operaciones de exterminio que se adelantaban en la región.

Pero esa vida clandestina terminó el 11 de agosto de 1950, cuando Lozano participó en un ataque de los *Pájaros* en el municipio de Riofrío, y se identificó como el jefe de la banda. A partir de ese momento, su carácter criminal se hizo público y se convirtió en *El Cóndor*, lo cual no le impidió seguir en Tuluá, con la misma rutina de hombre piadoso de siempre, aunque acompañado de dos guardaespaldas, José del Carmen Celín y Emiro Atehortúa. A partir de 1950, Lozano fue el jefe supremo de Tuluá y de sus alrededores. Las autoridades oficiales le consultaban sus decisiones, sobre todo aquellas que tenían que ver con el manejo del orden público, por lo cual no era extraño que Lozano no sólo escogiera, sino que incluso posesionara a ciertos inspectores de policía, entre otros funcionarios públicos, pues ninguna autoridad policial o funcionario público se atrevía a denunciarlo. Cuando tuvo diferencias con Aristides Arrieta, un político local que había sido designado como alcalde, Lozano lo amenazó con matarlo si se posesionaba, y como éste no le hizo caso, *El Cóndor* cumplió su amenaza.

La tensión que se vivía en Tuluá llegó a su punto más álgido cuando se supo de una lista de nombres —escrita en caligrafía gótica— de futuras víctimas de *El Cóndor*. O se marchaban o morían, les decía Lozano a quienes no simpatizaban con su causa, o incluso a quienes no contribuían con ella. Según él, los conservadores pasivos (*tibios*) también eran una amenaza. O se comprometen o están en mi contra, y pueden llegar a sufrir como un liberal, afirmaba *El Cóndor*.

> Los *Pájaros* ya no respetaban sitio. Los escondites no eran válidos ni para liberales ni para conservadores. Si no les caía bien, pues lo mataban. Si no pagaban una cuota, primero una boleta, después un balazo. Si los denunciaban ante la policía, ellos sabían primero que el cable llegará a la oficina del orden público o a la comandancia de la brigada. (Álvarez Gardeazábal 1972: 112)

Todos en Tuluá sabían que *El Cóndor* tenía mucha gente que lo protegía en el Estado, desde los inspectores de policía, hasta los altos cargos militares y políticos, muchos de los cuales le debían favores a Lozano. Por eso, nadie se atrevía a denunciarlo. Sin embargo, a partir de 1951, ya eran muchos los que querían verlo muerto. Se cuenta que en alguna ocasión, *El Cóndor* y su esposa Agripina fueron envenenados con un queso. En el pueblo todos creyeron que la pareja había muerto y empezaron a celebrar. La fiesta duró toda la noche, justo enfrente de la casa de los Lozano. Pero *El Cóndor* sobrevivió, y a la mañana siguiente empezó a ajusticiar a todos los que habían sido vistos celebrando. Se cuenta que la matanza duró 12 días y que murieron 249 personas.

Otra de las personas que se atrevió a criticarlo fue Gertrudris Potes, una señora liberal, muy respetada en la ciudad y antigua amiga de Lozano. Doña Gertrudis y otras personas de Tuluá tomaron la decisión de escribir una carta al periódico *El Tiempo*, en la que denunciaron el terror que *El Cóndor* había impuesto en la región. Los firmantes de esa misiva fueron conocidos como "el batallón de los suicidas", por los riesgos que asumieron. Al poco tiempo fueron apareciendo asesinados. Doña Gertrudis, sin embargo, sobrevivió.

En 1951, cuando se dictó una orden de captura en su contra, Lozano fue personalmente al despacho del Fiscal Segundo Superior, revólver en mano, para exigir que se revocara la orden. Luego obligó a renunciar al fiscal y asesinó a su sucesor. Algo similar hacía *El Cóndor* cuando alguno de sus hombres era cuestionado por la justicia: se hacía presente con sus matones en el despacho judicial correspondiente, amenazaba al funcionario y el proceso se cerraba. Cuando uno de sus subalternos fue apresado en Sevilla, *El Cóndor* apareció con diez hombres armados y exigió al alcalde militar la liberación inmediata, a cambio de no atacar a todo el pueblo (Ortiz 1985: 189).

Así pues, con la ayuda de las autoridades oficiales locales y nacionales, Lozano controló la población de Tuluá y sus alrededores por un periodo de seis años (1948-1954), pero llegó el momento en el que aquellas autoridades nacionales empezaron a poner en tela de juicio sus excesos y decidieron quitarle el apoyo. Ese fue el comienzo de su fin. Voceros del partido le pidieron que se retirara, y obediente, como había sido siempre ante las órdenes de sus superiores, Lozano se fue a vivir a Pereira.

El 10 de octubre de 1956, Simón Torrente —hijo de una de sus víctimas— le disparó y lo mató.

BIBLIOGRAFÍA

Álvarez Gardeazábal, Gustavo. 1972. *Cóndores no entierran todos los días*. Barcelona: Destino.

Guzmán Campos, Germán. 1982. *La violencia en Colombia. Tomo I*. Bogotá: Carlos Valencia.

Ortiz Sarmiento, Carlos Miguel. 1985. *Estado y subversión en Colombia: la violencia en el Quindío años 50*. Bogotá: Centro de Estudios de la Realidad Colombiana (CEREC).

7
LOS BANDOLEROS

Mauricio García Villegas y Nathaly Rodríguez

Entre 1948 y 1965, los enfrentamientos entre el Partido Conservador —en el gobierno— y el Partido Liberal, dieron lugar a un periodo conocido como La Violencia, una guerra política en la cual los campesinos fueron los más afectados. El conflicto entre los jefes de los partidos en Bogotá y en las principales ciudades del país se reprodujo en los pueblos y en las veredas. Surgieron así diferentes organizaciones de campesinos destinadas a exterminar a sus enemigos, bien fuera en nombre del pueblo —en el caso de los liberales— o de Dios y de la Iglesia —en el caso de los conservadores. En 1954, durante el gobierno de Gustavo Rojas Pinilla, se expidió una amnistía que buscaba la entrega de armas y la reinserción a la vida civil de todos los involucrados en el conflicto. Pero la Violencia había marcado para siempre la vida de muchos campesinos, que decidieron continuar en su oficio y no acogerse a la propuesta de amnistía de Rojas. Esos fueron los *bandoleros*. En este escrito presentamos la historia de dos de ellos: Teófilo Rojas y Efraín González.

TEÓFILO ROJAS, ALIAS *CHISPAS*

Teófilo Rojas fue conocido como *Chispas*; se dice que su sobrenombre venía de las chispas que brotaban de sus ojos cuando estaba enfurecido. Su vida fue sinónimo de fiereza y crueldad. 592 muertes le fueron atribuidas, la mayoría de ellas cometidas en masacres.

Rojas nació en Rovira, un pequeño pueblo del Tolima, donde el Partido Conservador dominaba y acosaba a los liberales (Henderson 1984 y Uribe 1999). La situación de los liberales en el municipio se agravó luego del asesinato de Jorge Eliécer Gaitán, en 1948, y dio lugar al surgimiento de movimientos de resistencia campesina que se organizaron en guerrillas liberales contra el Estado. Rojas tenía 12 años cuando su padre murió en combate. Fue entonces cuando se encontró con Leonidas Borja —*El Lobo*—, otro liberal perseguido, quien junto a sus hermanos —Arcelio y Tiberio— lideró la construcción de una organización destinada a la protección de las familias liberales desplazadas, más tarde conocidas como guerrillas liberales.

En 1954, el presidente Rojas Pinilla decretó la amnistía para los jefes guerrilleros. Muchos se entregaron y regresaron a sus labores del campo; entre ellos estaba Teófilo Rojas, quien trabajó como agricultor entre 1955 y 1956. Sin embargo, en vista de que la persecución contra los liberales y los guerrilleros reinsertados no cesaba, y ante el incumplimiento de las promesas oficiales hechas en el programa de rehabilitación, Rojas regresó a las montañas —a las regiones de La Argentina, La Osera y Puente Roto— y retomó la actividad guerrillera.

En el año 1957, durante el gobierno de Lleras Camargo, y en medio de un nuevo proceso de negociación entre el gobierno y las guerrillas liberales, murió Leonidas Borja —*El Lobo*—, el más visible e importante jefe de la organización guerrillera. Algunos de sus compañeros de lucha retornaron a la vida civil, pero Rojas se quedó en el monte, asumiendo el mando que Borja había dejado vacante. Desde entonces, Rojas fue objeto de una intensa persecución por parte de las autoridades oficiales, pero lograba mantenerse a salvo gracias al fuerte apoyo de la comunidad.

Desde 1957 *Chispas* lideró una poderosa cuadrilla, cuyas acciones se desarrollaron en los municipios tolimenses de Ibagué, Rovira, Cajamarca, Chaparral y Ortega, en los municipios vallunos de Sevilla, Caicedonia y Córdoba, y en los municipios caldenses de Armenia, Montenegro y Calarcá (Sánchez 1983: 86). Comandaba un grupo de alrededor de cien hombres, y con ellos aterrorizó las zonas por donde pasaba. Sus acciones contra la población conservadora —masacres, homicidios, saqueos, desplazamientos, boleteos, entre otras (Molano 2000)— llevaron a las fuerzas oficiales a ofrecer una recompensa de *80.000 pesos* por su cabeza. Muchos campesinos liberales le ayudaron en sus labores de terror: en la elaboración de las llamadas *listas negras* de conservadores, en la provisión de pertrechos o provisiones, en el aviso de la llegada de policías o militares a cierta jurisdicción, o en el cuidado de algún hombre herido. Además del apoyo de los campesinos liberales, no faltó la participación de gamonales, terratenientes y comerciantes liberales, que intentaron aprovechar el poder de *Chispas* para favorecer al Partido Liberal o para conseguir tierra a mejor precio. Como sucedió en el caso de los pájaros,[1] algunos jefes políticos del Partido —en este caso del Partido Liberal— y los grandes propietarios de tierras, alimentaban, con dinero y apoyos logísticos, las acciones de los bandoleros para beneficiarse política y económicamente. Pero no todos los jefes políticos estaban dispuestos a ayudarlos. Con el paso del tiempo y con el recrudecimiento de la violencia, algunos líderes políticos les dieron la espalda a los campesinos rebeldes y apoyaron su eliminación.

En 1959 surgió una nueva propuesta de amnistía. El *Chispas* entregó las armas en Playarrica, Tolima, pero meses más tarde fue objeto de nuevas amenazas y ataques por parte del Ejército y de los conservadores de la zona. Una vez más, *Chispas* volvió al

1 Véase el capítulo anterior, "León María Lozano, El Cóndor".

monte, pero esta vez su decisión fue irrevocable. Se trasladó a Calarcá, Quindío, con el apoyo económico de los liberales, quienes le encargaron que *limpiara* la región de conservadores. Desde entonces, su actividad de bandolero ganó en capacidad militar y en habilidad táctica: usaba las técnicas del camuflaje, la información clandestina y el ataque sorpresivo. Su nombre adquirió notoriedad nacional, y se decía que podía estar en un pueblo en el que era perseguido por las autoridades, sin que éstas se percataran de su llegada, o pasar desapercibido en un día de mercado, mientras reanudaba contactos o recogía fondos entre los liberales.

En diciembre de 1961, el gobierno inició una fuerte ofensiva contra los bandoleros. Para esta época, Rojas había adquirido fuerza suficiente para no sentirse obligado a obedecer a sus antiguos jefes liberales. Su oposición a las autoridades oficiales se radicalizó (Guzmán 1982), y empezó a atacar a liberales y conservadores por igual, partiendo de la idea de que todos eran parte de la misma oligarquía, lo cual le permitió acercarse a las nuevas guerrillas comunistas que se estaban formando en el país y que más tarde darían origen a las Fuerzas Armadas Revolucionarias de Colombia (FARC).

Su historia terminó el 22 de marzo de 1963, al surtir efecto el cerco militar tendido por las autoridades en la zona de Albania, en el departamento del Quindío. Así murió el *Chispas*, a los 32 años de edad, emboscado luego de ser delatado por un campesino.

EFRAÍN GONZÁLEZ, ALIAS *SIETE COLORES*

Efraín González fue un bandolero conservador y uno de los últimos jefes bandoleros en ser eliminado. La familia de González fue objeto del acoso de los liberales durante el gobierno de Olaya Herrera (1930-1934) en su pueblo natal, llamado Jesús María, en Santander. Como en el caso de el *Chispas*, González era, junto a su padre, un desplazado por la violencia, esta vez en la zona de

Pijao. Después de esta experiencia inicial, la vida de González se sumergió en el anonimato. Su padre se convirtió en un agricultor y pequeño propietario. González recibió tres años de educación básica y, muy joven, entró al Ejército, del cual desertó para convertirse en mayordomo de un hacendado en Armenia. La experiencia de la violencia parecía haber quedado atrás para su familia.

Pero todo esto cambió cuando su madre y sus hermanas fueron asesinadas, aparentemente por Carlos Bernal, un bandolero del Movimiento Revolucionario Liberal. Efraín y sus tres hermanos juraron entonces vengar la muerte de sus seres queridos, para lo cual se enlistaron en la cuadrilla de *Jair Giraldo*, que operaba en los territorios quindianos.

Efraín González fue conocido como el *Siete Colores*, y se decía que tenía la facultad de adoptar la forma de un animal o de una planta cuando necesitaba escapar de sus enemigos. También se decía que tenía la capacidad de saberlo todo, de tal manera que nadie lo podía engañar con información falsa. Lo cierto era que poseía una muy confiable red de información, que incluía a los telefonistas de los pueblos, a través de los cuales se mantenía al tanto de cualquier movimiento de sus enemigos. Muchos campesinos lo admiraban y respetaban, y algunas autoridades conservadoras y eclesiásticas lo consideraban un apoyo fundamental en sus regiones.

Su permanencia en el Quindío fue relativamente corta debido a que, luego de ser acusado de haber asesinado al periodista Celedonio Martínez, director del *Diario del Quindío*, se desató una persecución en su contra. Ante la presión de las autoridades, decidió regresar al departamento de Santander, donde los campesinos conservadores, cansados del acoso de Carlos Bernal, solicitaban su presencia. Allí, González logró establecer una importante red de apoyo que incluía desde campesinos hasta políticos de importancia, que reconocían su valor e incidencia política en la región. Con tales recursos, la cuadrilla de González dominó los municipios de Altillo, Culebrillas, Cristales, El Escobal, El Oscuro,

Puente Nacional, Vélez y Chiquinquirá. La contundencia de sus acciones y el respaldo que poseía atemorizaban a sus enemigos, y afianzaban la admiración y apoyo de sus seguidores.

Siete Colores gozaba de la protección de algunos párrocos, que prestaban sus casas curales para que el bandolero pudiera refugiarse. En cierta ocasión se vio a González disfrazado de cura dominico, visitando la iglesia de la Virgen del Rosario. González era un fiel creyente y trataba, a pesar de su oficio clandestino, de ir a misa y asistir a los demás ritos religiosos. Los conservadores admiraban su entrega y su fe, y lo consideraban un benefactor de la Iglesia.

Dentro de su cuadrilla, González mantenía una rígida estructura vertical. Sus órdenes eran acatadas y ejecutadas por sus hombres de confianza: Humberto Ariza —*El Ganso*—, David Ardila —*Perroloco*—, Salvador González —*El Largo*— y Ángel María González —*El Pálido*; estos dos últimos eran sus primos. González mantenía una estrecha comunicación con sus subalternos y un control férreo de la población que dominaba. Como los demás jefes bandoleros, vivía pendiente de eliminar a los *sapos* —informantes voluntarios u obligados de las autoridades— y lo hacía sin ninguna piedad. Se movilizaba por trochas ubicadas en la espesura del monte, cambiando continuamente de camino y dispersando a la cuadrilla.

Pese a su gran poder, en una ocasión, mientras se encontraba en una reunión familiar, fue atacado por las fuerzas oficiales que habían logrado ubicarlo gracias al aviso de un campesino. El bandolero logró escapar, pero no su familia. En los meses siguientes, la venganza fue el motor principal de las acciones de terror que emprendió contra sus enemigos y contra todo aquel que pareciera estar apoyándolos.

En 1960 *Siete Colores* se trasladó al departamento de Boyacá. Allí se convirtió, con la ayuda de las autoridades locales y de los ricos de la región, en el jefe de la *guaquería clandestina* y en el protector de las minas de esmeraldas.

Pese a su prontuario, en varias ocasiones González intentó obtener una amnistía, para lo cual se acercó a sectores de la Alianza Nacional Popular (ANAPO), donde era considerado una ficha política clave, por el valor político que representaban sus redes sociales y el respeto comunitario que poseía. Pero ya era demasiado tarde para los negocios políticos. Bajo el mando del coronel Joaquín Matallana Bermúdez, responsable de la persecución y exterminación de otros bandoleros —*Desquite*, *Sangrenegra* y *Tarzán*— se inició una campaña de persecución y desarticulación de las redes de apoyo del bandolero conservador (Guzmán 1982: 331). Esa campaña originó malestar y pánico entre los campesinos que apoyaban a González, y muchos empezaron a desertar de sus filas. Para esta época la mayoría de los míticos jefes bandoleros había muerto, y la población empezaba a aceptar la idea de pacificación del país que venía de los sectores oficiales.

Fue entonces cuando González viajó a la capital de la República, buscando además alivio para sus dolencias respiratorias. Encontró refugio en un sector popular de la ciudad, pero pronto fue descubierto por el Ejército. Se armó entonces un espectacular operativo hasta que dieron con él y lo mataron. Así terminó la vida de *Siete Colores*.

Bibliografía

Guzmán Campos, Germán. 1982. *La violencia en Colombia*. Tomos I y II. Bogotá: Carlos Valencia.

Hartlyn, Jonathan. 1993. *La política del régimen de coalición: la experiencia del Frente Nacional en Colombia*. Bogotá: Tercer Mundo.

Henderson, James. 1984. *Cuando Colombia se desangró. Un estudio de la Violencia en metrópoli y provincia*. Bogotá: El Áncora.

Molano, Alfredo. 2000. *Los años del tropel: crónicas de la Violencia*. Bogotá: El Áncora.

Sánchez, Gonzalo y Donny Meertens. 1983. *Bandoleros, gamonales y campesinos: el caso de la violencia en Colombia*. Bogotá: El Áncora.

Uribe, María Victoria. 1999. *Matar, rematar y contramatar*. Bogotá: Centro de Investigación y Educación Popular (CINEP).

8
LA LEY Y LA MÚSICA POPULAR

Farid Samir Benavides Vanegas, Camilo Castillo y Mauricio García Villegas

Como en la literatura, y en general en todas las expresiones de la cultura popular latinoamericana, en la música abundan los relatos de personajes indómitos que no se someten a ninguna ley ni a ninguna autoridad, y que con su rebeldía, buscan reivindicar valores fundamentales como el honor, la familia o la libertad. En este ensayo daremos unos pocos ejemplos de esta clase de música y sus personajes.

I

El género musical conocido como salsa, creado a mediados de los años sesenta en Nueva York, suele contar historias de latinos inmigrantes, especialmente de puertorriqueños, que viven en el Bronx. Algunos de los clásicos de ese género relatan la historia de hombres como Pedro Navaja, el típico bandolero de esquina de los barrios populares, y probablemente el personaje más célebre de toda la historia de la salsa. Rubén Blades es el autor de esta canción, que dice:

> Por la esquina del viejo barrio lo vi pasar / con el tumbao' que tienen los guapos al caminar. / Las manos siempre en los bolsillos de su gabán / pa' que no sepan en cuál de ellas lleva el puñal (…).
> Y créanme gente que aunque hubo ruido nadie salió. / No hubo curiosos, no hubo preguntas / nadie lloró. / Sólo un borracho con los dos cuerpos se tropezó / cogió el revolver, el puñal, los pesos y se marchó.

Otra de las figuras centrales de la salsa neoyorquina es Willie Colón, quien en sus canciones habla de malandros, de guapos y de delincuentes en los barrios populares de Nueva York y de San Juan de Puerto Rico. Colón trata de recuperar la imagen de la antigua *guapería* cubana y latinoamericana. El protagonista de sus canciones es el malevo, aquel que domina el barrio, que se burla de la vida y de los poderosos, que no le tiene miedo a nada ni a nadie.

Algo parecido hace Héctor Lavoe en "Juanito Alimaña", cuando le canta a un personaje que no respeta las leyes y que siempre logra que la autoridad esté de su lado. Esta es parte de su letra:

> La calle es una selva de cemento / y de fieras salvajes, cómo no. / Ya no hay quien salga loco de contento / donde quiera te espera lo peor / donde quiera te espera lo peor.
> Juanito Alimaña con mucha maña llega al mostrador / saca su cuchillo, sin preocupación / dice que le entreguen la registradora / saca los billetes, saca un pistolón. / ¡Pum!
> Sale como el viento / en su disparada / y aunque ya lo vieron / nadie ha visto nada / Juanito Alimaña pa' la fechoría / se toma su caña / fabrica su orgía.
> La gente le teme / porque es de cuidado / pa' meterle mano / hay que ser un bravo / si lo meten preso / sale al otro día / porque un primo suyo / 'tá en la policía [...].

Mira, la gente le teme al tipo / porque el hombre es de cuidado. / Díganme, ¿a quién en el barrio / los chavos él no le ha tumbado?

Pero la salsa rebelde no es sólo neoyorquina. En los años noventa se creó en Cuba un tipo de música que inicialmente fue conocida como salsa cubana, pero que luego cambió su nombre por el de *timba*. La timba es como la salsa, pero con fuertes acentos afrocubanos. En ella se exalta la figura del malevo y del tipo duro y frentero, que descree de la Revolución y de sus valores. Según Rubén López Cano,

> [...] la timba y sus canciones son artefactos culturales encargados de expresar, encubrir y/o gestionar la agresividad que produce en algunos sectores de la juventud cubana una situación socioeconómica degradada, un sistema de valores éticos y morales caótico y un discurso oficial que consideran obsoleto y que no se corresponde con la realidad. (López 2007: 33)

Pero la salsa no sólo habla de rebeldes y de guapos. El desprecio por el cumplimiento de reglas no se reduce a la criminalidad o al enfrentamiento con la policía. En "El rey de la puntualidad", Lavoe se burla de sí mismo por llegar frecuentemente tarde a sus presentaciones. En esta canción, Lavoe le dice a su audiencia, "no es que yo llegue tarde, es que ustedes llegan muy temprano", y el coro le contesta "tu gente quiere oír tu voz sonora, nosotros sólo queremos que llegues a la hora".

El incumplimiento del vivo también es un tema frecuente en las letras de la salsa. En uno de los clásicos del Gran Combo de Puerto Rico, titulado "Y no hago mas ná'", se comenta la actitud de algunos puertorriqueños que viven del seguro de desempleo o, como dicen ellos, del "*güelfer*". En "Ahora me da pena" —título de una vieja canción cubana—, Henry Fiol cuenta su historia: "Nací en Nueva York, en el condado de Manhattan, donde perro come perro y por un peso te matan... La rutina, el truquito, la maroma".

Pero las letras de la salsa no suelen reivindicar esas conductas. Por el contrario, con mucha frecuencia parecen criticarlas y abogar por un cambio de actitud. El final de "Ahora me da pena" le canta a la identidad latinoamericana; habla del sentido social y de la solidaridad con su gente, que es víctima de avaricia y de injusticias; también hace un llamado a no perder la fe en el cambio. A pesar de que en Manhattan no existe ley —al menos entre la población boricua— y aunque los más astutos siempre salen ganando, todavía hay esperanza, dice la canción. Una esperanza que surge de unos valores comunitarios que dan lugar a una supuesta identidad latina. La canción termina cuando dice que, el cantazo (el golpe) o el numerito (suerte) pueden cambiar la situación: "Oye boricua no pierdas el orgullo, despierta mi pana, defiende lo tuyo, ¡ay bendito!".[1]

Esa identidad es la que reivindica Héctor Lavoe en la célebre canción "Mi gente"; cantada por primera vez en un concierto de La Fania, que tuvo lugar en 1973 en el Yankee Stadium. Según Ed Morales, las canciones de Colón y de Lavoe ayudaron a restablecer el orgullo de una comunidad en una época de luchas sociales que culminó con los disturbios de 1976. Lo mismo hace Rubén Blades en su canción "Siembra", en la que se hace un llamado a la conciencia latinoamericana: si se siembra lo correcto el cambio vendrá, dice la canción. En ella, Blades logró interpretar el sentimiento de mucha gente inconforme en el continente. Algo similar se encuentra en su canción "Plástico", en la cual se critica la cultura consumista y materialista de los Estados Unidos, en oposición a una supuesta cultura latinoamericana que cree en los valores y en los sentimientos. Al final, en una especie de himno, el cantante hace un llamado a la unidad latinoamericana, gritando los nombres de los países, que el coro responde con un "¡presente!".

---

[1] Esta frase es también el lema del movimiento independentista de Puerto Rico. Veáse Santiago-Valles (1994).

II

Como la salsa, el rap es un género musical urbano. Sus ritmos rápidos y agresivos cuentan historias de los habitantes de los barrios pobres. Con mucha frecuencia, las letras del rap reniegan de la policía y de la manera como ésta utiliza su poder para someter a los jóvenes de los barrios populares. Como en "Pedro Navaja", la ley que vale es la que impera en la calle. Pero aquí, a diferencia de lo que sucede en las letras de la salsa, la vida del malandro, del navajero, es más objeto de reivindicación que de crítica social. Por eso, en el rap hay más tragedia y menos esperanza, más fatalidad y menos libertad para hacer lo que se quiere. La primera norma de esa ley de la calle es la que ordena callarse, no ser sapo y someterse a la voluntad del más fuerte. El grupo La Etnnia canta lo siguiente en una de sus letras: "En las calles se vive al margen, / el código se respeta, / coma callao' no sea sapo y no se meta" (citado en *El Espectador* 2006).

La ciudad es vista por los raperos como una jungla donde cada uno de los habitantes debe ganarse el respeto y su derecho a la vida y a la supervivencia. De allí nace la expresión popular bogotana "guerrearse la vida", en medio de un clima social dominado por el peligro:

> [...] crecido en la ciudad de Bogotá donde no hay que pisar mal, / donde hay que respetar, / donde no quieres bromear, / donde tienes que guerrear, / donde si te das del sapo terminas en el hospital. (Citado en *El Espectador* 2006)

En una letra del grupo Segundo Frente, que relata la situación vivida por los vendedores ambulantes de la ciudad de Bogotá, se dice que los miembros de la policía, son: "*ladrones disfrazados*" que les quitan la mercancía para quedarse con ella. Utilizan el mismo apelativo para el presidente y para los ricos. Consideran que la ley del Estado es la ley del garrote.

A diferencia de la salsa, las letras del rap están marcadas por la desesperanza; la falta de oportunidades es inevitable, y por eso todos están condenados al fracaso. Por eso, la identidad de los jóvenes de la calle no encarna, como en la salsa, un motor de cambio social y de unidad popular. Sin embargo, eso no les impide ser astutos, vivos y estar atentos para defenderse de los demás. La vida en sociedad consiste en el rebusque, es decir, en la competencia por sobrevivir. Sólo los más astutos ganan en esa competencia; las artimañas son los medios legítimos para poder vivir en los barrios populares de esa sociedad. La canción "Oscura realidad", del grupo Segundo Frente, hace eco de esta situación, y comienza de la siguiente forma:

> [...] arranca nuevamente el sol en la mañana / en la montaña comienza un nuevo día de artimañas y patrañas / otro atardecer en la calle citadina / despierta en la maldad / oscuridad es su rutina.

Ante el abandono y la agresividad del Estado y de sus normas, el camino del torcido es el único camino posible. Pero todo termina mal. Hay que desobedecer las leyes y engañar a la policía, pero al final de cuentas, ellos, que tienen armas y poder, salen ganando. Entonces la guerra está perdida, y sólo se pueden ganar algunas batallas.

III

Otro de los temas preferidos de la música popular latinoamericana es la defensa del honor. Para los personajes de las rancheras, pedir ayuda a las autoridades es propio de cobardes; para ellos el honor es lo que prima, y la única ley digna de ser cumplida es aquella que dice que los verdaderos hombres deben, en un mundo que les da la espalda, sucumbir para mantener su buen nombre. Muchas letras de rancheras mexicanas hablan de lo importante que es ser alguien honorable y respetar las costumbres.

Justamente por eso no hay que dudar en coger la pistola cuando de defender el honor se trata.

En los pueblos apartados de Colombia, las rancheras mexicanas son un tipo de música muy escuchado, sobre todo a través de una emisora popular llamada Radio Recuerdos. En territorios de colonización, donde el Estado y la ley son precarios, la valentía y el honor se convierten en valores fundamentales para la supervivencia, y por eso los campesinos que viven en esas zonas se sienten interpretados por la letra de las rancheras. El prototipo de letra ranchera cuenta la historia de un campesino que se ve obligado a matar a otro por cuestiones de honor. La policía lo arresta o lo mata, y por tal razón, el asesino, que pone a su familia y a su persona por encima de la ley, se convierte en un héroe. Por ese motivo las leyes son enemigas del honor.

Esa es la historia de Efraín González, uno de los más feroces y míticos bandoleros colombianos de la época de La Violencia. González era un asiduo seguidor de las rancheras mexicanas; le gustaba sobre todo "Bala perdida", cantada por Antonio Aguilar, que cuenta la historia de un hombre que se despide de su mujer diciéndole que la va a seguir queriendo siempre, aunque sabe que en cualquier momento caerá muerto por una bala perdida. El siguiente es un fragmento:

> La cruz no pesa lo que cala / son los filos cariño santo, cariño santo / yo no te dejo aunque me grites, aunque me grites / que ya me estás acabando. / Las balas perdidas pegaron siempre en mi pecho / pero tus besos me inyectaron nueva vida / bala perdida, bala perdida / bien haya el Máuser que te ha tronado / que te ha tronado para acabar con mi vida.

González también se veía a sí mismo como un hombre honorable, que se debía a su partido y que concebía su tarea en el mundo como una lucha contra los ateos y liberales. La bala perdida que acabaría con su vida seguramente vendría de la fuerza pública. Pero a él no le importaba morir, porque había guardado su honor y el de los suyos. La ranchera es un elogio al hombre autosuficiente, temerario y sin compromisos ni deberes con nadie, sólo con su amada.

IV

Como se aprecia en lo dicho hasta el momento, las letras de la música rebelde se debaten entre, por un lado, la simple descripción de las conductas y los personajes rebeldes, a veces incluso para criticarlas y abogar por un cambio; y la reivindicación de esos personajes y de esas conductas. En este último extremo se encuentran los llamados corridos prohibidos —también conocidos en México como narcocorridos—[2] famosos en Colombia desde mediados de la década de los noventa.

Los narcocorridos se impusieron a principios de los años noventa, en México, cuando el grupo Los Tigres del Norte tituló uno de sus álbumes *Corridos prohibidos*; y muy pronto se hicieron famosos en Colombia. Según Juan Guillermo Ferro, para junio de 1997 se habían vendido 40.000 copias de ese disco en el departamento del Caquetá (Ferro *et al.* 1999). Pero el gusto de los narcotraficantes por los corridos es anterior a ese disco, y para demostrarlo basta con evocar a Gonzalo Rodríguez Gacha, uno de los narcotraficantes más sanguinarios que ha conocido Colombia, y quien era conocido como "el mexicano", por su gusto por la música de ese país.

Pero no sólo a los capos del narcotráfico les gustan los corridos, también a los raspachines del oriente colombiano. En el mes de agosto de 1996, cientos de campesinos cultivadores de coca provenientes del bajo Putumayo llegaron a Mocoa, capital del departamento del Putumayo, para protestar por los anuncios del gobierno central del inicio de la fumigación de los cultivos de coca, con el fin de erradicarlos.

---

[2] Al respecto, véase Pérez (2004).

Su canto de guerra era un corrido prohibido llamado "Cruz de marihuana" que dice lo siguiente:

> Cuando me muera levanten / una cruz de marihuana, / con diez botellas de vino / y cien barajas clavadas. / ¡Al fin que fue mi destino / andar por las sendas malas! / En mi caja de la "fina"[3] / mis metrallas de tesoro. / ¡Gocé todo en la vida: / joyas, mujeres y oro / yo soy narcotraficante / se la rifan por el polvo! / [...] Que mi memoria la escriban / con llanto de amapola / y que con balas se diga / la fama de mi pistola / para gallo, en mi tierra, la sierra fue nuestra gloria.

A diferencia del narco-patrón, que le canta a la aventura de volverse poderoso y de desafiar al poder, el raspachín le canta a la coca, a su trabajo, a su familia y a la mejoría de su situación económica, como en "Por qué soy coquero":

> ¿Por qué soy coquero?, / pregunta la gente / y hasta al presidente. / Le responderé: / yo fui campesino / humilde y honrado / y al verme pelado / por fin me cansé. / Tenía mis parcelas, / mis buenos potreros, / mis hijos de obreros / cumplíamos la ley. / Pero el resultado de tantos esfuerzos / era mi pobreza / que no olvidaré.

V

Las letras de la música popular no sólo cuentan muchas cosas sobre la vida y el amor de la gente del común, también dan cuenta de la percepción que esas personas tienen de la autoridad, del poder y de la ley, que muchas veces es negativa, aunque no siempre es la misma. A veces los personajes de las canciones se enfrentan a la autoridad y a la ley en defensa de valores superiores; en ocasiones lo hacen para sobrevivir en un mundo hostil; otras tantas para imponerse sobre los demás; y, con alguna frecuencia, lo hacen

[3] "Fina" es una de las formas como se conoce a la cocaína.

para manifestar su descontento y su rebeldía. No sólo cambia la motivación del personaje, también lo hace el sentido político de la canción y del cantante. En algunas ocasiones, la rebeldía tiene un sentido de cambio y transformación social; en otras, es una manifestación inevitable y fatal de una sociedad sin remedio. Pero en todos los casos hay un marcado menosprecio por la autoridad y por la ley que esa autoridad crea.

Bibliografía

Aguilar, Antonio. 1995. "Bala perdida", en *Rancherísimo, Vol. 4*. México: Musart Balboa.

Blades, Rubén. 1972. "Pedro Navaja", en *Our Latin Thing*. New York: Fania Records.

———. 1978. "Plástico", en *Siembra*. New York: Fania Records.

———. 1978. "Siembra", en *Siembra*. New York: Fania Records.

El Espectador. 2006. "Una etnia de guerreros urbanos", 13 y 19 de agosto.

Exterminador. 2005. "Cruz de marihuana", en *Corridos prohibidos, Vol. 10*. Mexico: Gili Música Ltda.

Ferro, Juan Guillermo *et al.* 1999. "Viejas y nuevas prácticas de consumo", en *Jóvenes, coca y amapola. Un estudio sobre las transformaciones socioculturales en zonas de cultivos ilícitos*. Bogotá: Pontificia Universidad Javeriana. Disponible en <http://www.mamacoca.org/ed-especial2/libro_jovenesAmapolaCoca_portada_indice.html>.

Fiol, Henry. 1980. "Ahora me da pena", en *Fe, Esperanza y Caridad*. New York: SAR Productions.

Gran Combo de Puerto Rico. 1983. "Y no hago mas ná'", en *La Universidad de la Salsa*. San Juan: Combo Records.

Herrera, Ovidio y Los Magníficos. 1997. "Por qué soy coquero", en *Corridos fuera de la ley, Vol. II*. Puerto Boyacá.

La Etnnia. 1999. "El intocable", en *Criminología*. Bogotá.

La Etnnia. 2004. "Kronicalles", en *Reak*. Bogotá.

Lavoe, Héctor. 2007. "El rey de la puntualidad", en *A man & his Music*. New York: Fania Records.

———. 1983. "Juanito Alimaña", en *Vigilante*. New York: Fania Records.

———. 1975. "Mi gente", en *La Voz*. New York: Fania Records.

López Cano, Rubén. 2007. "El chico duro de La Habana. Agresividad, desafío y cinismo en la timba cubana", en *Latin American Music Review*, Vol. 28, N° 1, primavera/verano.

Morales, Ed. 2003. *The Latin Beat. The Ryhthms and Roots of Latin Music from Bossa Nova to Salsa and Beyond*. Cambridge: Da Capo Press.

Pérez, Juliana. 2004. *La música popular mexicana en Colombia: los corridos prohibidos y el narcomundo*. Ponencia presentada en el "V Congresso da Seção Latino-Americana da Associação Internacional para o Estudo da Música Popular", Rio de Janeiro, 21 a 25 de junio.

Santiago-Valles, Kelvin. 1994. "The Unruly City and the Mental Landscape of Colonized Identities. Internally Contested Nationality in Puerto Rico, 1945-1985", en *Social Text*, N° 38, Spring: 149-163.

Segundo Frente. s.f. "Oscura realidad". s. d.

9
VENDEDORES INFORMALES EN BOGOTÁ

Mauricio García Villegas y Nathaly Rodríguez

Cientos de personas atraviesan diariamente, desde muy tempranas horas de la mañana, el puente peatonal que une la entrada de la Universidad Nacional con el costado oriental de la carrera 30, en Bogotá. Algunas lo hacen para tomar un bus, otras para llegar a sus lugares de trabajo, ubicados en locales comerciales cercanos, y muchos estudiantes de la Universidad Nacional, para ir o venir de sus clases. El flujo de personas nunca se detiene. En las "horas pico", el bullicio sosegado de los transeúntes se une al de los pitos de los carros y los buses, que luchan entre sí para avanzar en el trancón que se forma bajo el puente.

Lo más característico del puente es la presencia constante de vendedores ambulantes. Entre ellos se encuentra Ismael, un oficial pensionado de las Fuerzas Armadas que se aproxima a los ochenta años, catorce de los cuales ha trabajado en ese lugar. Fue uno de los primeros "colonizadores" de ese sitio, y sin duda el que mayor experiencia tiene de todos los que trabajan en este oficio en el puente. Su trabajo le ha permitido educar a su hijo mayor —que ahora labora en un banco— y pagar la universidad de sus dos hijos menores. Pero la contaminación y el frío lo han doblegado y ahora se encuentra enfermo, se siente agotado y quiere dejar de trabajar.

Bernardo es otro de los trabajadores del puente. Tiene 45 años y lleva diez como vendedor informal. Así mantiene a sus dos hijas y a su esposa. Sostiene que su escasa educación y el hecho de no tener los papeles en regla lo obligaron a trabajar en las ventas ambulantes desde que llegó de su tierra natal, en el norte del Tolima. Es entrador, amable y jocoso, pero también es desconfiado: "Yo ya no le creo nada a nadie —nos dice—, sólo creo en mi Dios y en la salud que me dé para rebuscarme la vida". Bernardo desconfía sobre todo de la policía; para él no hay peor amenaza, ni peor enemigo que un *tombo*.

Miguel es un hombre tímido y reservado, que llegó al puente hace cinco años. Tiene cincuenta años y con las ventas ambulantes sostiene a una familia de seis personas: sus cuatro hijos, él y su mamá. Como Bernardo, Miguel proviene del campo. Desde su llegada a Bogotá ha trabajado en el comercio informal, y desde que llegó al puente intenta perturbar lo menos posible a los agentes de policía o a cualquier otra persona que ponga en riesgo su trabajo, ya que su mayor miedo es "no conseguir la plata para llevar el diario".

Ana también trabaja en el puente, desde hace cuatro años. Es una profesional graduada en artes en una universidad privada de Bogotá. Alegre, amable y extrovertida, es una mujer cabeza de familia (por viudez, nos lo aclara). Ana es la comerciante más conocida del lugar; vende películas, música, *software* y toda clase de juegos, todo pirata; y también es la que más dinero gana. El material que vende la convierte en una infractora de la ley penal, lo cual la obliga a estar atenta a cada momento, para poder escapar a tiempo.

La competencia entre los vendedores ambulantes es dura. Trabajar en las calles supone enfrentarse a muchos riesgos e imprevistos, pues es un territorio en el que se requiere audacia para sobrevivir, y en el que el inexperto, el confiado y el débil pueden fracasar fácilmente. De la rivalidad natural entre los comerciantes ambulantes resultan las peleas, sobre todo cuando llegan nuevos vendedores a ofrecer productos que tienen "buena salida" y que ya eran ofrecidos por otros. Cada uno está alerta y tiene un "plan de contingencia" para evitar que otro se aproveche de su idea inicial.

Los vendedores del puente son estacionarios, es decir, tienen un puesto fijo; y conseguirlo supone mucho trabajo y esfuerzo. Antes de competir por sus clientes, los vendedores compiten por obtener el sitio donde van a ofrecer sus productos. Quienes ya tienen un lugar para hacerlo siempre intentan evitar la llegada de los nuevos. En ese rechazo hay algo de dudosa complicidad con las autoridades:

> Nosotros —dice Ismael— no dejamos llenar el puente de gente para que la policía no nos esté atropellando [...]. Acá no permitimos vendedores nuevos, porque es una orden de la alcaldía local, de no dejar invadir el peatonal; si se llega a llenar esto de vendedores, nos sacan.

Las relaciones humanas entre los vendedores ambulantes no suelen ser amigables. La rivalidad es vista como un asunto de supervivencia, de vida o muerte. En ocasiones, acusan a sus compañeros de sapos, de denunciarlos ante las autoridades y, sobre todo, de buscar que el otro fracase para quedarse con el puesto. La delación puede ocurrir por envidia, cuando el delatado vende más. Este es el caso de Ana, quien cree que sus compañeros no la han aceptado del todo porque su negocio es mejor que el de ellos. Por eso no duda en decir que cuando ha sido amonestada por la policía, o por otros vendedores que intentaron quitarle el negocio, sus compañeros de zona "se alegran; aquí nadie ayuda a nadie, al contrario, les gusta ver que los demás caigan en desgracia".

Es muy frecuente que entre los vendedores se acusen del robo de la mercancía o de la invasión de su espacio; la desconfianza reina entre ellos. No obstante, a veces también se encuentran relaciones amigables, como lo explica Bernardo: "Hay compañeros —dice— en los que sí se puede confiar y ellos pueden confiar en uno". Cuando hay confianza, los vendedores no dudan en encargar sus mercancías a uno de sus colegas, o en pedirles que les cuiden el puesto o que les ayuden en momentos de emergencia, huida o peligro. Pero ninguno duda en afirmar que, en términos generales, el medio es difícil y violento.

A veces sucede que los nuevos vendedores paguen a los antiguos un dinero para que los dejen trabajar:

> Aquí ellos se creen los dueños del espacio —dice Ana. Yo al principio pagaba, pero después me aburrí porque lo veían a uno vender y ahí mismo venía alguien a decirle que "no, que a usted le va muy bien, que nos pague por estar aquí, que nosotros llegamos primero" [...].

Para entrar en una zona ya ocupada por vendedores, hay que "comprar el plante", es decir el puesto. Si no se llega a un acuerdo por las buenas, el uso de la violencia es considerado un medio legítimo para obtener el sitio. Es por eso que en muchas ciudades del país —sobre todo en la costa— se ha visto cómo los paramilitares han utilizado la amenaza y el chantaje para controlar las ventas ambulantes.[1]

Conseguir un buen puesto, así sea *a la brava*, peleando, es entonces la clave del éxito de un vendedor ambulante. Por eso, las propuestas de ubicación en ferias populares —estrategia que en los últimos años ha venido utilizando la Alcaldía Mayor— no resultan muy atractivas para ellos.

> Si a uno lo reubican —dice Ismael— lo mandan por allá a un puente, a una parte bien mala, entonces uno sigue en la misma situación.

---

1 Sobre la presencia del paramilitarismo en el mundo de las ventas ambulantes, véase *El Tiempo* (2006).

> Pues si lo van a uno a sacar, que lo mejoren, ¿cierto?, para trabajar mejor y poder ver mejor por la familia.

También es usual que el vendedor perciba rechazo o discriminación por parte de los peatones que pasan por el puente. Miguel, por ejemplo, considera que lo desprecian, que "la gente lo mira mal a uno [...] no lo miran como una persona, sino como un animal". En ocasiones los vendedores explican este rechazo como un producto de los conflictos entre las clases sociales. Así lo expresa Bernardo:

> Uno para la oligarquía no vale nada; uno es un estorbo y a mí me lo han dicho. Señoras que le patean las cositas a uno, que dizque porque uno está estorbando. Pero eso sí, vaya pídales un trabajito para poder salir de aquí y verá que lo mandan a uno pa'l carajo.

De lo mismo se lamenta Ana: "a las personas que pasan les da rabia verlo a uno en el espacio público, verlo a uno trabajando".

Ante este tipo de rechazo, el vendedor informal alimenta una suerte de resentimiento y de prevención hacia quienes están por fuera del mundo de las ventas (sobre todo porque existe la posibilidad de que alguno de ellos lo delate con la autoridad). El odio también se origina en que los vendedores perciben al resto de la sociedad —la que tiene empleo fijo y gana un sueldo— como egoísta e injusta; una sociedad que no les da la oportunidad de tener un trabajo estable y formal.

Pero a lo que más le temen estas personas es a que la policía les confisque su mercancía. Esto lo sienten sobre todo quienes venden material pirata, ya que no sólo son acusados de invadir el espacio público, sino también de violar la ley de los derechos de autor. Por eso deben estar dispuestos a huir, o a perder su mercancía, en cualquier momento. Según Ana: "ellos, la policía, hacen su trabajo y yo hago el mío. Esto es una competencia. Por eso sé muy bien que lo que tengo que hacer es huir cuando venga la policía, así pierda todo lo que tengo". Los vendedores de productos piratas obtienen las mayores ganancias en el negocio —por la mayor demanda y costos de la mercancía ofrecida—, pero también son los que más arriesgan y más problemas enfrentan.

Por la misma razón, quienes venden productos legales son los que más fácilmente se enfrentan a la autoridad. Según ellos, el hecho de estar trabajando para sobrevivir, de no vender nada ilegal, de no estar molestando a nadie y de no tener otra alternativa para mantener a sus familias, son argumentos más que suficientes para invadir el espacio público. Esta convicción los lleva a desafiar abiertamente a la policía. Al respecto, dice Bernardo: "cuando llega la policía, la mayoría de mis compañeros corre a salvar su mercancía, pero yo no les corro. La felicidad de ellos es que uno les tenga miedo y les huya. Pero, ¿por qué voy yo a salir corriendo si yo no estoy haciendo nada malo?".

Para los vendedores, tener un plante es la forma legítima de "hacerse el diario", de lograr aquello que el comercio formal y la industria les niega. Por eso comparten la opinión de Ana cuando dice:

> [...] con esto estoy sobreviviendo; no me estoy volviendo rica, no estoy acumulando, ni tengo maquinaria, ni soy de los peces grandes de San Andresito, no. Esto no sirve ni para ahorrar, ni para comprarse un carro.

Por eso, para los vendedores ambulantes los desalojos y decomisos son actos injustos de la policía.

De todos modos, la policía es una gran amenaza para todos, pues la "batida" puede significar la pérdida temporal del trabajo. Bernardo se queja de que cuando llega la policía

> [...] se le llevan a uno las cosas y, ¿sabe qué?, le salen con un acta. Allí le dicen que vaya a tal parte; entonces uno va y allá le dicen que no, que por aquí no han traído eso y así lo ponen a voltear a uno por todas partes para que se aburra y no vuelva a vender.

Según Ismael,

> [...] hace unos años venían en camiones y recogían la mercancía: luego nos la devolvían, pero eso sí, siempre se les quedaba algo por el camino. Yo alguna vez hice una carta y la envié al Alcalde Mayor de Bogotá, contando lo que estaba ocurriendo con la policía acá, pero no me hicieron caso.

Por todo eso, son muchos los vendedores que, cuando llegan los policías, prefieren intentar el soborno:

> Ellos vienen —dice Ana—, hablamos, les doy cositas: que la película, que el juego; a todo el mundo le gusta eso, dejémonos de bobadas. Para que no me quitaran tanto, empecé obsequiándoles cositas que les quedaron gustando y ahora yo se las vendo.

Estos vendedores reivindican su trabajo no sólo frente a la policía y la administración, sino también frente a la sociedad, o a lo que algunos denominan "el sistema". Ellos ven su trabajo como una forma de ganar un poco de lo que ganan los grandes capitales. Según Ana,

> [...] si vamos a ponernos a hablar de la Microsoft los precios son altísimos, nosotros aquí no tenemos esos costos tan impresionantes que vale un programa, que vale un juego. Yo vendo cultura, yo traigo cosas baratas, es algo muy mínimo, ¡no estoy quebrando a Bill Gates!

Muchos vendedores se consideran víctimas del sistema, de la injusta repartición de recursos en la sociedad.

Los vendedores también desconfían de las autoridades civiles, desde el alcalde hasta el último funcionario. "Lo único que hacen es prometer", dicen casi todos. "Prometen empleo, pero no cumplen nada. ¿Si ellos no cumplen, por qué nosotros sí tenemos que cumplir?", dice Bernardo, y agrega:

> [...] a ver, ¿a dónde está el empleo que prometen?, ¿a dónde están los préstamos que prometen?, las palabras se las lleva el viento. Cuando hay elecciones, eso viera como llegan y prometen, y hay gente tan ignorante y tan inocente en la vida, que van y les consiguen cantidad de votos por un almuerzo, por una gaseosa, por lo que sea, esperanzados en una ayuda y resulta que apenas les dan el voto, se olvidan de que uno existe.

Esta desconfianza genera un ciclo vicioso entre los vendedores y la administración: cada uno termina no colaborando y culpando al otro por el deterioro del espacio público.

Como consecuencia de su actitud recelosa, cuando no hostil, hacia las autoridades, casi siempre rechazan las propuestas que vienen de la administración, que buscan reunirlos en alguna organización cooperativa. Ellos creen que es una estrategia para controlarlos, no una medida encaminada a beneficiarlos. Además, consideran inaceptable tener que pagar —como prevé la administración— una cuota mensual a cambio de un carné y un chaleco que los identifican como miembros activos de la organización.

> Ellos —dice Bernardo— se reúnen con el alcalde que para que dé permiso, pero eso es pura mentira y resulta que le piden plata a uno para que le den un carné o un chaleco, y como le digo, después de que uno mete las patas con eso, llega el camión y yo los primeros que he visto que suben son los del chaleco y del carné. Entonces de qué sirve esa organización, de nada [...].

Pese a esa desconfianza, la mayoría de los vendedores del puente pagan la cuota mensual requerida por la alcaldía; de esa manera intentan protegerse contra un posible riesgo y buscar algún asidero legal en el evento de que llegue a producirse un desalojo general. Otra forma de responder legalmente al desalojo es la contratación de un abogado, al que se recurre en casos de detención o decomiso para buscar la devolución de la mercancía. Muchos vendedores asumen su defensa de una forma retadora contra la administración y la policía. A la supuesta ilegalidad de sus ventas han aprendido a oponer no sólo su astucia y sus recursos, sino también todo un lenguaje sobre sus derechos constitucionales.

Los vendedores del puente también se defienden consiguiendo permisos o licencias de trabajo, que no necesariamente son legales. Así, por ejemplo, algunos utilizan permisos que han sido emitidos para otros, que han caducado o que no corresponden al sitio donde trabajan.

En la actualidad, de acuerdo a la jurisprudencia de la Corte Constitucional y del Consejo de Estado, las políticas públicas destinadas a la protección del espacio público y al tratamiento de los vendedores ambulantes deben tener en cuenta la situación de quienes viven de este tipo de ventas. Según esto, no basta con la represión para enfrentar este problema; las autoridades deben encontrar soluciones sociales al problema del desempleo. Teniendo esto en cuenta, el Distrito ha desarrollado, a través del Fondo de Ventas Populares, transformado en el actual Instituto para la Economía Social, diferentes estrategias y programas, como asesorías profesionales, actividades de capacitación, líneas crédito con tasas de interés preferencial, participación económica en los proyectos, etc. Sin embargo, lo que usualmente creen los vendedores informales es que después de entrar a esos programas la situación se pone aún más difícil:

> Ellos lo hacen firmar a uno un papel en el que uno se compromete a no vender en donde antes vendía. Para que uno firme le prometen trabajo y mil cosas más. Pero resulta que uno va a ver esas soluciones y mentiras. Después de que lo sacan a uno, lo ponen a aguantar hambre, eso es lo que quieren.

BIBLIOGRAFÍA

El Tiempo. 2006. "Amenazas desintegraron a exitoso grupo de investigadores en genética de la Universidad Nacional". Disponible en <http://www.eltiempo.com/archivo/documento/MAM-2095665>. Consultado el 8 de julio de 2006.

10
LOS PIMPINEROS[1]

Isabel Cavalier Adarve y Mauricio García Villegas

En la frontera, en las cercanías de la ciudad de Cúcuta, trabajan unas cinco mil personas que compran gasolina en Venezuela, donde es mucho más barata, y la venden de contrabando en Colombia. A estas personas se les conoce como pimpineros, nombre que viene del recipiente de cinco galones, llamado pimpina, en el que cargan el combustible. Si bien se trata de un negocio ilegal, es una práctica tan extendida e integrada a la estructura económica de la región, que parece un negocio tolerado, al menos parcialmente, por las autoridades.

Los pimpineros suelen ser personas de escasos recursos. Casi siempre trabajan en familia, donde todos dependen del negocio: padres, hijos, hermanos, nietos.[2] Varios de los pimpineros actua-

1 Este capítulo es el resultado de una investigación de campo sobre la práctica del contrabando de gasolina en la frontera colombo-venezolana. Se hicieron 32 entrevistas a pimpineros escogidos al azar, durante un periodo de dos meses, a mediados de 2006.

2 30 de los 32 pimpineros entrevistados respondieron que se dedican a este negocio en familia.

les ejercen esa profesión desde hace incluso dos décadas. La mayoría vende el combustible a plena luz del día, sin misterios, en calles, avenidas y carreteras aledañas a la frontera con Venezuela. Sin embargo, siempre están atentos al paso de agentes oficiales que eventualmente puedan decomisar la gasolina en redadas y operativos anticontrabando.

Está permitido que los vehículos transiten entre los dos países y se abastezcan de gasolina en Venezuela, siempre y cuando sea para consumo propio, no para revenderla. Sin embargo, son muchos los vehículos particulares que hacen el viaje al país vecino y regresan con los tanques llenos para vender el combustible en Colombia. Los conductores colombianos, por su parte, en muchas ocasiones prefieren comprar gasolina a estos importadores ilegales que la venden a buen precio, que pasar la frontera, o comprar en las estaciones de servicio colombianas.

La práctica de importación ilegal de gasolina se remonta a los primeros años de la década de los ochenta,[3] cuando el bolívar venezolano cayó abruptamente frente al dólar y, como consecuencia de ello, bajaron los precios de muchos productos venezolanos, entre ellos el de la gasolina, que se convirtió en uno de los bienes venezolanos más apetecidos por la clientela colombiana, no sólo por su mejor precio, sino también por su mejor calidad (Ceaser 2004).[4]

A mediados de 2005, el precio del galón de gasolina en una estación de servicio colombiana era de $5.386 pesos. A tan sólo cincuenta minutos de Cúcuta, en las estaciones venezolanas de San Cristóbal, el mismo galón costaba el equivalente de $400 pesos (*El Tiempo* 2005). Si bien hay que advertir que las cifras globales del negocio de la gasolina son muy inciertas y que varían mucho, para el año 2005 se calcula que ingresaron de contrabando 30.000 barriles de gasolina mensuales al territorio de Norte de Santander

3 Véanse Rivera (2003) y Mojica Pimiento y Paredes Vega (2004: 16).

4 Véanse igualmente Rivera (2003) y Mojica Pimiento y Paredes Vega (2004: 16).

(avaluados en 5.280 millones de pesos), y que unos 12.000 de ellos fueron llevados al interior del país (*El Tiempo* 2005).

Para pasar el combustible por la frontera hay dos opciones: esconderlo o sobornar a los guardias. Lo primero es quizás lo más fácil. Muchos pimpineros trasportan la gasolina en automóviles y luego la venden en pimpinas. Lo más usual es utilizar el tanque de gasolina del carro, que entre más grande, mejor. Esta es la manera más sencilla de llevar combustible de contrabando y también la que engaña más fácilmente, pues cualquier persona puede llenar su tanque de gasolina sin que necesariamente tenga la intención de desocuparlo del otro lado del puente. Pero ese método no es suficiente para abastecer la demanda que existe del lado colombiano de la frontera, entre otras razones porque hay restricciones a la cantidad de veces que se puede tanquear un mismo automóvil en las estaciones venezolanas. Es por eso que los contrabandistas se han ingeniado otros trucos, como el acondicionamiento de los vehículos para incluir en ellos tanques de combustible más grandes, o incluso varios tanques situados en diversas partes del carro (en las cuatro puertas, bajo los asientos, en el baúl o el doble fondo del baúl) (Rivera 2003). Se cuenta que hay "un Renault 4 que viaja continuamente por [las carreteras de la frontera], al que le adaptaron un tanque de gasolina sobre el techo" (Rivera 2003). De igual forma, existen buses de pasajeros que funcionan también como carro-tanques camuflados, con depósitos para gasolina adaptados bajo los pasillos y en los maleteros. Usualmente se utilizan viejos automóviles, grandes y dotados de un buen tanque de gasolina. Un Ford Maverick, por ejemplo, puede ser adaptado para transportar hasta 215 litros del combustible (Caeser 2004). Son los conocidos "carros-bomba". Hay otros que realizan este tipo de actividades sólo esporádicamente, como taxistas que por lo general se dedican a la prestación del servicio de transporte público, y que de cuando en cuando cuadran la quincena con un par de viajes al otro lado.

La segunda estrategia consiste en sobornar a las autoridades. Esto puede ocurrir bien sea desde el principio de la cadena de comercialización, es decir, desde las mismas estaciones venezolanas donde los transportadores adquieren el combustible, o bien como recurso subsidiario, ante el fracaso del escondite. En el primer caso, la maniobra está organizada de la siguiente manera: el propietario de un carro cruza la frontera, y compra gasolina en las estaciones de servicio venezolanas. En la estación, o a veces en su camino de regreso, el conductor del vehículo hace contacto con *El Pote*, un personaje que se ocupa de negociar con los agentes encargados de custodiar la frontera y controlar la entrada de mercancías sujetas al pago de impuestos (*El Tiempo* 2005). A cambio de una suma de dinero, el Pote entrega al conductor una contraseña, con la cual puede pasar la frontera sin problema, "Así, pueden hacer hasta diez viajes al día y transportar en cada uno hasta 10 galones" (*El Tiempo* 2005). Una vez en territorio colombiano, el dueño del vehículo procede a vender el combustible, ya sea directamente a los pimpineros, o a personas encargadas de almacenarlo, que a su vez pueden revenderlo a grandes transportadores que lo llevan hacia el interior del país.

No todos los pimpineros pueden lograr este acuerdo ilegal con las autoridades, y muchos terminan intentando el soborno directamente en los puntos de control. Por lo general, los agentes se transan por una o dos pimpinas de gasolina, o por cobrar un "impuesto" por cada pimpina que pase (Rivera 2003). Para cada situación hay una solución. Así, por ejemplo, cuando los contrabandistas son descubiertos con las mercancías escondidas, nos dice uno de ellos, "uno le tira un billetico de dos mil pesos al baúl, él lo enrolla entre sus dedos y el baúl se cierra, qué más va a pasar" (Rivera 2003). El transporte de gasolina de contrabando es tan corriente en esta zona de Colombia, que algunos pimpineros sostienen incluso que ellos no hacen nada al escondido: "lo que hacemos es regalarle el galón para las patrullas (carros y motos) y listo, pasamos".

Poner una pimpina de gasolina venezolana en las calles de Cúcuta es el resultado de una cadena humana que va desde el vendedor en Venezuela, hasta el pimpinero en Colombia, pasando por transportadores, contactos con las autoridades aduaneras, los agentes de la fuerza pública, los almacenadores, e incluso actores informales que "regulan" toda la operación, como los paramilitares. No siempre participan todos, desde luego, y puede haber múltiples variaciones de esta cadena. El hecho es que en este mercado ilegal, los pimpineros son sólo unos intermediarios que venden al detal. Los grandes dueños del negocio son los transportadores de combustible que lo traen desde Venezuela y le venden una parte a los pimpineros.[5] Es por eso que estos últimos no se consideran a sí mismos contrabandistas, ni mucho menos delincuentes —si bien son conscientes de que venden mercancía de contrabando— sino comerciantes legítimos. Para ellos los verdaderos contrabandistas son los grandes transportadores —ni siquiera los transportadores que usan su carro particular—, que llevan cientos de galones de combustible de contrabando hacia el interior del país.

El contrabando de gasolina es un oficio peligroso. A los riesgos propios de la manipulación del combustible se ha sumado, en los últimos años, el control que ejercen los paramilitares sobre el negocio.[6] Desde hace cerca de seis años, y presuntamente bajo las órdenes de Salvatore Mancuso, los paramilitares controlan el contrabando de gasolina en la frontera con Venezuela (Presidencia de la República y Centro de Noticias del Estado (CNE) 2003). Los 'paras' cobran vacunas mensuales a unas 1.500 personas:

> Cada fin de mes —nos dice el dueño de un carro— hombres armados en moto recogen la 'vacuna' de 30.000 pesos. [...] expiden un paz y salvo con la placa del carro y dicen que la plata va a una cooperativa. (*El Tiempo* 2005)

---

5 El total de los 32 pimpineros entrevistados dijo que le compraba la gasolina a "carros venezolanos" que la transportaban. Ninguno dice comprarla en Venezuela, ni en estaciones de servicio venezolanas o internacionales.

6 Los paramilitares no sólo participan en el negocio del contrabando de gasolina que viene de Venezuela, sino también en el robo de gasolina colombiana. Véanse Presidencia de la República y CNE (2003) y *El Mundo* (2002).

Y eso no es todo, hace aproximadamente un año y medio conformaron su propio cartel de contrabando de combustible, con el fin de tener el control absoluto sobre el negocio en Norte de Santander. Para operar esta red usan carros propios y testaferros que se ocupan de la ejecución del negocio. Según testimonios recogidos por el periódico *El Tiempo*, desde 2004 los "paras" "empezaron a incursionar en bodegas de almacenamiento para participar de la importación legal pactada por Colombia y Venezuela" (*El Tiempo* 2005); dicen además que algunos de los pimpineros van a pagar su "vacuna" directamente en las oficinas que este grupo tiene en Juan Frío (corregimiento de Norte de Santander) (*El Tiempo* 2005).

Frente al fenómeno del contrabando de gasolina en la frontera, el Estado intenta combinar el garrote con la zanahoria, es decir, la represión con la tolerancia. Entre las medidas represivas se encuentran el endurecimiento de las penas, la judicialización del delito de contrabando y el control de la cadena de suministros. Por otro lado, el Estado también adopta medidas de carácter social, con el fin de que las personas dedicadas a este negocio puedan encontrar su sustento en otro tipo de oficios. Entre estas medidas se encuentran los programas de reconversión laboral que ha diseñado y ejecutado el gobierno desde hace algunos años, con el propósito de brindar nuevas alternativas laborales y de formación a las personas que se dedican al negocio de la pimpina,[7] que consisten en programas *resocializadores* para estos ciudadanos. Por otro lado, dentro de esta misma línea de acción, también se encuentra el estímulo del gobierno para que los pimpineros se organicen en asociaciones y cooperativas, con el fin de formalizar

---

7 Los programas de reconversión laboral tienen el fin de "reinsertar" a los pimpineros a la legalidad, y comprenden sobre todo programas de capacitación para el ejercicio de una actividad legal. Al respecto véanse *LaNota.com* (2003), Agenda Presidencial para la Acción Social y la Cooperación Internacional (2005), Presidencia de la República, SNE (2006) y *El Empresario*, Periódico de la Cámara de Comercio de Cúcuta (2006).

su actividad, y que este tipo de organización les permita hacer importaciones legales de gasolina desde Venezuela.

En términos generales, la actitud del Estado frente a los pimpineros es ambivalente: los reprime por el hecho de ejercer una actividad ilegal, pero los tolera debido a que necesita de la gasolina barata que viene de Venezuela para mantener la estabilidad socioeconómica de la región (*Quinto Día. El semanario de los nuevos tiempos* 2004). El contrabando de combustible en la frontera impulsa la economía regional, al abaratar muchas actividades —públicas y privadas— que dependen del combustible. Pero no sólo eso, también es un generador importante de empleo y estabilidad social en la región. Más aún, el contrabando de gasolina es un elemento fundamental en la economía fronteriza y por eso el gobierno sabe muy bien que no puede acabar con él de una manera abrupta, aunque también sabe que no lo puede legalizar. De ahí viene la ambivalencia del Estado frente a este fenómeno: no sólo reprime a los pimpineros, también organiza consejos comunales con ellos y hace acuerdos para llegar a una situación de equilibrio que les permita continuar con su actividad económica ilegal, sin que sean castigados como contrabandistas. Con cierta frecuencia, ante las peticiones de los vendedores de gasolina, el Estado se retracta de sus imposiciones, o carnetiza y distribuye chalecos rojos a los pimpineros de la zona para que se puedan identificar (*La Opinión* 2006).

Una prueba de esta actitud contradictoria del Estado frente a esta actividad se encuentra en las palabras pronunciadas por el Presidente de la República en un consejo comunal realizado en Cúcuta en 2003: frente al "contrabando hacia el interior del país: represión, combatirlo. Frente al problema en el área de frontera, soluciones sociales" (Presidencia de la República 2003).

Esta ambivalencia no sólo hace parte de las políticas públicas ideadas por el gobierno nacional, sino también de la vida cotidiana de los policías y funcionarios públicos que enfrentan el fenómeno del contrabando. Los mismos policías que llevan a cabo las operaciones de decomiso de mercancía ilegal son los que dejan pasar una pimpina de cinco galones por un billete de cinco mil pesos, o por el tanque lleno de sus motos.[8]

Finalmente, el negocio del contrabando de gasolina parece beneficiar a todo el mundo. Los pimpineros aprovechan la permisividad del Estado y, sobre todo, el hecho de que los guardias se dejan sobornar, para mantener el negocio. Los transportadores particulares, por su lado, inundan sus carros de gasolina, que llegan, como carrotanques, a desocupar el combustible en las pimpinas de los expendedores ilegales. El Estado, por su parte, se beneficia con el abastecimiento de gasolina barata. La región entera se mueve con el combustible venezolano. Es por eso que el comercio informal de la gasolina en la frontera es algo tan abierto y legal, como solapado y clandestino.

Bibliografía

Agenda Presidencial para la Acción Social y la Cooperación Internacional. 2005. "En Cúcuta gobierno convoca a 'pimpineros' a escoger su proyecto de vida". Disponible en <http://www.accionsocial.gov.co/Noticias/Septiembre/Noticia_Pimpineros_02_05.htm>. Consultado el 2 de septiembre de 2005.

Ceaser, Mike. 2004. "Venezuela smugglers enjoy free fuel", en *BBC News*. Disponible en <http://newswww.bbc.net.uk/2/hi/business/3693237.stm>. Consultado el 10 de mayo de 2004.

———. 2004. "Fill'er Up", en *Latin Trade*. Disponible en <http://www.latintrade.com/dynamic/index.php?pg=site_en/pastissues/Jul04/currents.html>. Consultado en julio de 2004.

El Empresario, Periódico de la Cámara de Comercio de Cúcuta. 2006. "Programa de reconversión socio-laboral a pimpineros". Disponible en <http://www.camaracomerciocucuta.

8 Encuestas y entrevistas a pimpineros de Cúcuta, abril de 2006.

org.co/empresario/4008.htm>. Consultado el 1 de marzo de 2006.

El Mundo. 2002. "Pimpineros cierran frontera colombo-venezolana", 10 de septiembre.

El Tiempo. 2005. "Paramilitares controlan el contrabando de gasolina en la frontera con Venezuela", 2 de julio. Disponible en <http://eltiempo.terra.com.co/coar/ANALISIS/analisis/ARTICULO-WEB-_NOTA_INTERIOR-2132280.html>.

Mojica Pimiento, Amílcar y Joaquín Paredes Vega. 2004. *La economía Colombo-venezolana y su impacto en la región de frontera. 1999-2003*. Bogotá: Banco de la República y Centro Regional de Estudios Económicos de Bucaramanga.

LaNota.com. 2003. "Medidas anti contrabando". Disponible en <http://www.lanota.com.co/noticias/barras/Noticias/Noticia5104.php>. Consultado el 3 de septiembre de 2003.

La Opinión. 2006. "Bajó la gasolina a la salida de los puentes". Disponible en <http://www.laopinion.com.co/domingo/economica_1.asp>. Consultado el 12 de marzo de 2006.

Presidencia de la República y Centro de Noticias del Estado (CNE). 2003. "Disminuye robo de combustibles en el oleoducto". Disponible en <http://www.presidencia.gov.co/cne/2003/septiembre/01/21092003.htm>. Consultado el 1 de septiembre de 2003.

Presidencia de la República. 2003. "Consejo Comunal de gobierno N° 38", 2 de septiembre, Cúcuta, Norte de Santander. Disponible en <http://web.presidencia.gov.co/discursos/discursos2003/septiembre/cc_cucuta.htm>.

Presidencia de la República, SNE. 2006. "Cambio de vida para 400 ex pimpineros de Norte de Santander". Disponible en <http://www.presidencia.gov.co/sne/2006/enero/11/06112006.htm>. Consultado el 11 de enero de 2006.

Quinto Día. El semanario de los nuevos tiempos. 2004. "Guerrilleros y paramilitares ingresan en Venezuela". Disponible en <http://www.quintodia.com/archivos/411/edicion/index.

php?dir=secciones&pag=pais_7>. Consultado el 24 de septiembre de 2004.

Rivera, Carlos Alberto. 2003. "La cultura de la pimpina: ¿contrabando legal?", en *La Esquina Regional*, 8ª edición, agosto-septiembre. Disponible en <http://www.laesquinaregional.com/ediciones/ed08/08_en_la_lupa.htm#arriba>.

11
LA COMUNIDAD NEGRA DE LAS ISLAS DEL ROSARIO

María Paula Saffon

El 23 de enero de 2006 tuvo lugar una reunión bastante inusual en el Club de Pesca de Cartagena. Aunque por lo general en este club privado los cartageneros de clase alta se reúnen para hacer negocios, en esta ocasión varios de ellos, junto con otros miembros de la elite del interior del país, acudieron al club para entablar una discusión con los representantes de la comunidad negra de las Islas del Rosario, sin duda uno de los grupos sociales más pobres del país. La razón: los afrocolombianos iban a informarles su decisión de reclamar, en su condición de minoría étnica, la propiedad colectiva de la tierra que constituye las Islas del Rosario, sin duda uno de los lugares más paradisiacos del Caribe.

La mayoría de los títulos de propiedad de estas islas están a nombre de los miembros de la elite que acudieron a la reunión, quienes han construido allí hoteles y casas de recreo para los cuales trabajan muchos de los nativos de las Islas. Sin embargo, a través de un proceso reciente de clarificación de la titularidad de las tierras, el Estado determinó que las mismas eran bienes baldíos, de su propiedad, y en consecuencia comenzó a desalojar a sus titulares formales, aun a pesar de la gran presión política y mediática que éstos han intentado ejercer con el fin de evitarlo.

Aprovechando esa situación, los nativos de las Islas decidieron iniciar el proceso de reclamación de la titulación colectiva de la tierra, previsto en la Ley 70 de 1993 para las comunidades afrodescendientes sobre bienes baldíos del Estado. El resultado de esta acción jurídica es incierto y ha enfrentado serios obstáculos.[1] No obstante, el mero anuncio de la comunidad negra de las Islas de su decisión de reclamar tierras que según sus "patrones" les pertenecen constituye una confrontación abierta al poder de los blancos que, durante muchos años, los nativos nunca soñaron siquiera lograr.

Este desafío frontal de los negros al poder de los blancos encuentra antecedentes importantes en la manera como unos y otros se relacionaron a lo largo de los años. Durante mucho tiempo, esas relaciones se caracterizaron por una dosis importante de rebeldía velada o de taimería de los nativos, que se manifestaba en pequeños actos de incumplimiento de las reglas jurídicas o de las reglas sociales informales impuestas por los blancos, y que tenían el fin de resistir la autoridad de estos últimos, ejercida en muchos casos de forma arrogante y despectiva.

En esa medida, esta confrontación directa obedece a un complejo proceso de transformación de las relaciones de poder allí imperantes, que hizo que las estrategias de resistencia de los negros contra la dominación de los blancos fueran cada vez menos sutiles y más abiertas. Este escrito describirá ese proceso, con el

---

1 La incertidumbre con respecto al resultado de la acción reside en que la situación de los nativos no encaja por completo en los requisitos con los que debe cumplir una comunidad negra para acceder a los beneficios de la Ley 70, dada su gran asimilación a la cultura mayoritaria y el carácter de bien público reservado de las Islas. Pero además, desde su presentación, la acción ha enfrentado importantes obstáculos, como la resistencia de los blancos, que ejercen gran influencia en los nativos que trabajan para ellos, la renuencia del Estado a responder a la solicitud, y el uso por parte de éste de sofisticados argumentos y procedimientos jurídicos para oponerse de fondo a la misma.

fin de ilustrar la manera como el incumplimiento de reglas puede constituir una estrategia de resistencia al poder, que puede culminar en interesantes formas de confrontación de éste a través del derecho.[2]

Para ello, comenzaré por referirme brevemente a los antecedentes que permiten comprender las relaciones entre negros y blancos en las Islas del Rosario. Posteriormente, haré una radiografía de tales relaciones, haciendo énfasis en las pequeñas estrategias de resistencia empleadas por los nativos para cuestionar, casi siempre furtivamente, el poder de los blancos. Finalmente, argumentaré que la decisión de la comunidad negra de las Islas del Rosario de solicitar la titulación colectiva de las tierras demuestra una transformación de tales estrategias de resistencia a un desafío explícito al poder blanco.

ANTECEDENTES DE LAS RELACIONES ENTRE NEGROS Y BLANCOS

Las relaciones entre negros y blancos constituyen el principal elemento de la dinámica social de las Islas del Rosario, en razón de la ausencia casi absoluta de autoridades estatales. En efecto, en las Islas no hay ninguna autoridad administrativa ni de policía permanente; tampoco hay juez. Las únicas autoridades con presencia permanente son la Unidad de Parques Nacionales

---

2 La información que sirvió de fuente a este trabajo fue obtenida en un estudio documental y de campo realizado durante seis meses sobre la comunidad negra de las Islas del Rosario. El estudio documental comprende la recopilación de documentos jurídicos, históricos y académicos relacionados con las Islas del Rosario en general, y con el problema de la propiedad de la tierra en particular. El estudio de campo, por su parte, se encuentra conformado por más de una decena de entrevistas realizadas a los miembros de la comunidad negra de las Islas, a los antropólogos que han acompañado el proceso de reclamación de la tierra, a poseedores blancos y sus abogados, y a funcionarios estatales, entre otros. Además, el estudio de campo fue realizado también a partir de observación participante y no participante en las Islas del Rosario y en Cartagena. Esta información ha sido analizada desde el marco conceptual ofrecido por la obra de James Scott titulada *Los dominados y el arte de la resistencia* (2000).

—con competencias ambientales— y la Armada Nacional —con competencia exclusivamente marítima. Además, un inspector de policía visita el lugar cada cinco días para recoger quejas de los habitantes. Aparte de esto, sólo hay una maestra para la escuela primaria y un médico que hace allí su año rural.

La historia de las Islas del Rosario es una historia atravesada por las relaciones de poder entre blancos y negros. Como patrones de los nativos, como sus vecinos, o incluso como meros turistas, desde su llegada a las Islas, los blancos siempre han ejercido dominación sobre los negros.

Según la versión de los nativos, la población afrocolombiana que actualmente habita las Islas proviene originariamente de Barú. En la década de los cincuenta llegaron de Cartagena los primeros blancos interesados en la pesca, muchos de los cuales compraron tierras a los nativos, quienes estuvieron dispuestos a vender a bajos costos, en razón de la crisis económica que atravesaban, como resultado de una plaga de los cultivos de coco. Un par de décadas más tarde, empezaron a llegar a las Islas blancos provenientes del interior del país, interesados en comprar tierras por el atractivo turístico de la zona. En su gran mayoría se trató de miembros de la elite, con la capacidad económica para construir lujosas casas de recreo y hoteles.

Tras la llegada de los blancos a las Islas, los nativos empezaron a depender económicamente de ellos. Muchos dejaron sus actividades de autosubsistencia para trabajar en las casas y hoteles de los blancos; por ende, derivan su sustento diario del salario que les pagan sus patrones y en muchos casos viven con sus familias en predios de propiedad de los blancos, e incluso extraen el agua potable y la luz de los tanques y plantas eléctricas de sus patrones, dada la ausencia de servicios públicos en las Islas del Rosario.

Pero incluso los nativos que no fueron contratados para esas labores comenzaron a depender de los blancos por vía indirecta. En efecto, a causa de la rigidez cada vez mayor de la normatividad ambiental en la zona, que restringía el desempeño de labores como la pesca a gran escala, la siembra de cultivos o la tala de mangle, los nativos "independientes" terminaron dedicándose fundamentalmente a actividades relacionadas con el turismo informal, tales como el transporte en lanchas, la venta de pescado y mariscos crudos, la oferta de almuerzos a los visitantes, la venta de artesanías, etc.

La dependencia económica de los nativos ha venido siempre acompañada de importantes dosis de racismo y de dominación por parte de los blancos. Sin embargo, este racismo ha tenido expresiones bastante distintas en el caso de los blancos provenientes de Cartagena, y en aquel de los blancos provenientes del interior del país. La relación que entablaron los primeros cartageneros que llegaron a las Islas con los nativos se parecía más a una relación de servidumbre que a un contrato laboral en sentido moderno. Así, si bien las cargas laborales de los nativos se extendían a todo lo que fuera necesario hacer para complacer al patrón, con independencia del escaso salario ganado y sin importar las horas dedicadas a tales labores, ello se veía de alguna manera compensado por un gran paternalismo por parte de los blancos.

En contraste, la relación de los negros con los blancos provenientes del interior del país se caracterizó desde un comienzo por la imagen negativa —de perezosos, irresponsables y peligrosos— que los blancos tienen de los nativos y por la desconfianza que sienten hacia ellos, así como por el consecuente resentimiento que esto ha generado en los nativos. El resultado práctico de estas relaciones ha sido que cada vez más blancos se abstienen de contratar negros para las labores domésticas, hasta el punto de que, en la actualidad, menos de la mitad de los celadores de las casas de recreo de los poseedores blancos son negros, a pesar de las grandes necesidades de trabajo que estos últimos tienen. En ocasiones, la hostilidad de los blancos hacia los negros es tal que, por ejemplo, aquéllos prohíben a sus trabajadores relacionarse con los nativos, o advierten a los turistas que se quedan en sus hoteles que no acudan a los negocios de éstos.

Esta situación ha generado un conflicto que —como lo mostraremos en la siguiente sección— se ha caracterizado tradicionalmente por tener un carácter latente, pero que —como lo mostraremos en la sección final— recientemente adoptó un carácter explícito o abierto.

El conflicto latente

A los grupos que carecen de poder les interesa, mientras no recurren a una verdadera rebelión, conspirar para reforzar las apariencias hegemónicas.

James Scott, *Los dominados y el arte de la resistencia*

Para comprender adecuadamente el conflicto que tradicionalmente caracterizó a las relaciones entre negros y blancos de las Islas del Rosario, es útil acudir a los conceptos de discurso público y discurso oculto propuestos por el autor James Scott (2000: 21). Según él, la coexistencia de estos dos discursos es propia de relaciones desiguales de poder, en las que un grupo ejerce dominación estructural sobre otro. En estas relaciones, los subordinados no se atreven a rechazar públicamente el sistema que los somete —discurso público—, pero sí crean un espacio social escondido a los ojos de sus dominadores en el que expresan su disidencia, y a partir del cual crean formas de resistencia frente al poder —discurso oculto. Si bien estas formas de resistencia son generalmente mantenidas fuera del alcance de los dominadores, y esporádicamente se expresan en público pero de manera anónima o furtiva, las mismas constituyen una forma muy relevante de desobediencia discreta al poder.

A continuación mostraremos la manera como estas formas de discurso se presentan en las relaciones entre los blancos y los nativos de las Islas del Rosario, describiendo primero las características esenciales del discurso público, y luego haciendo hincapié en las formas más o menos explícitas de resistencia de los nativos frente al poder de los blancos.

El discurso público

Las interacciones entre negros y blancos se han caracterizado tradicionalmente por un discurso público en el cual los primeros ejercen su poder y los segundos lo respetan sin cuestionamientos. Los ejes principales de este discurso son la superioridad de la raza blanca y la consecuente inferioridad de la raza negra, el dominio absoluto de los blancos y la resultante subordinación de la población negra, así como la explotación económica por parte de los blancos y la derivada dependencia económica de los negros. Ahora bien, el discurso público no declara explícitamente la situación de inferioridad, subordinación y dependencia de los negros, sino que ofrece elementos para justificar y legitimar el poder de los blancos. En ese sentido, el racismo, la explotación y la dominación están acompañados por una imagen paternalista y caritativa de los blancos frente a los negros y de la idea de que éstos no podrían vivir sin aquéllos. Como tal, la dominación es dibujada como una consecuencia necesaria de la imposibilidad de los negros de vivir en las Islas sin los blancos y como una justificación del poder que éstos deben ejercer sobre los nativos.

El discurso general que manejan los blancos con respecto a los negros consiste en que éstos son irresponsables, perezosos, ruidosos, tienen demasiados hijos, etc. Este discurso tiene repercusiones en el tratamiento que dan a los nativos que trabajan para ellos, pues éstos ocupan los empleos menos calificados y peor remunerados, y en la mayoría de los casos la legislación laboral no es respetada por los patrones, quienes les pagan salarios por debajo del mínimo legal y sin periodicidad, no cumplen con las horas máximas de las jornadas de trabajo, no les reconocen prestaciones sociales, no los liquidan cuando los despiden sin justa causa, etc.

Pero los blancos —sobre todo aquellos provenientes del interior del país— no sólo ven en los nativos personas irresponsables y perezosas, sino que parecen sentirse incómodos con la presencia misma de los negros, y en ocasiones demuestran desconfianza y miedo frente a ellos, pues los ven como peligrosos e incluso como delincuentes. Esta imagen ha hecho que los blancos prefieran contratar a gente del interior del país.

Ahora bien, las percepciones negativas y las actitudes hostiles y despectivas de los blancos hacia los negros se ven acompañadas de conductas paternalistas y caritativas. Así, a la par que los consideran flojos, inútiles, sucios y perezosos, los blancos están dispuestos a ser cordiales con los nativos, a darles palmadazos en la espalda cuando se los encuentran, a tomarse una cerveza con ellos, a regalarles agua y luz de sus tanques y plantas, a construirles la escuela del pueblo, etc. Estas actitudes sirven para legitimar el discurso público de la relación de poder, en la medida en que ofrece una versión según la cual los nativos no pueden sobrevivir por sí solos, sino que necesitan la asistencia de los blancos.

En buena medida, los nativos creen esta versión de los hechos, e incluso han interiorizado la imagen negativa que los blancos tienen de ellos. Como lo dice una antropóloga que trabaja con la comunidad,

> [e]l problema acá es que los propios nativos mantienen el discurso de los patrones por miedo. Acá lo que más se hereda es decir cosas como: "nosotros no hacemos nada, somos unos perezosos", etc.

Como resultado de esta percepción de sí mismos, los nativos demuestran niveles de servilismo insospechados en sus relaciones con cualquier blanco. Se refieren a ellos con respeto y deferencia, los llaman "jefes" o "patrones", los dejan pasar primero, no los miran a los ojos, etc. Como explica uno de los nativos, esto es así hasta el punto de que

> [a]cá los niños desde chiquitos aprenden a comportarse de una manera particular con los blancos. Saben cuándo estar con ellos y cuándo no, saben cómo entrarle al turista y cómo vender, etc.

La visión negativa que los negros han interiorizado de sí mismos es tal que, durante mucho tiempo, han buscado que su identidad no sea definida con base en su raza, por ejemplo llamándose a sí mismos "morenos".

Pero la aceptación del discurso público por parte de los nativos no sólo obedece a su creencia en el mismo, sino también a los beneficios que ello les trae. En efecto, los nativos suelen aprovecharse de la retórica paternalista y caritativa de los blancos para reclamarles constantemente ayudas y favores y, en muchos casos, para descargar en ellos la satisfacción de necesidades básicas. Los nativos piden desde monedas o la compra de alguna artesanía a los turistas blancos, hasta la provisión de servicios públicos como el agua o la luz, o incluso la construcción de obras de infraestructura como la escuela, un acueducto o una iglesia. Y lo hacen porque consideran que, de alguna forma, la provisión de tales obras y servicios por parte de los blancos constituye una forma especial de retribución por el servicio que ellos les prestan. Como lo expone un nativo, "[...] acá hay gente con muchas necesidades: de médicos, remedios, luz, etc. Por eso, nosotros los ayudamos si ustedes nos ayudan".

Así pues, incluso en el uso del discurso público por parte de los nativos, es posible hallar formas de acción política soterrada, que en este caso se concretan en la manipulación o el uso estratégico del discurso de los poderosos en pro de la obtención de beneficios para los subordinados.

Estrategias cotidianas de resistencia de la comunidad negra

Si bien en apariencia los nativos aceptan el discurso público impuesto por los blancos, es posible identificar en varias de sus actitudes un discurso alterno o disidente, cuya manifestación pública ha sido tradicionalmente esporádica, pero que en la actualidad se ha tornado cada vez más frecuente.

Tal discurso oculto consiste, básicamente, en negar su condición de inferioridad, subordinación y dependencia, y en resentir y considerar injusta la manera como los blancos ejercen poder sobre ellos. Son muchas las manifestaciones públicas, pero anónimas o disfrazadas, que los nativos hacen de este discurso.

En primer lugar, encontramos diversas manifestaciones en la música escuchada por los nativos y en la forma en que la escuchan. En sus casas y fiestas escuchan y reproducen música que, como la champeta, se caracteriza por su origen africano y por contener mensajes marginales y soterrados de resistencia, que pueden fácilmente pasar desapercibidos ante su contenido preponderantemente sexual. El siguiente fragmento de una canción de Charles King ofrece un ejemplo del tipo de mensajes políticos que contiene la champeta: "esa vaina de que dicen negro perezoso... ¡lo que pasa es que la cultura negra, después de haber construido las murallas de Cartagena y el Canal del Dique, la cultura negra se jubiló!". Este fragmento demuestra el reconocimiento por parte de los nativos de una historia de su población y de su territorio que es sistemáticamente silenciada e invisibilizada en el discurso público dominado por los blancos, historia que en buena medida es recuperada a través de la reproducción de esta música.

Esta recuperación de una interpretación alterna y propiamente negra de su historia constituye un acto de resistencia de particular relevancia cuando esta música no sólo es escuchada por los nativos en los espacios fuera del control de los blancos, sino que empieza a ser reproducida de tal forma que éstos la escuchen. En eso consiste el uso político que hacen los nativos del *picó*, un parlante de dos pisos que utilizan en sus fiestas para oír música a todo volumen y al aire libre. Por lo general, los *picós* son utilizados a manera de bares: el dueño lo enciende y vende licor a los nativos, que se reúnen allí para beber y bailar. Ahora bien, dada la gran molestia que representa para los blancos que los negros escuchen el *picó* en un lugar que, para ellos, es sinónimo de descanso y tranquilidad, los nativos han comenzado a utilizarlo como un arma de resistencia contra el poder blanco, y en particular contra aquellos poseedores blancos que los tratan mal o son antipáticos con ellos. Como lo narra un nativo,

> [a] la gente antipática, los nativos se la tienen montada... Hay muchos resentimientos que manejan las comunidades frente a ciertos dueños de casas porque los insultan y discriminan. Más que haciéndoles vainas malas, eso se refleja con la bulla. Cuando un blanco nos cae mal, pues le ponemos un *picó* al lado de la casa, y aunque nos piden que le bajemos a la música, nosotros decimos entre nosotros: "tú en tu casa haces lo que se te da la gana". Y ellos no pueden hacer nada porque acá no hay autoridades. El inspector de policía viene cada cinco días y recoge las quejas, pero acá la gente no le para bolas porque siempre son figuras políticas.

Como esta práctica del *picó*, hay otras en las que los nativos hacen explícito su discurso oculto en el discurso público, manteniéndolo disfrazado o en el anonimato. Este es el caso de las trampas, engaños y pequeñas estafas a las que los nativos someten a los blancos cuando les ofrecen bienes y servicios del turismo informal, tales como viajes en lanchas, artesanías, paseos ecoturísticos o almuerzos. Como cuenta un nativo,

> [e]n las Islas siempre hay competencia entre vivos. Todos competimos para ver quién tumba más a los turistas, y después nos burlamos. Según el diálogo que el nativo entabla con el turista decide cuánto cobrarle. Acá, tú tienes que demostrar tu habilidad para tumbar al blanco.

Este gusto de los nativos por el desafío soterrado a la autoridad de los blancos se ve representado en los pequeños actos ilegales que cometen ocasionalmente en detrimento de los blancos. Así ocurre, por ejemplo, cuando los nativos que se sienten maltratados por sus patrones, optan por entrar a sus casas en su ausencia para hacer pequeñas maldades y daños que, aunque difícilmente perceptibles, constituyan formas de venganza y de resistencia, tales como usar los bienes de su propiedad —como la cama— o romper un vidrio. Y así ocurre también cuando los nativos permiten que, en ausencia de sus patrones, extraños entren a sus casas, lo que en ocasiones ha conducido a robos en los que terminan por encontrarse involucrados también los nativos. Como lo afirma un nativo,

> [c]uando no están los patrones en las casas, para nosotros no hay áreas restringidas. Cualquiera puede pasar por ahí... Un caso que pasó hace poco fue el de un celador al que supuestamente amarraron junto con el hermano para robar la casa del patrón, y éste lo echó, pues creyó que estaba metido en el robo. Y creyó eso porque, según información de la Fiscalía, el celador se la pasaba dejando entrar pescadores a dormir en el muelle del patrón. Esto es algo que muchos nativos hacen.

Otro acto ilegal que cometen los nativos, como estrategia de resistencia al poder, consiste en el robo de agua de los tanques de los blancos por parte de sus celadores negros, quienes se la dan a nativos que no tienen acceso directo a tales tanques. Nuevamente, disfrazada e imperceptible para los blancos, esta forma de resistencia es una manifestación del discurso oculto en el discurso público, pues mientras que en el segundo el blanco es el único que puede decidir quién recibe su agua, en el primero el nativo ve la autoridad del blanco en esta materia como ilegítima —dados los graves problemas de escasez de agua existentes en las Islas— y, por consiguiente, decide contradecirla.

Todos los actos antes mencionados se caracterizan por ser formas de resistencia de los nativos frente al poder blanco que, no obstante, dan la apariencia de no serlo. Esto se explica si se tiene en cuenta el gran temor que sienten los nativos a que los blancos puedan descubrir su discurso oculto o disidente, pues, en buena medida, su subsistencia depende de los blancos. Como lo explica un nativo,

> [...] acá la gente tiene muchos complejos frente al poder económico. [...] [A]cá los blancos sí tienen sometidos a los nativos, pues a éstos les da miedo enfrentarlos, ya que pueden perder el trabajo y la fuente de agua, que acá se saca de las casas de los blancos o de la lluvia, que es muy escasa... Pocos nativos se le miden a discutir con los blancos, por miedo a las represalias. Y es que cuando un nativo mira mal o le alza la voz a un blanco, éste la coge contra su celador, o le cuenta al patrón del que tuvo el gesto que éste fue grosero con él.

La confrontación abierta al dominio blanco

De pronto, cuando desaparece la sumisión y surge el reto abierto, nos encontramos ante un momento raro y peligroso en las relaciones de poder.

James Scott, *Los dominados y el arte de la resistencia*

La incertidumbre por la propiedad de la tierra de las Islas del Rosario, y la culminación del proceso de recuperación de la identidad étnica y cultural de la comunidad negra han hecho que los momentos en los que los nativos manifiestan su discurso oculto sean cada vez más frecuentes y menos anónimos. Ello es así porque, con el impulso y el apoyo permanente de los antropólogos, el discurso oculto de los nativos se ha convertido poco a poco en un discurso político articulado, basado en las posibilidades de reivindicación política y jurídica ofrecidas en Colombia a los grupos afrocolombianos. Por ende, los nativos sienten cada vez menos miedo de hacer público su discurso oculto, dado el grado de institucionalización y de difusión que éste ha adquirido entre la comunidad. Sin embargo, en las declaraciones públicas del discurso oculto de los nativos están aún presentes tanto la actitud de subordinación y reverencia hacia los blancos, como un gran temor por las repercusiones de sus actos. Los propios blancos se han encargado de mantener ese temor, pues, llenos de arrogancia, han ideado diversas estrategias retóricas para evitar que los nativos atenten contra la hegemonía de su poder en las Islas. Esto nos lleva a preguntarnos si el proceso de recuperación de la identidad adelantado por la comunidad conllevará a una verdadera recomposición de las relaciones de poder en las Islas del Rosario.

La ruptura de la frontera entre el discurso oculto y el discurso público

Con base en el discurso político de reivindicación de su diferencia como minoría étnica y cultural, los nativos empezaron a defender en público diversas ideas, como su carácter de dueños de las Islas por el hecho de haber habitado ahí durante tanto tiempo, y su posibilidad de existir en ellas sin depender de los blancos.

Estas ideas son expresadas con una frecuencia cada vez mayor y no sólo de manera individual, sino como una estrategia colectiva de resistencia de la comunidad. Así, algunos nativos han comenzado a componer su propia champeta con un contenido específico de resistencia, y esta música es recibida con beneplácito por los demás miembros de la comunidad. Según cuenta un nativo,

> [...] la gente empezó a tener conciencia de la discriminación. Empezó a expresarse el resentimiento con los blancos a través de canciones (...). A la gente le gustan mucho esas canciones.

Los nativos han tomado este tipo de música, además de aquella de tipo tradicional interpretada por algunos miembros de la comunidad, como una de las banderas de su diferencia étnica y cultural, y están ávidos de presentarla a un público tanto negro como blanco, mostrando con ello un fuerte interés en dejar el anonimato.

Recientemente han ocurrido varios acontecimientos que evidencian la voluntad de la comunidad negra de las Islas del Rosario de hacer explícita su resistencia frente a los blancos. En el año 2000, los nativos decidieron invadir un terreno ubicado en

Isla Grande, cuyo dominio había sido extinguido por el Estado, para fundar allí el pueblo Orika. El acto era claramente ilegal y en efecto condujo a la apertura de una investigación penal contra sus líderes. No obstante, era una acción que permitía ofrecer una solución a la explosión demográfica reciente en las Islas, crear un espacio de reunión para los nativos del que antes carecían, y sentar las bases para la organización política de la comunidad, fundada en el deseo de tener su propio territorio. Se trató entonces de un claro acto de resistencia al poder de los blancos, y a la autoridad estatal en general.

En el año 2001, por primera vez en su historia, la comunidad negra de las Islas del Rosario institucionalizó su forma de organización social y política, al constituirse en Consejo Comunitario, de conformidad con lo previsto en la Ley 70 de 1993. Con ello, la comunidad hizo explícita su voluntad de autogobernarse y de solicitar la propiedad colectiva de la tierra —prevista en la Ley 70—, desafiando así abiertamente el orden establecido en las Islas.

A pesar de que el éxito de su solicitud es incierto y que ésta ha enfrentado importantes obstáculos,[3] con ella los nativos llevaron a cabo un acto de resistencia de gran envergadura contra el poder de los blancos en las Islas, que puede constituirse así mismo en un precedente para que los demás pueblos negros del Caribe realicen procesos similares. Ciertamente, este acto de resistencia contra el poder blanco constituye una ruptura absoluta de la barrera entre el discurso oculto y el discurso público. De hecho, abiertamente y utilizando los mecanismos legales previstos por el Estado para el efecto, los nativos decidieron reclamar la tierra que tradicionalmente ha pertenecido a los blancos y en la que éstos los han dominado. Al hacerlo, los nativos hicieron pública su intención de no reconocer la autoridad ni las reglas de los blancos, de dejar de estar sometidos a su dominio y de ser ahora ellos los dueños y señores de las Islas.

---

[3] Véase la nota 1 del presente capítulo.

¿*Hacia una conquista política de largo aliento?*

Si bien los actos antes descritos implican una confrontación abierta al poder de los blancos por parte de los nativos, en ellos es posible hallar aún importantes rezagos de la subordinación y del miedo reverencial de éstos. Así lo muestra la reunión que sostuvieron con los blancos, en enero de 2006 en el Club de Pesca, para informarles acerca de su decisión de solicitar la propiedad colectiva de la tierra. El representante legal del Consejo Comunitario, inició la reunión diciendo:

> Nosotros queremos seguir viviendo en las Islas, y para ello queremos buscar mecanismos de concertación. Con ese fin en mente creamos el pueblo: para lograr nuestra unión y organización y para reclamar la tierra al Estado. Éste es un lugar en donde creemos no perjudicar ni atropellar a nadie. Se trata de terrenos baldíos, de tierras libres que podríamos aprovechar para realizar proyectos sostenibles en el área de amortiguación del parque natural, sin perjudicarlo.

El lenguaje esencialmente conciliatorio y de no confrontación de este mensaje demuestra el temor de los nativos a las posibles reacciones de los blancos, el cual los condujo a presentar su decisión ya tomada de solicitar la propiedad colectiva, como una propuesta susceptible de variaciones. De igual forma, este temor los condujo a la decisión de limitar su reclamo a las tierras baldías o a aquellas poco utilizadas por los blancos, a pesar de que de acuerdo con la ley ello no era necesario, pues sería el Estado el que definiría los límites del terreno reclamado.

Y el temor era plenamente fundado. En la reunión mencionada al inicio, los nativos procedieron a mostrar a los blancos un mapa de las Islas en el que señalaban los terrenos cuya propiedad solicitarían. Si bien varios de esos terrenos pertenecían a los blancos, se trataba de terrenos que aquellos nunca habían ocupado y que en ocasiones ni siquiera habían frecuentado. Sin embargo, las reacciones de los blancos no se hicieron esperar. Así, por ejemplo, una poseedora manifestó: "Prácticamente ustedes pretenden una expropiación en beneficio de ustedes, sin reconocer el título de propiedad nuestro". Al observar en detalle el mapa presentado por la comunidad, otro poseedor añadió:

> ¿Con base en qué hicieron el mapa? Ahí hay unos terrenos nuestros, que han subido mucho de precio... ¡Ese terreno es muy amplio! Sabiendo la cantidad de nativos que hay, esa cantidad de tierra es excesiva. Ahí cabrían 3.000 personas.

Hubo otras intervenciones de los poseedores que intentaron recurrir al discurso público que tradicionalmente habían manejado con los nativos, ya no para insistir en su situación de inferioridad, sino para hacerlos "entrar en razón", recordándoles su situación de dependencia y gratitud hacia a los blancos. Así, por ejemplo, un poseedor expresó: "¿Qué le ocurriría a los nativos si los blancos desalojaran las Islas? Habría desempleo, invasión de tierras, destrucción. Ustedes que viven allá y trabajan allá deben sopesar qué sucede si los blancos se van". Y otro más reclamó:

> Ustedes tienen que tener en cuenta todo lo que nosotros hicimos por ustedes: nosotros conocimos a los fundadores de las Islas, les compramos tierras y con esa plata ellos construyeron sus casas. Además los contratamos como trabajadores, les dimos afecto, agua, etc. Por eso es importante que ustedes le demuestren al gobierno que, lejos de ser invasores, nosotros somos unos benefactores de las Islas.

Pero, no bastándoles con lo anterior, los blancos han ideado otras estrategias para intentar que los nativos no prosigan con su decisión de solicitar la propiedad de las Islas, o para utilizarlos como instrumento para permanecer en ellas. Así, como nunca antes en sus relaciones con ellos, los blancos están dispuestos a reunirse con los nativos, los invitan a almorzar, los dejan viajar en sus lanchas a Cartagena, etc., todo ello como una estrategia para que los nativos concierten con ellos la solución al problema de la propiedad de la tierra y le den al gobierno —que ahora intenta expropiarlos— una versión favorable de ellos. Como lo expresó un nativo en una carta que envió a los poseedores,

> [...] ahora que estamos en problemas, ustedes sí quieren que nos reunamos con ustedes y mandemos cartas diciendo que vivimos de ustedes; ahora nos dan transporte y nos invitan a almorzar a Cartagena, cosa que antes nunca hacían.

Estas estrategias, de las cuales los propios nativos desconfían, contradicen el discurso público, cuya hegemonía los blancos siempre han buscado mantener, y por tanto muestran cierta desesperación de estos últimos ante la incertidumbre de su situación y ante la ineficacia de sus influencias políticas para no ser desalojados. Un ejemplo bastante ilustrativo de esta desesperación puede observarse en la propuesta que han hecho algunos blancos a los nativos, consistente en que éstos les den la titulación de sus tierras a cambio de que los dejen seguir frecuentando sus casas y hoteles. Ciertamente, propuestas como estas se valen incluso del reconocimiento del discurso oculto de los nativos y de la legitimidad de la reclamación de la propiedad colectiva que éstos han realizado, exclusivamente con miras a garantizar que los blancos no sean desalojados. Esto indica que en la actualidad, como nunca había ocurrido, los nativos se encuentran en una situación igual o menos peor que los blancos. Sin embargo, lejos de constituir un reconocimiento verdadero del discurso y los reclamos de los nativos, estas propuestas no son más que una de las tantas estrategias ideadas por los blancos para permanecer en las Islas, y para mantener en ellas la hegemonía de su poder. Habrá que esperar para saber si estas tácticas serán exitosas o si, por el contrario, la confrontación abierta a su poder, iniciada por los nativos, se convertirá en una conquista política de largo alcance, a pesar de los obstáculos impuestos por el temor que sienten por los blancos y por las importantes influencias que estos últimos pueden ejercer en las autoridades estatales.

Bibliografía

Scott, James. 2000. *Los dominados y el arte de la resistencia.* México: Era.

12
LAS RADIOS COMUNITARIAS DE BOGOTÁ[1]

María Paula Saffon y Rodrigo Uprimny

En la práctica del incumplimiento de normas suele haber dos actores sociales en conflicto: por un lado, una persona o un grupo de personas que se resiste a acatar lo dispuesto en una norma y, por otro, una autoridad que busca imponer las sanciones correspondientes a esa práctica de desacato. En este ensayo presentamos un caso singular de incumplimiento que se aparta de ese patrón general. Es el caso de las radios comunitarias en la ciudad de Bogotá. Durante muchos años, esas emisoras no tuvieron licencia de funcionamiento del Ministerio de Comunicaciones, y por lo tanto operaron de manera clandestina. Sin embargo, desde su creación han luchado por obtener el reconocimiento del Estado y de esa manera salir de la ilegalidad. Su lucha ha tenido éxitos

---

[1] Este texto es una versión adaptada y actualizada del artículo titulado "En búsqueda de una voz en la radio", incluido en el libro *Ya no es posible el silencio* (2007). Agradecemos a Viviana Tacha por sus invaluables contribuciones a la investigación que sirvió de base a este texto.

importantes, como el reconocimiento de la Corte Constitucional del derecho fundamental a fundar radios comunitarias.

A pesar de ello, el mayor obstáculo para lograr su legalidad ha sido impuesto por el propio Estado, y en particular el Ministerio de Comunicaciones, que se negó durante mucho tiempo a abrir una convocatoria pública para la concesión de licencias en Bogotá, y que recientemente optó por abrirla, pero excluyendo explícitamente a los operadores clandestinos de radios comunitarias, que han sido los actores fundamentales del reclamo de legalización. Así las cosas, estamos aquí en presencia de una situación en la que el patrón general de incumplimiento de normas se invierte: los particulares buscan la legalidad, y el Estado, incumpliendo a su vez, insiste en mantener la situación de ilegalidad.

Para describir esta forma inusual de incumplimiento de normas, comenzaremos por explicar la importancia de las emisoras comunitarias, no sólo en lugares donde no se presta el servicio de radiodifusión sonora, sino también, y de manera especial, en lugares donde se ofrecen otros tipos de emisoras, como las ciudades capitales. Luego describiremos el surgimiento del movimiento social de radios comunitarias y sus pasos iniciales en la búsqueda del reconocimiento de sus derechos. Más adelante, narraremos la manera como este movimiento lideró la lucha jurídica que culminó en el reconocimiento por parte de la Corte Constitucional colombiana del derecho fundamental a fundar emisoras comunitarias. Por último, describiremos los obstáculos que ha impuesto el Estado a la garantía plena de este derecho, con posterioridad a la sentencia de la Corte.

La importancia de las emisoras comunitarias para las ciudades capitales

Las emisoras comunitarias de radio fueron creadas en Colombia en los años noventa, con el propósito de abrir espacios de comunicación, información y diálogo cultural en los cuales diferentes comunidades del país pudieran participar democráticamente y expresar sus visiones de mundo.[2] En especial, se buscaba que las comunidades tradicionalmente marginadas o excluidas tuvieran la posibilidad real de expresar sus puntos de vista en los medios de comunicación.

Ahora bien, en el país existían muchas comunidades que no sólo eran excluidas por no poder expresar sus puntos de vista en la radio, sino por no tener siquiera acceso al servicio radial en cualquiera de sus formas —esto es, emisoras comerciales o de interés público. Por ello, desde la creación de las emisoras comunitarias, el criterio fundamental que ha utilizado el Ministerio de Comunicaciones para determinar en qué municipios del país se abren convocatorias para otorgar licencias de radio comunitaria es que allí no exista ningún tipo de servicio radial.

Aunque a primera vista el criterio del ministerio parece razonable, el mismo ignora que las emisoras comunitarias tienen la función específica de otorgar voz a las comunidades excluidas de todo el país, se hallen o no en lugares con acceso al servicio de radio comercial y de interés público. De hecho, una comunidad puede carecer totalmente de la posibilidad de expresar sus puntos de vista y visiones de mundo en los medios de comunicación, a pesar de existir una amplia oferta de cadenas radiales en el municipio donde se encuentra. Más aún, es posible que la marginación de estas comunidades se agudice, o al menos se haga más evidente, en aquellos lugares en los que, existiendo muchos medios de comunicación, éstos sean dominados por unos cuantos ciudadanos, y por ende excluyan los puntos de vista de aquellas comunidades.

Así las cosas, en comunidades urbanas marginales, las emisoras comunitarias cumplen la importante función de sentar bases para la cohesión e integración social, de permitir que la deliberación ciudadana reemplace los mecanismos violentos de solución de conflictos, y de hacer posible que los puntos de vista minoritarios puedan ser expresados. En su ausencia, en cambio, es muy

---

2 Véanse los decretos 1445, 1446 y 1447 de 1995, y 1981 de 2003.

posible que la marginalidad social, la exclusión política y la violencia imperantes en estas comunidades permanezcan inmutables.

Por ello, la exclusión de las ciudades grandes y/o capitales de las convocatorias para la concesión de licencias de radio comunitaria es discriminatoria para las comunidades urbanas marginales y, como lo alegaron desde un comienzo los operadores de radios comunitarias de esas ciudades, la misma no encuentra ninguna justificación en motivos económicos, técnicos o legales.

SURGIMIENTO DEL MOVIMIENTO SOCIAL DE RADIOS COMUNITARIAS

Dada la inmensa importancia que las emisoras comunitarias tienen para las comunidades urbanas marginales, desde comienzos de la década de los noventa, varias organizaciones barriales de Bogotá empezaron a luchar por el reconocimiento de su derecho a fundar radios comunitarias. Esta lucha se ha caracterizado por tener su origen en experiencias locales, rudimentarias y clandestinas de radio comunitaria, y por implicar esfuerzos colectivos de organización social para la defensa de ese derecho.

Dado que la legislación colombiana exige la obtención de licencias previas para que el servicio de radiodifusión sonora pueda ser prestado legalmente, estas emisoras funcionaban de manera clandestina. No obstante, recibían el apoyo tanto de sus oyentes, que rápida y entusiastamente empezaron a sintonizarlas por su contenido novedoso y cercano a sus perspectivas del mundo, como de algunas instituciones estatales como la Policía Nacional, que en ocasiones no sólo las protegió de operativos de confiscación de sus bienes, sino que incluso llegó a utilizarlas con el fin de emitir mensajes institucionales.[3]

Sin embargo, tales apoyos no eran suficientes para evitar que esas emisoras estuvieran desprotegidas. Por una parte, su situación de clandestinidad permitía que fueran estigmatizadas o per-

[3] Conversación informal con operadores de emisoras comunitarias de Bogotá.

cibidas de manera negativa, lo cual dificultaba su consolidación como proyecto comunicativo. Por otra parte, siempre existía la posibilidad de que, en cualquier momento, sus equipos fueran confiscados y sus instalaciones selladas o, más aún, de que quebraran por no poder recibir recursos públicos ni privados de apoyo a su labor, por tratarse de una labor ilegal. Esto ha traído como resultado que, con el paso del tiempo, muchas organizaciones de radio comunitaria hayan desaparecido. Igualmente, ha generado que, para sobrevivir, los operadores de radios comunitarias aún existentes acudan a la realización de actividades ajenas a sus funciones —como "bazares, paseos, rifas"— y a la solidaridad de sus comunidades.[4]

En razón de lo anterior, desde sus orígenes, los operadores de emisoras comunitarias de Bogotá buscaron que éstas fuesen reconocidas por el Estado, es decir, pasar de la clandestinidad a la legalidad. En un país en el que las prácticas ilegales son tan frecuentes y otorgan tantos beneficios para quienes las realizan, este reclamo por la legalización es digno de reconocimiento. Lo es, en especial, porque la apertura de una convocatoria para la prestación del servicio de radiodifusión comunitaria en Bogotá no implicaría únicamente beneficios para los operadores de las emisoras comunitarias, sino también la responsabilidad de asumir una serie de costos, como la restricción del número de emisoras admitidas, y por ende el riesgo de muchas de ellas de quedar excluidas de la concesión de licencias, la asunción de los costos de participación en la licitación de adjudicación de las licencias y el cumplimiento de los requisitos técnicos necesarios para ser seleccionados, el sometimiento a reglas sobre contenidos, horarios y publicidad, entre otros.

La lucha por el reconocimiento de las radios comunitarias como experiencia social digna de protección legal comenzó a través de manifestaciones aisladas, esporádicas y muchas veces

---

4 Entrevista con Carlos Acero, representante legal de la Asociación Distrital de Radio Comunitaria Antena Ciudadana.

individuales, que sólo con la expedición de la Constitución Política de 1991 empezaron a hallar espacios de interlocución y articulación de sus propuestas. En efecto, en concepto de los líderes barriales que participaban en los ejercicios comunitarios de radio antes descritos, la Constitución les abrió un espacio muy importante a través de la generosa consagración del derecho a la libertad de expresión.[5]

Por ello, en la década de los noventa empezó a gestarse un movimiento social de carácter nacional en torno a la necesidad de reconocimiento de las radios comunitarias del país. Una de las primeras expresiones de organización social y trabajo colectivo en pro de este objetivo puede hallarse en la creación de espacios comunes de encuentro y trabajo conjunto de las radios comunitarias del país a comienzos de la década.

Para la generación de estos espacios fue particularmente importante el proyecto "Fiesta de la palabra", creado por el gobierno nacional justo después de la Constitución de 1991, que permitió que las diversas radios comunitarias del país empezaran a conocerse entre sí.[6] Con base en este proyecto se crearon los "colectivos locales de comunicación", que tenían el propósito de recoger experiencias espontáneas de radios comunitarias alrededor del país y darles una forma organizativa, y a través de los cuales las radios comunitarias empezaron a participar en encuentros nacionales.[7] También con base en ese proyecto surgió la primera Coordinadora Nacional de Radios Comunitarias —cuyo nombre pronto cambió a Comisión Nacional de Radios Comunitarias—, que tenía el objetivo de reflexionar sobre el problema de la carencia de licencias que pesaba sobre estas emisoras.[8]

---

5 Entrevista con Cesáreo Gálvez, representante y tesorero de la junta directiva de la Asociación Red Colombiana de Radio Comunitaria (RECORRA).

6 *Ibíd.*

7 *Ibíd.*

8 *Ibíd.*

A partir de esos primeros procesos organizativos nacionales, el incipiente movimiento social de radios comunitarias tuvo sus primeras interlocuciones con el Congreso y el gobierno, encaminadas a lograr el reconocimiento legal y la regulación de las emisoras comunitarias en el país. El resultado de estas conversaciones fue la inclusión de una breve alusión a estas emisoras en la ley de contratación estatal, y su posterior reglamentación a través de decretos expedidos por el gobierno.[9] La lucha de las organizaciones de radio comunitaria de Bogotá empezó entonces por lograr la creación legal de este tipo de emisoras. Su participación activa en las discusiones sobre las normas que las crearon fue notoria, y ayudó no sólo a definir el contenido de estas normas de forma tal que atendiera a las necesidades comunitarias, sino que también contribuyó al fortalecimiento del movimiento social que empezaba a crearse en torno a la causa común de las radios comunitarias.

No obstante, una vez creada la normatividad, estas organizaciones se vieron sorprendidas una y otra vez por la renuencia del Ministerio de Comunicaciones a abrir convocatorias para el otorgamiento de licencias a emisoras comunitarias en ciudades capitales, y en particular en Bogotá. En efecto, esa normatividad sirvió de base para la apertura de tres convocatorias públicas para la concesión de más de 1.000 licencias a emisoras comunitarias en 1995, 1997 y 2004, pero ninguna incluía ciudades capitales, y ello a pesar de que la mayoría de experiencias exitosas de radiodifusión comunitaria antes descritas se desarrollaron en tales ciudades y que sus líderes promovieron activamente el reconocimiento legal de las mismas. Como lo afirmó Cesáreo Gálvez,

> [...] el Estado supo darnos un golpe a la organización nacional con las primeras adjudicaciones excluyendo a las capitales, porque en las

[9] Nos referimos a la Ley 80 de 1993, parágrafo 1 del artículo 35, y al Decreto 1695 de 1994, luego modificado por el Decreto 1447 de 1995 antes citado.

capitales era donde se concentraba el mayor número de luchadores tradicionales históricos de las radios comunitarias.[10]

La lucha jurídica por el reconocimiento del derecho a fundar radios comunitarias

El duro golpe que implicó la anterior situación para el movimiento social de radios comunitarias en Bogotá no hizo que sus líderes se dieran por vencidos. Por el contrario, éstos iniciaron una aguerrida lucha jurídica por el reconocimiento de su derecho a fundar emisoras comunitarias.

Esta lucha comenzó con la presentación de una lluvia de derechos de petición —por lo menos una decena entre 1995 y 2004—[11] ante el Ministerio de Comunicaciones, en los que respetuosamente le solicitaban abrir la convocatoria pública de concesión de licencias para Bogotá, o al menos informarles cuándo la abriría y por qué razones no había incluido al Distrito en las sucesivas convocatorias abiertas. A estas peticiones, el Ministerio de Comunicaciones contestó siempre con respuestas evasivas, en las que aducía su discrecionalidad para determinar el momento y lugar de la apertura de las convocatorias, la sobresaturación de las ciudades capitales y en especial de Bogotá del servicio público de radio, la necesidad de llevar a cabo estudios técnicos de viabilidad antes de poder abrir una convocatoria, entre otras razones.[12]

Ninguno de los argumentos del ministerio justificaba que, transcurridos más de diez años tras la creación de las emisoras comunitarias, éstas no existiesen aún legalmente en Bogotá. En efecto, la discrecionalidad administrativa siempre tiene como

10 Entrevista con Cesáreo Gálvez.

11 Estos derechos de petición fueron resumidos, y sus textos originales anexados a la acción de tutela presentada por las organizaciones sociales de radio comunitaria de Bogotá, que culminó en la Sentencia T-460 de la Corte Constitucional.

12 Estas respuestas también fueron resumidas y sus textos originales anexados a la acción de tutela mencionada en la nota anterior.

límite mínimo los derechos fundamentales de las personas.[13] Además, aunque sean muchas, las radios comerciales y de interés público no satisfacen, e incluso pueden agudizar, las necesidades específicas de las comunidades marginales de expresar sus visiones de mundo minoritarias en los medios de comunicación, y de obtener con ello los beneficios propios de la participación y deliberación democrática, el fortalecimiento de organizaciones sociales y comunitarias, la integración social y el acceso a la cultura. Finalmente, no existía ningún obstáculo de índole legal, técnica o económica que impidiera la apertura de esa convocatoria.[14]

Por esas razones, la reiterada omisión del Ministerio de Comunicaciones de abrir una convocatoria para la concesión de licencias a emisoras comunitarias de Bogotá era injustificada, desproporcionada y arbitraria. El ministerio nunca había dado

---

13 En este caso, los derechos de los potenciales operadores de radio comunitaria en Bogotá a fundar medios de comunicación, a la libertad de expresión y de información, a la igualdad y a la participación democrática, así como los derechos de los potenciales usuarios de radio comunitaria a recibir información, a la igualdad y al pluralismo informativo.

14 En primer lugar, no existían obstáculos legales, pues la normatividad vigente —y en particular el artículo 20 del Decreto 1981 de 2003— no sólo no prohíbe o restringe la posibilidad de abrir dicha convocatoria, sino que la hace prioritaria, entre otros lugares, en "las comunidades residentes en áreas urbanas y rurales marginales o de frontera, las etnias culturales y en general los sectores más débiles o minoritarios de la sociedad", lugares que sin duda se encuentran en localidades como Kennedy, Usme, San Cristóbal, Tunjuelito, Ciudad Bolívar, Santafé, Fontibón y Suba, severamente afectadas por la pobreza y la violencia. En segundo lugar, no existían obstáculos técnicos, por un lado porque en el Distrito hay dos frecuencias disponibles en el espectro electromagnético en las que podrían funcionar varias emisoras comunitarias de onda corta al mismo tiempo, y por otro porque existen operadores con capacidad de utilizar tales frecuencias adecuadamente, tal y como lo demuestra la existencia de emisoras clandestinas que ya han funcionado como radios comunitarias y que, por tanto, cuentan con los requisitos técnicos y de infraestructura necesarios para difundir sus contenidos con la potencia y antena necesarias. En tercer lugar, no había tampoco obstáculos económicos o financieros, pues, dado que las frecuencias ya se encontraban disponibles y que existían potenciales operadores con las condiciones técnicas y de infraestructura requeridas, el único costo que tenía que asumir el Estado era aquél asociado con el procedimiento de la convocatoria.

razones suficientes para explicar por qué se abstenía de abrir la convocatoria y, en cambio, existían razones poderosas para justificar la necesidad de la misma: múltiples solicitudes de los ciudadanos en ese sentido, insatisfacción de las necesidades específicas de las comunidades marginales bogotanas por las emisoras comerciales y de interés público existentes en el Distrito, e inexistencia de obstáculos legales, técnicos o financieros para abrir la convocatoria en Bogotá. En esa medida, la omisión del ministerio podía ser comprendida como una forma indirecta de censura, prohibida tajantemente por la Convención Americana de Derechos Humanos.[15]

Con base en los anteriores argumentos, una serie de organizaciones sociales de radios comunitarias de Bogotá decidieron unirse y combatir el silencio del Ministerio de Comunicaciones respecto de su situación legal, a través de una acción de tutela para la defensa de los derechos fundamentales de sus miembros.[16] Sin embargo, una vez más, su lucha no dio frutos inmediatos ni

---

15 Según el artículo 13, inciso 3 de la Convención Americana de Derechos Humanos, "No se puede restringir el derecho de expresión por vías o medios indirectos, tales como el abuso de controles oficiales o particulares de papel para periódicos, de frecuencias radioeléctricas o de enseres y aparatos usados en la difusión de información o por cualesquiera otros medios encaminados a impedir la comunicación y la circulación de ideas y opiniones". En virtud del artículo 93 de la Constitución Política, los tratados internacionales de derechos humanos ratificados por Colombia forman parte del bloque de constitucionalidad, lo que significa que prevalecen en el ordenamiento jurídico con el mismo nivel jerárquico que la Constitución misma.

16 Entre estas organizaciones estaban la Asociación Red Colombiana de Radio Comunitaria (RECORRA), la Asociación Distrital de Radio Comunitaria Antena Ciudadana, la Corporación para la Promoción de la Comunicación y el Desarrollo Comunitario Voceros Comunitarios, la Cooperativa Multiactiva de Trabajo Asociado Punto Verde (COOPUNVER), la Asociación de Dirigentes Comunitarios (ASODIC), la Corporación Promotora Cívico Cultural Zuro Riente, la Asociación de Comunicadores Populares Somos Red (ACOPOSOR). Estas organizaciones lograron que algunos usuarios de sus emisoras presentaran también la acción de tutela, y recibieron el apoyo de Planeta Paz en materia organizativa y de difusión, así como del Centro de Estudios Dejusticia en materia jurídica.

definitivos. Los tribunales de primera y segunda instancia —el Tribunal Contencioso Administrativo de Cundinamarca y el Consejo de Estado— negaron la acción de tutela, argumentando que el Ministerio de Comunicaciones gozaba de discrecionalidad para decidir el momento y lugar de la apertura de convocatorias de esa naturaleza, y que los accionantes tenían otros recursos distintos a la tutela para hacer valer sus derechos, como la acción de nulidad de las convocatorias realizadas hasta la fecha.

A pesar de que estas dos decisiones negativas bajaron los ánimos de las organizaciones de radio, con el apoyo de Planeta Paz, éstas llevaron a cabo una efectiva campaña encaminada a que la Corte Constitucional percibiera la relevancia del tema y decidiera seleccionar el proceso de tutela para su revisión —selección que es discrecional, y por ende no procede en todos los casos. Esta campaña constó de dos componentes: por un lado, el cabildeo con múltiples personalidades y organizaciones del mundo de los medios y de la cultura, sensibles a la causa de las emisoras comunitarias, para que presentaran peticiones ante la Corte Constitucional solicitando la selección de la tutela.[17] Por otro lado, una campaña de difusión, a través de la cual se logró que varios medios de comunicación informaran sobre la problemática vivida por las radios comunitarias en Bogotá, y que varios columnistas de opinión manifestaran su preocupación frente a la actitud del ministerio.[18]

Por fortuna para las organizaciones de radio comunitaria de Bogotá, la Corte Constitucional seleccionó el proceso y decidió conceder la tutela, revocando con ello las decisiones negativas de los tribunales de primera y segunda instancia. La orden fundamental que dio la Corte en la histórica Sentencia T-460 de 2006

---

17 Entre las personas y organizaciones que presentaron solicitudes a la Corte se encuentra, además de las propias organizaciones demandantes, la Fundación para la Libertad de Prensa (FLIP).

18 Algunos de los columnistas que han tratado el tema de las emisoras comunitarias en Bogotá, de manera más persistente y sensible, son Alfredo Molano, Cristian Cadena y Omar Rincón.

fue que el Ministerio de Comunicaciones debía dar una respuesta de fondo a los derechos de petición presentados por los demandantes a lo largo de la última década, aclarando que las respuestas dadas hasta el momento no podían ser consideradas como verdaderas respuestas de fondo, y que tampoco podrían serlo aquellas que replicaran las razones ya dadas.[19]

De esa manera, el Ministerio quedó obligado a responder las peticiones de las organizaciones de radio comunitaria, ofreciendo razones de fondo serias, suficientes y distintas de las dadas anteriormente para justificar su negativa de abrir una convocatoria pública para la concesión de licencias de radio comunitaria en ciudades capitales, y en especial en Bogotá. En caso de no existir estas razones, de la sentencia de la Corte se deriva que el ministerio tendría entonces que proceder a abrir inmediatamente dicha convocatoria, so pena de incumplir la orden de la Corte y de violar con ello el derecho fundamental a fundar radios comunitarias en Bogotá.

Sin lugar a dudas, la sentencia de la Corte Constitucional constituyó un gran triunfo jurídico de la lucha de las radios comunitarias de Bogotá. En efecto, se trata de una decisión del máximo tribunal constitucional del país, que concedió la protección solicitada por las organizaciones sociales de radio comunitaria, y que dio razón a varios de los planteamientos concretos expuestos por éstas en la acción de tutela. En esa medida, se trata de una decisión que premió la constancia que, a pesar de las grandes dificultades, demostraron las organizaciones sociales de radios comunitarias

---

19 Esta orden se encuentra contenida en el numeral segundo de la parte resolutiva de la Sentencia T-460 de 2006 de la Corte Constitucional, que literalmente ordena al Ministerio de Comunicaciones, entre otras cosas, informar a los peticionarios: "a. Las razones por la cuales, hasta el momento, no se ha realizado la convocatoria para la concesión del servicio de radiodifusión sonora en Bogotá. Toda vez que las respuestas dadas hasta el momento no constituyen contestación de fondo, las razones que se expongan no pueden ser réplica de las hasta ahora dadas".

de Bogotá en un camino de reclamación de sus derechos, que duró más de diez años.

Pero además de sus importantes efectos en el caso concreto, la sentencia implicó un reconocimiento de la legitimidad de la lucha del movimiento social de radios comunitarias por entrar a la legalidad. En efecto, con la decisión de la Corte quedó claro que la situación de clandestinidad en la que viven estas emisoras no es de manera alguna el resultado de su voluntad, y que por tanto éstas tienen derecho a exigir la apertura de una convocatoria que les permita a acceder a licencias que regularicen su situación. Ello dio herramientas importantes a las emisoras comunitarias para enfrentar sólidamente las percepciones negativas o estigmatizantes en su contra. Como lo afirma Carlos Acero, uno de los líderes comunitarios que promovieron la tutela, ésta

> [...] es un gran avance, sobre todo porque este trabajo lo venían estigmatizando en muchas partes por el hecho de no tener las licencias... esto ya les quita ese mote y las vuelve unas experiencias legítimas para la sociedad y aparte de eso se les reconoce el trabajo como un espacio de desarrollo social y comunitario.[20]

OBSTÁCULOS ESTATALES A LA GARANTÍA DEL DERECHO A FUNDAR EMISORAS COMUNITARIAS EN BOGOTÁ

Aunque la sentencia de la Corte Constitucional fue sumamente relevante para la lucha del movimiento social de radios comunitarias de Bogotá, la misma no implicó de manera alguna el fin de sus tropiezos. El Ministerio de Comunicaciones ha continuado imponiendo obstáculos al reconocimiento legal de esas emisoras, acudiendo a argumentos que cada vez resultan más difíciles de atacar por la vía jurídica.

Así, recién proferida la sentencia de la Corte y argumentando dar cumplimiento a la misma, el Ministerio de Comunicaciones

---

[20] Citado en María Jacinta Lizarazo y María Paula Saffon (2006).

expidió un documento en el que decía justificar su decisión negativa de abrir una convocatoria pública para la concesión de licencias a emisoras comunitarias en ciudades capitales como Bogotá. Sin embargo, la mayoría de razones allí expuestas replicaban las que el ministerio ya había dado en las respuestas a los derechos de petición de las organizaciones de radio de Bogotá. Además, las pocas razones de carácter novedoso ofrecidas por el ministerio no podían ser consideradas serias y suficientes para justificar su negativa de abrir la convocatoria.

Con esta decisión, el ministerio puso al movimiento social de radios comunitarias de Bogotá en una posición muy complicada. En efecto, aunque no cumplía las condiciones impuestas por la Corte para poder ser considerada una respuesta de fondo, la decisión resultaba muy difícil de atacar por la vía judicial, pues, al menos a primera vista, la misma no era una mera réplica de las respuestas dadas anteriormente, ya que elaboraba más los argumentos y señalaba algunas razones nuevas.

Ante esa dificultad, asesoradas y apoderadas por Dejusticia, las organizaciones sociales que habían suscrito la acción de tutela decidieron presentar un extenso derecho de petición ante el Ministerio de Comunicaciones, tendiente a demostrar por qué los argumentos contenidos en su respuesta no podían considerarse razones nuevas y suficientes para justificar la no apertura de una convocatoria pública para radios comunitarias. La respuesta de ese derecho de petición implicaba una carga importante para el Ministerio de Comunicaciones, ya que, para responder de fondo al mismo, debía contestar más de una cuarentena de preguntas puntuales en las que se examinaba cuidadosamente cada una de las razones esgrimidas en su documento precedente.

En lugar de tomarse el trabajo de responder a estas preguntas, el Ministerio de Comunicaciones optó por enviar a sus peticionarios una escueta respuesta en la que informaba que, finalmente, abriría la convocatoria pública para ciudades capitales en mayo de 2007, razón por la cual no consideraba necesario responder exhaustivamente al derecho de petición.

Esta decisión del ministerio nuevamente hizo pensar a las organizaciones de radios comunitarias de Bogotá que su lucha finalmente había tenido éxito. Las emisoras empezaron a organizarse para participar en la convocatoria pública que iba a abrirse; hicieron reuniones para discutir cómo garantizarían la transparencia y equidad del proceso de licitación y para reflexionar sobre cuáles serían las mejores formas organizativas para presentarse a la convocatoria; propusieron veedurías ciudadanas que hicieran seguimiento del proceso; incluso planearon eventos para celebrar su triunfo después de tan ardua lucha.

Sin embargo, lo que parecía ser un final feliz se vio de pronto opacado por otra inesperada actitud del Ministerio de Comunicaciones. Un par de meses más tarde de la fecha que había anunciado, el ministerio abrió, en efecto, una nueva convocatoria para ciudades capitales, pero en ella sólo incluyó cinco pequeñas capitales, a saber: Mitú, Puerto Carreño, Tunja, Quibdó y Riohacha. Para justificar su decisión, el ministerio acudió de nuevo al argumento de la necesidad de priorizar las ciudades con mayores necesidades, a pesar de que la Corte Constitucional ya había establecido con claridad que ese era un argumento insuficiente para negarse a abrir una convocatoria en las demás ciudades capitales.

Con esa actitud, una vez más el ministerio dejó por fuera de la convocatoria a las ciudades más grandes del país, en las cuales el movimiento social de radios comunitarias es más grande y se encuentra más organizado, y en las cuales los puntos de vista de las comunidades excluidas son más marginados por las emisoras comerciales y de interés público. En particular, una vez más el Ministerio de Comunicaciones dejó por fuera de la convocatoria a Bogotá, ciudad a la que justamente pertenecen las organizaciones sociales que han promovido el largo proceso político y jurídico anteriormente descrito.

De esa manera, el ministerio dejó en claro su absoluta falta de voluntad política en relación con el reconocimiento legal de las emisoras comunitarias de Bogotá, lo cual reforzó la sospecha de que su renuencia a abrir la convocatoria en la capital respondía a intereses privados, tales como aquellos de las emisoras ya reconocidas en el Distrito, que podrían verse afectadas con la concesión de licencias a emisoras comunitarias, ya que éstas empezarían a competir por la pauta publicitaria que sostiene el negocio de la radio.[21]

Así pues, el movimiento social de radios comunitarias se vio enfrentado a un obstáculo de gran envergadura, por un lado porque ya había agotado casi todos los mecanismos existentes para hacer valer sus derechos, y por otro porque, en últimas, la apertura de la convocatoria pública siempre dependería de una decisión del Ministerio de Comunicaciones, que podría acudir indefinidamente a estrategias argumentativas para negarse a hacerlo, o al menos para seguir postergándolo en el tiempo.

A pesar de esta inmensa dificultad, el movimiento social de radios comunitarias de Bogotá no se dio por vencido. Apoyado en la decisión escrita del ministerio de que abriría una convocatoria pública para todas las ciudades capitales, algunos miembros de este movimiento presentaron un nuevo derecho de petición preguntando la fecha exacta en la que abriría la convocatoria para Bogotá, y otro exigiendo la creación de una veeduría ciudadana para la verificación de este proceso.

Poco tiempo después, el ministerio anunció su tan esperada decisión de abrir una convocatoria para Bogotá y otras ciudades capitales y, con ello, menguó la impresión de las organizaciones de radios comunitarias de la capital de que el ministerio no quería reconocerlas legalmente. De nuevo, las organizaciones comenzaron a prepararse para la convocatoria, realizando reuniones internas de reflexión y debate sobre las mejores maneras de participar en ella y de garantizar su transparencia, así como estableciendo contactos con el ministerio para formularle propuestas concretas al respecto.

---

[21] Entrevista con Patricia Martínez, miembro de la Corporación para la Comunicación y la Educación Suba al Aire.

Lo que nunca se imaginaron esas organizaciones era que su lucha no terminaría ni siquiera con la efectiva apertura de una convocatoria para Bogotá. En marzo de 2008, el texto de la convocatoria fue finalmente expedido, y el mismo demostró con toda la claridad del caso que el Ministerio de Comunicaciones no quiere reconocer legalmente a las emisoras comunitarias de Bogotá que han operado clandestinamente.[22]

En efecto, la convocatoria impone exigentes requisitos para que las organizaciones sociales puedan participar en ella, tales como largos tiempos de experiencia previa, ininterrumpida y demostrable en proyectos comunitarios. Esto genera obstáculos importantes de participación a las ya existentes emisoras comunitarias que, si bien tienen gran experiencia en proyectos comunicativos de base, han enfrentado serias dificultades para obtener financiación de los mismos, lo cual disminuye sus posibilidades de ganar por la dimensión de sus proyectos y, en muchos casos, les impide demostrar la continuidad de sus proyectos exigida por la convocatoria. Más aún, esto genera ventajas en el proceso de concesión de licencias para organizaciones que, como las que ya tienen emisoras comerciales o de interés público en el Distrito, son grandes, antiguas y solventes económicamente, pero no cuentan con el arraigo comunitario que debe caracterizar a las emisoras comunitarias.[23]

Pero esos obstáculos no son en nada comparables con la exigencia de la convocatoria, según la cual todos los participantes deben presentar una "(d)eclaración juramentada de que ni la comunidad organizada, ni los miembros de la misma, prestan o han prestado el servicio de radiodifusión de manera clandestina". Este requisito hace explícita la voluntad del Ministerio de Co-

---

22 Véanse los pliegos de condiciones de la Convocatoria de radio comunitaria en ciudades capitales No. 01 de 2008.

23 Así lo manifestó con preocupación a la Ministra de Comunicaciones un grupo de más de una docena de congresistas y concejales en una carta fechada el 8 de mayo de 2008.

municaciones de excluir a las emisoras comunitarias de Bogotá del proceso de concesión de licencias y, con ello, de cerrarles el camino para su legalización.

Este hecho reciente refuerza la sospecha de que el ministerio quiere evitar a toda costa que las emisoras comunitarias afecten los intereses económicos de las entidades que ya prestan servicios de radio en Bogotá, cerrando el camino de participación a las organizaciones de base, y dejándoselo abierto y sin obstáculos a esas otras entidades. Además, este hecho demuestra que el ministerio niega todo valor a la importante lucha de las organizaciones de radio bogotanas por obtener un reconocimiento de sus actividades y que, en cambio, contribuye a su estigmatización. Pero, sobre todo, este hecho deja en claro que, en lugar de aprovechar una oportunidad histórica para regular y extraer los beneficios de una actividad hasta la fecha ilegal, el Estado continuará sometiendo a las emisoras comunitarias de radio de Bogotá a una situación de clandestinidad.

El Ministerio de Comunicaciones ha intentado justificar la anterior situación alegando que no es posible "permitir que el proceso de selección objetiva se convierta en instrumento para la legalización de operaciones clandestinas o ilegales".[24] No obstante, este argumento conduce a la paradójica situación de que personas y organizaciones inmersas en actividades ilegales que reclaman al Estado reconocimiento y protección encuentran en él su principal obstáculo, y de que, por ende, la única opción que les deja el propio Estado es permanecer en la ilegalidad. Esta actitud implica, a su vez, un incumplimiento del Estado de sus deberes de regular efectivamente las actividades que se desarrollan en su territorio, de garantizar la participación e inclusión de comunidades tradicionalmente marginadas, y de contribuir a la eliminación de la cultura de la ilegalidad.

---

24 Así lo expresó la Ministra de Comunicaciones en su carta de respuesta, fechada el 3 de junio de 2008, a la carta referida en el pie de página anterior.

BIBLIOGRAFÍA

Corte Constitucional. 2006. *Sentencia T-460/06*. Magistrado Ponente: Marco Gerardo Monroy Cabra.

Lizarazo, María Jacinta y María Paula Saffon. 2006. "Las radios comunitarias tienen derecho", en *UN Periódico*, septiembre.

Ministerio de Comunicaciones. 2008. Convocatoria de radio comunitaria en ciudades capitales N° 01 de 2008.

Saffon, María Paula y Rodrigo Uprimny. 2007. "En búsqueda de una voz en la radio", en Ómar Rincón (ed.), *Ya no es posible el silencio. Textos, experiencias y procesos de comunicación ciudadana*. Bogotá: Friedrich Ebert Stiftung, Dejusticia y Centro de Competencia en Comunicación para América Latina.

***

Constitución Política de Colombia, 1991.

Convención Americana sobre Derechos Humanos, 1969.

Decreto 1695 de 1994, por el cual se reglamenta el servicio comunitario de radiodifusión sonora.

Decreto 1445 de 1995, por el cual se adoptan los planes técnicos nacionales de radiodifusión sonora en amplitud modulada (A.M.) y en frecuencia modulada (F.M.) y se dictan otras disposiciones.

Decreto 1446 de 1995, por el cual se clasifica el servicio de radiodifusión sonora y se dictan normas sobre el establecimiento, organización y funcionamiento de las cadenas radiales.

Decreto 1447 de 1995, por el cual se reglamenta la concesión del servicio de radiodifusión sonora en gestión directa e indirecta, se define el Plan General de Radiodifusión Sonora y se determinan los criterios y conceptos tarifarios y las sanciones aplicables al servicio.

Decreto 1981 de 2003, por el cual se reglamenta el Servicio Comunitario de Radiodifusión Sonora y se dictan otras disposiciones.
Ley 80 de 1993, por la cual se expide el Estatuto General de Contratación de la Administración Pública.

13
ÁLVARO GÓMEZ: NUNCA ME ACUERDO DE LO FUNDAMENTAL[1]

Rodrigo Uprimny

En su entrevista televisiva con Germán Castro Caicedo, el miércoles 9 de mayo de 1990, Álvaro Gómez repitió el único elemento que hasta ahora conocemos de lo que constituye su hermético "acuerdo sobre lo fundamental", en el cual ha basado toda su campaña electoral: el respeto por la ley. Según Gómez Hurtado,

---

1 Este texto se basa en un artículo periodístico publicado en el diario *La Prensa* en mayo de 1990. He preservado el estilo periodístico del texto original, pero he introducido algunas modificaciones, supresiones y ampliaciones, a fin de adaptarlo un poco al formato de ensayo para un libro y hacerlo más comprensible para el lector contemporáneo. Los artículos periodísticos suelen tener un vínculo con la coyuntura, que es usualmente efímera. Por ello, los textos periodísticos corren el riesgo de convertirse en un "periódico de ayer" que, como en la canción de Héctor Lavoe, ya nadie procura leer, pues a pesar provocar sensación cuando salen en la madrugada, en la tarde son "materia olvidada". Por ello fueron necesarios algunos ajustes al artículo originario. Finalmente, aunque creo que en los meses posteriores a la redacción de este artículo, en especial durante la Asamblea Constituyente de 1991, Álvaro Gómez cambió en forma importante y tuvo una actitud más democrática y conciliadora, en general fue un representante de una elite arrogante, poco comprometida con el Estado de derecho en Colombia.

los colombianos, "para volver a vivir",[2] a lo único que aspiramos hoy en día es a la paz, a través del riguroso cumplimiento de la ley. Por eso, señaló el candidato, "voy a tener el coraje de aplicar la ley". Su programa de gobierno es entonces simple y llano: el respeto por la legalidad. Con ello, el candidato presidencial piensa llevar a cabo "algo distinto de la política caduca y envejecida". Gómez se presenta así como un renovador de las costumbres políticas, como un cultor de la gran política, aquella que antepone la legalidad, el Estado de derecho y los intereses generales de la sociedad al interés particular y estrecho del politiquero o su grupo de referencia.

Que Álvaro Gómez, miembro de una de las familias más señoriales de este país, hijo del presidente más tradicional que haya tenido Colombia, participante de la elite política desde hace más de treinta años y candidato presidencial en varias ocasiones,[3] se presente ahora como un elemento de renovación del escenario político colombiano es algo ya bastante sorprendente. Pero lo que resulta realmente extraordinario es que Gómez Hurtado aparezca también como un gran político que fundamenta su campaña en el respeto a la legalidad. En efecto, Álvaro Gómez no tiene razón alguna para preciarse de su apego a la legalidad. Desgraciadamente en Colombia la memoria histórica es tan corta, que hoy en día prácticamente no se mencionan para nada los incidentes que hace apenas un año mostraron la actitud de Álvaro Gómez frente al respeto por la legalidad y el Estado de derecho.

---

2 El lema de la campaña presidencial de Álvaro Gómez de 1990 proclamaba que era necesario votar por él y por su movimiento, llamado de "Salvación Nacional", para que los colombianos pudiéramos "volver a vivir". Para ello, el candidato defendía la idea de que debíamos llegar a un "Acuerdo sobre lo fundamental", pero sin hacer muchas aclaraciones acerca del contenido y alcance de dicho acuerdo.

3 Álvaro Gómez no sólo fue candidato en 1974 y en 1986, sino que además ya en 1952, durante el gobierno de su padre Laureano, se hablaba de sus aspiraciones presidenciales. Véase Álvaro Tirado Mejía (1989: 103).

¿EN DEFENSA DE LA LIBERTAD DE PRENSA?

Recordemos los hechos: a finales de abril de 1989, el Juez Segundo de Orden Público, Rubén Darío Ceballos Mendoza, quien adelantaba el proceso por el secuestro de Gómez por parte del M-19,[4] citó en varias oportunidades al líder conservador para que rindiera una declaración juramentada. Frente a la renuencia de Gómez, quien por diversas razones no se había presentado al despacho judicial, el juez Ceballos invocó el artículo 259 del Código de Procedimiento Penal para prohibir la circulación del libro *Soy libre*, en el cual Gómez narraba su secuestro. Esta norma confiere al juez la facultad de realizar diversas acciones, como incautar papeles y libros, a fin de "garantizar que los elementos materiales de prueba no sean alterados, ocultados o destruidos". Estudiemos las peripecias de este caso jurídico y veremos el apego a la legalidad del candidato de Salvación Nacional.

Conocida la decisión, Álvaro Gómez consideró que era objeto de una arbitrariedad que no podía aceptar, ya que se le estaba mutilando su libertad de expresión. Invocó entonces la desobediencia civil y señaló que no acataría la decisión judicial. Según su criterio, esa providencia atentaba contra la libertad de expresión, sin ayudar en nada al desarrollo de la investigación, puesto que el contenido del libro era de conocimiento público, ya que había sido publicado integralmente por entregas en su diario *El Siglo*. ¿Qué tan válida era esa justificación de un hecho tan delicado en una democracia como es el desacato de una decisión judicial, especialmente para alguien que dice que la esencia de su visión política es la defensa de la legalidad?

La segunda parte de la argumentación de Gómez Hurtado parece sólida: en efecto, si el libro era de conocimiento público, la orden de retener su circulación para evitar que su contenido pudiera dificultar la práctica de ulteriores pruebas, no parece

4 Como es bien conocido, Álvaro Gómez fue secuestrado por el M-19 el 29 de mayo de 1988 y fue liberado, cerca de su residencia, el 20 de julio de ese año.

adecuada al texto y al espíritu del artículo 259 del Código de Procedimiento Penal. Sin embargo, la inconsistencia lógica de la argumentación de Gómez es evidente, pues la premisa de la cual parte para atacar la decisión judicial es contradictoria con la razón que invoca para justificar el desacato a dicha decisión; en efecto, si el libro ya era de público conocimiento, ¿qué libertad de expresión estaba protegiendo el líder conservador con su presunta desobediencia civil? Ninguna. Si alguna libertad estaba protegiendo, era la de comercio, la de poder vender en su momento su obra, una libertad sin lugar a dudas importante en una economía de mercado, pero muy distinta de la libertad de expresión y de pensamiento, de la cual Gómez se presentó como el gran adalid en aquella oportunidad.

¿UN DEFENSOR DE LA LIBERTAD DE PRENSA?

¿Pero es que acaso Álvaro Gómez ha sido un defensor acérrimo de la libertad de expresión como para hacer de ella un elemento esencial de actitudes de desobediencia civil? No parece ser así. En su juventud, en agosto de 1949, en la época de la violencia partidista, que tantos muertos costó a nuestro país, Álvaro Gómez comandó un grupo de parlamentarios conservadores que, con pitos y dando patadas al piso, acallaron los discursos de los representantes liberales en el Congreso colombiano.[5] Luego, durante el gobierno autoritario de su padre, Álvaro Gómez formó parte de la llamada "Comisión de estudios" que redactó el proyecto de reforma constitucional autoritaria y corporativista de 1953, la cual disponía en su artículo 13, entre otras cosas, que sería juzgado y penado como traidor el colombiano "que de palabra o por escrito atente al prestigio de las autoridades y de las instituciones del país". Como es obvio, esa norma implicaba una muy fuerte restricción a la libertad de expresión, propia de una visión autoritaria de la sociedad, pues amenazaba con penas muy

---

5 Véase John Martz (1969: 123).

severas a quien criticara al gobierno o el funcionamiento de las instituciones. Es difícil pensar en una regulación más distanciada del ideal democrático y de la defensa de la libertad de expresión, puesto que el hecho de que los ciudadanos puedan criticar a las autoridades hace parte de la esencia de una democracia.

Ahora bien, se podría decir que se trataba de impulsos juveniles de Álvaro Gómez, quien luego habría tomado apego por la defensa de la libre expresión de las ideas y de la democracia. No parece tampoco ser así, como lo muestra, por sólo citar un ejemplo, la forma como Gómez, algunos meses antes de su incidente con el Juez Ceballos, utilizó su diario *El Siglo* para criticar, con evidentes ánimos de censura y con argumentos que lindaban con el racismo, la importante obra de historia de Colombia que habían publicado Salomón Kalmanovitz y Silvia Duzán para los cursos de bachillerato.[6]

¿Desobediencia civil o arrogancia aristocrática?

¿Por qué entonces —si se trataba sólo de proteger la libertad de comercio y controvertir una actuación judicial que le era desfavorable— Álvaro Gómez no utilizó cualquiera de los recursos que le brinda la legislación penal para oponerse a la decisión judicial, que no es más que la aplicación de la ley general al caso concreto? Sólo pude encontrar dos razones. Por un lado, por arrogancia aristocrática. Lo que era inaceptable para Gómez no era el contenido de una arbitrariedad en abstracto. ¿O acaso hemos visto a Álvaro Gómez solidarizándose con la defensa genérica de los derechos de los individuos y de los pueblos? No. ¿O acaso Gómez se ha preocupado por evitar la expedición de normas autoritarias susceptibles de generar arbitrariedades judiciales? Tampoco. El

6 *El Siglo* publicó un editorial en el cual atacaba a Kalmanovitz, diciendo que una persona judía, y apátrida, no podía escribir una historia de Colombia. Véase al respecto la referencia del propio Kalmanovitz a esos ataques en "Una autobiografía intelectual" (2003).

problema era que un simple juez penal se atreviera a olvidar el lema de que "la justicia es para los de ruana" y osara aplicar una norma penal a alguien como el candidato conservador. Más que desobediencia civil frente a una ley injusta —una actitud que es siempre merecedora de respeto cuando es asumida con dignidad y responsabilidad—, lo que denota el comportamiento de Gómez es la arrogancia de todos aquellos que en el fondo adhieren a ese lema aristocrático, según el cual "todos los seres humanos son iguales, pero algunos son más iguales que los otros", que suele estar inspirada en una frase semejante de George Orwell en su novela *Rebelión en la granja*. En ello Gómez Hurtado no hace sino seguir las enseñanzas de su padre sobre la desigualdad natural de los seres humanos, pues recordemos la manera como Laureano se oponía al sufragio universal, señalando que la base social "está integrada por el oscuro e inepto vulgo donde la racionalidad apenas aparece para diferenciar los seres humanos de los brutos" (Citado por Martz 1969: 195).

La otra razón de la aristocrática desobediencia civil de Gómez fue de corte esencialmente oportunista: en ese momento, el partido conservador estaba dividido entre alvaristas y pastranistas, que era una actualización de la vieja disputa conservadora entre laureanistas y ospinistas. Gómez Hurtado utilizó entonces el incidente contra el juez —sin importarle todo lo que su actitud pudiera significar en el desprestigio de la justicia y en el desarrollo de una cultura de la ilegalidad— para influir en la opinión pública, darle protagonismo al alvarismo y fortalecer así su posición al interior del Partido Socialconservador. Sin embargo, fuera lo que fuera, lo único que parece quedar claro en este enfrentamiento con la justicia es que la actitud de Gómez hacia la legalidad es más que discutible, ya que en los momentos en que la aplicación de la ley general afecta sus intereses particulares, este gran candidato no se acuerda de lo fundamental y termina actuando en contra de la vigencia de la ley. En eso sigue igualmente las enseñanzas de Laureano, quien declaraba: "Si la ley es deforme o inconveniente, déjala a un lado. Mantén la elasticidad" (Citado por Martz 1969:

194). Parece entonces que para Álvaro hubiera algunos que nacieron para imponer la ley, algunos destinados a "tener el coraje de aplicar la ley", y otros, el resto, la gran mayoría, "el oscuro e inepto vulgo", destinado a obedecerla.

Sin embargo, las inconsistencias de Gómez no se reducen a este incidente; ellas son más numerosas y nos permiten además poner en evidencia lo que realmente significa su discurso en torno al respeto por la ley. Poco antes de ser secuestrado por el M-19, Gómez se opuso a la idea de reformar la Constitución, que en ese momento lideraba el presidente Barco, señalando que lo único que debía hacer el ejecutivo era aplicar con todo rigor el estado de sitio, para hacer frente a la situación de orden público. Luego, en abril de 1990, poco después del asesinato de Carlos Pizarro, Gómez Hurtado propuso como salida a la crisis colombiana un triunvirato con plenos poderes. ¿En dónde queda entonces la defensa de la legalidad y del Estado de derecho? Vemos pues que la fórmula de la defensa de la legalidad propuesta por Gómez Hurtado, que tiene indudable atractivo en una sociedad tan anómica y proclive a la ilegalidad como la colombiana, realmente tiene un trasfondo distinto en las propuestas del líder conservador: lo que realmente denotan las tesis de Gómez es el recurso a medidas autoritarias, desprovistas en lo posible de toda atadura jurídica, para el manejo del orden público. En el fondo, más que pensar en la ley general, es decir en la aplicación de la ley para todos —incluido él mismo—, Gómez parece estar soñando en la ley de los generales, aquella que no afectaría a los aristócratas como él.

El poder del gesto

Como se ha visto, la actitud de Álvaro Gómez frente a la legalidad es realmente contradictoria, pues reivindica el deber de acatar la ley como el elemento esencial de su "acuerdo sobre lo fundamental", pero olvida ese deber cuando se trata de acatar una decisión judicial, que es la concreción de la ley al caso concreto. ¿Por qué entonces una persona tan inconsistente como Álvaro

Gómez logró adquirir en nuestro país la imagen de doctrinario y gran político? Termino entonces señalando tres posibles interpretaciones de ese fenómeno.

Una primera explicación es la gran capacidad histriónica de Gómez, la cual le ha permitido sustituir el análisis riguroso por gestos que supuestamente denotan aplomo y profundidad, reemplazando así los argumentos con una mirada preocupada que expresaría su gran inteligencia. Gómez Hurtado ha sido así un típico representante de una cultura política colombiana muy retórica, que sustituye el análisis sustentado por gestos y consignas, a los cuales no se exige consistencia. Un segundo factor que alimenta ese mito de Gómez Hurtado ha sido su persistencia en apoyar siempre las medidas autoritarias, lo cual le ha permitido articular proyectos de derecha y recoger el descontento de ciertas capas sociales frente al caos. Álvaro Gómez ha encarnado así la ilusión del orden autoritario y por ello ha recibido el apoyo permanente de fuerzas poderosas, que ignoran sus inconsistencias lógicas debido a la consistencia del líder conservador en la defensa del *statu quo*. Pero, finalmente, el elemento esencial que explica la tolerancia de la opinión pública colombiana frente a las incoherencias de Gómez Hurtado respecto de la legalidad es la propia ambivalencia de poderosos sectores de la elite política colombiana frente al Estado de derecho. En efecto, muchos miembros de esa elite miran la legalidad no como un conjunto de normas que todos debemos respetar, sino como un instrumento para controlar los sectores populares y enfrentar a los enemigos. Muchos de ellos adherirían entonces a la frase que se suele atribuir al caudillo y presidente brasileño Getúlio Vargas, quien habría dicho: "Para mis amigos todo, para mis enemigos la ley". No es extraño entonces que frente a esa cultura política, las inconsistencias de Gómez Hurtado frente a la legalidad no sólo pasen inadvertidas sino que incluso sean alabadas.

BIBLIOGRAFÍA

Kalmanovitz, Salomón. 2003. "Una autobiografía intelectual". Disponible en <www.banrep.gov.co/documentos/presentaciones-discursos/pdf/SALOMON.pdf>.

Martz, John. 1969. *Colombia. Un estudio de política contemporánea*. Bogotá: Universidad Nacional de Colombia.

Tirado Mejía, Álvaro. 1989. "El gobierno de Laureano Gómez: de la dictadura civil a la dictadura militar", en *Nueva Historia de Colombia. Tomo II*. Bogotá: Planeta.

14
LA NORMALIZACIÓN DE LA EXCEPCIÓN CONSTITUCIONAL

Mauricio García Villegas

Colombia ha vivido la mayor parte de su historia bajo los rigores de la violencia. Este pasado sangriento ha incidido tanto en su estructura institucional, como en su cultura jurídica. La prioridad del orden público en los asuntos de gobierno ha hecho que se sobrevalore la participación de la fuerza pública en la dinámica institucional del Estado y ha desequilibrado el balance constitucional entre las ramas del poder público. La participación de la fuerza pública se ha consolidado a través de la utilización frecuente por parte de los gobiernos de los estados de excepción.[1]

El estado de excepción se convirtió, por lo menos hasta 1991, en un instrumento ordinario de la política gubernamental. He aquí cuatro indicaciones de esta anomalía. 1) La excepción era casi permanente. Así, por ejemplo, en los 21 años transcurridos entre 1970 y 1991, Colombia vivió 206 meses bajo estado de ex-

---

1 Para una explicación detallada de este tema, véanse Loveman (1993), Gallón (1979) y García Villegas y Uprimny (2006).

cepción, es decir 17 años, lo cual representa el 82% del tiempo transcurrido. Entre 1949 y 1991 Colombia vivió más de 30 años bajo estado de sitio. 2) Buena parte de las normas de excepción han sido legalizadas por el Congreso, lo cual ha convertido al ejecutivo en un legislador de hecho. 3) Hubo periodos en los cuales se impusieron profundas restricciones a las libertades públicas, a través, por ejemplo, de la justicia militar para juzgar a los civiles. A finales de 1970, el 30% de los delitos del Código Penal eran competencia de cortes marciales. 4) La declaratoria y el manejo de la excepción desvirtuaban el sentido y alcance de las normas constitucionales sobre la materia, debido a la ausencia total de un control político y jurídico.

El abuso de la excepción constitucional es un caso típico de incumplimiento de normas por parte del Estado. Al normalizar lo anormal, es decir, al convertir una situación prevista para situaciones extraordinarias en una política pública corriente, los gobiernos colombianos han desconocido la Constitución.

Cronología del estado de excepción

La incidencia social e institucional del estado de excepción no ha sido la misma desde 1949. A partir de entonces pueden diferenciarse tres periodos. El primero de ellos se inicia en 1957, con la instauración del Frente Nacional, y se extiende hasta el final del gobierno del presidente López Michelsen, en 1978. Durante este tiempo las protestas ciudadanas aumentaron progresivamente y creció la apatía política de amplios sectores de la población. Inicialmente, el *estado de sitio* fue utilizado en las ciudades para reprimir —en un principio tímidamente— las manifestaciones de descontento, así como para resolver problemas derivados de la crisis económica heredada de la época de La Violencia. En el campo se vivía una situación de guerra contra la subversión guerrillera naciente y contra los pocos reductos de La Violencia. Mientras en las ciudades se restringían los derechos ciudadanos, con el fin de contrarrestar las manifestaciones políticas, en las zonas rurales se mataba para reprimir la subversión. Por otra parte, la intervención de los entes encargados del control —tanto constitucional como político— fue prácticamente nula.

El segundo periodo se inicia con el gobierno de Turbay Ayala (1978) y termina con el final del mandato del presidente Virgilio Barco (1990). En estos años, la excepción perdió fuerza como instrumento de control social —en parte por la disminución de las manifestaciones políticas de estudiantes y obreros— y ganó importancia como instrumento de represión de las actividades ilegales del narcotráfico y la subversión.

Durante la década de los setenta y principios de los ochenta, las fuerzas armadas y los organismos de seguridad del Estado obtuvieron prerrogativas propias de un régimen militar, lo cual los eximió de los costos políticos del ejercicio directo del poder. Desde mediados de la década de los ochenta y sobre todo a partir de la Constitución de 1991, estas prerrogativas fueron drásticamente limitadas. No obstante, la violencia y la desprotección de los derechos se agravaron. Esto se debió, por lo menos en parte, al hecho de que las reformas democráticas introducidas, así como los procesos de paz, fueron percibidos por algunos militares y funcionarios del Estado como un obstáculo para ganar la guerra y, por ese motivo, prefirieron abandonar el manejo legal del orden público, con todas las implicaciones en materia de violaciones a los derechos humanos que de allí se derivan. De la cultura de la excepción se saltó a la cultura de la guerra sucia.

A finales de los años ochenta, el proyecto político híbrido del Frente Nacional —democracia, militarización del Estado y exclusión social— empezó a parecer inviable, incluso para las elites políticas que lo idearon, a mediados de la década. Las ventajas que en un principio se obtuvieron de la combinación entre democracia y autoritarismo empezaron a mostrar resultados contraproducentes.

El tercer periodo se inicia con la promulgación de la Constitución de 1991, escrita y promulgada durante el gobierno del presidente Gaviria —no sobra agregar que ello se hizo a través de normas de excepción— y se extiende hasta hoy.

Desde los últimos años de la década de los ochenta, los movimientos populares se debilitaron, y disminuyeron las protestas organizadas por los sindicatos y los movimientos estudiantiles. El estado de conmoción —nuevo nombre del antiguo *estado de sitio*— perdió parte de su carácter permanente, debido a la restricción temporal contenida en el artículo 213 de la Carta Política. Por otra parte, el narcoterrorismo disminuyó notoriamente con el desmantelamiento del Cartel de Medellín, pero el secuestro, el homicidio y, en general, la privatización de la violencia y de los mecanismos de justicia adquirieron más importancia que nunca.

En los años noventa, la lucha contra la subversión cambió de método: de la estrategia seudolegal a través del estado sitio, se pasó, poco a poco, a una lucha abiertamente ilegal a través de los ejércitos paramilitares, solapadamente apoyados por amplios sectores del Estado y de la sociedad. Como consecuencia de ese cambio, desde mediados de los años ochenta, Colombia asiste a un proceso de fragmentación y deterioro institucional, que de manera paulatina se desplaza desde una situación en la cual predominaba la anormalidad constitucional, como resultado de la cuasi-permanencia del estado de excepción, hacia la proliferación incontrolada de grupos armados que proclaman su intención de sustituir al Estado en su función de administrar justicia.

En un país que tiene dos movimientos guerrilleros, poderosas mafias de narcotraficantes, ejércitos de paramilitares y una delincuencia común desbordada, es apenas natural que el tema de la seguridad se convierta en una preocupación nacional. Interpretando esa preocupación, el presidente Álvaro Uribe creó la política de seguridad democrática, con lo cual se consiguió mucha de la seguridad que hacía falta en Colombia. Por otra parte, en materia de lucha contra la subversión, el estado de excepción siguió relegado a un segundo plano. Sin embargo, dado el énfasis casi exclusivamente militar en la reconstrucción institucional de los territorios recuperados por el ejército a la guerrilla, y dado también que la complacencia sectorial del Estado —y de la sociedad— con el paramilitarismo continúa, la mayor seguridad se ha conseguido, en buena parte, a costa del deterioro de la dimensión democrática y legal de las instituciones.

LOS EFECTOS PERNICIOSOS DEL MAL USO DEL ESTADO DE EXCEPCIÓN

El poder ejecutivo, y de manera específica, el poder militar, obtuvieron, hasta mediados de los años ochenta, concesiones excesivas que no se tradujeron en una mayor eficacia en el control de los grupos armados en pugna con el Estado. A medida que aumentaba la justicia penal de excepción, paradójicamente disminuía su capacidad para remediar el conflicto que estaba llamada a resolver, y ello debido al efecto difusor de las violencias que acarreaba dicho aumento. La justicia luchaba contra un enemigo que se fortalecía en la medida en que resultaba atacado. El crecimiento de la justicia de excepción resultaba desproporcionado en relación con los resultados obtenidos: mientras más crecía el aparato represivo, más crecía el delito y el conflicto que el mismo aparato quería resolver. La dificultad para romper este círculo vicioso se encuentra en el hecho de que al tiempo que se incrementa el uso de la excepción y crece la ineficiencia del Estado, aumentan las razones aducidas por los gobiernos para justificar su uso y su fortalecimiento.

La ineficacia de las medidas de excepción, por un lado, y la búsqueda de un proyecto de régimen político-jurídico plenamente democrático a finales de la década de los ochenta, por el otro, condujeron a la implantación de controles judiciales frente a las facultades de excepción, pero quizás llegaron demasiado tarde. Tales controles hicieron atractiva la búsqueda de soluciones extralegales entre agentes del Estado, lo cual aumentó el fragor de la guerra, así como disminuyó y fragmentó el poder institucional.

De esta manera, de una situación inicial en la cual las elites nacionales pretendían consolidar un régimen político en la zona de frontera entre el constitucionalismo y el autoritarismo, se fue pasando a una situación en la cual el Estado es incapaz de controlar la pugna entre poderes armados en la que participan sus propios agentes. De los intentos de constitucionalización del poder excepcional del Estado se pasó al debilitamiento del Estado constitucional y a su consecuente inclusión en una guerra de fracciones. La práctica de la excepción constitucional, en la frontera seudoconstitucional, se ha convertido en una práctica bélica, en el territorio de la guerra.

En síntesis, en Colombia la excepción ha propiciado el desvanecimiento de la frontera entre lo legal y lo ilegal, y por esta vía ha facilitado el salto hacia el no-derecho, no sólo de funcionarios del Estado, sino también de particulares. La ineficacia de los objetivos de paz y orden trazados por las medidas de excepción, a pesar de su casi permanencia durante ciertos periodos de la historia nacional, ha producido desengaño respecto de las vías institucionales y una cultura antijurídica que es en parte responsable de la búsqueda, en la sociedad y en el Estado, de mecanismos alternativos e ilegales destinados a conseguir tales objetivos.

Lo sucedido en Colombia pone en evidencia la reducida distancia que hay entre la presencia bélica o meramente policiva del Estado y su ausencia; de la misma manera como, en los hechos, es estrecha la distancia entre el derecho penal de excepción y la caída en el abismo del no-derecho.

Bibliografía

Gallón, Gustavo. 1979. *Quince años de Estado de sitio en Colombia 1958-1978*. Bogotá: América Latina.

García Villegas, Mauricio y Rodrigo Uprimny. 2006. "El control judicial de los estados de excepción en Colombia", en *¿Justicia para todos? Sistema judicial, derechos sociales y democracia en Colombia*. Bogotá: Norma.

Loveman, Brian. 1993. *The Constitution of Tyranny, Regimes of Exception in Spanish America*. Pittsburgh: University of Pittsburgh Press.

Parte II
REFLEXIÓN TEÓRICA

15
LOS INCUMPLIDORES DE REGLAS

Mauricio García Villegas

El interés de los académicos por el estudio del comportamiento incumplidor cambia según el punto de vista desde el cual se está observando. Los economistas, por ejemplo, suelen concentrarse en el aumento de los costos de transacción que se produce en una sociedad donde las personas no acatan las normas, o en el deterioro del capital social y su incidencia en el desarrollo económico. A muchos politólogos, por su parte, les preocupa la deslegitimación de las instituciones ineficaces, y el incumplimiento como acto de resistencia al poder. A los sociólogos, a su vez, suele inquietarles el hecho de que la desobediencia pueda deteriorar los lazos comunitarios. A muchos historiadores les interesa saber hasta qué punto la herencia cultural que los pueblos americanos recibieron de España ha incidido en el comportamiento incumplidor. Los psicólogos sociales, por su lado, suelen estudiar el incumplimiento como un fenómeno asociado a la sumisión/resistencia a la autoridad. Muchos juristas, en cambio, se ocupan de estudiar las relaciones entre la desobediencia, por un lado y la moral, la legalidad o la efectividad del derecho, por el otro.

Todas estas perspectivas tocan aspectos importantes del desacato de normas y deberían, por lo tanto, hacer parte de una teoría sobre el fenómeno del incumplimiento. Integrar todas estas visiones en una teoría sería algo deseable, dada la importancia que tiene el estudio de este fenómeno, pero es algo muy difícil. Las ciencias sociales no disponen de herramientas lo suficientemente poderosas para captar este fenómeno en todas estas dimensiones. Una complejidad similar afecta a algunos de los más álgidos temas sociales y políticos, como la legitimidad del poder, la cultura política o la cohesión social. Por eso se dice, como lo señalé al final del capítulo introductorio, que los problemas más duros de la sociedad son abordados por las ciencias más blandas del conocimiento.

Con el propósito de hacer una primera aproximación al estudio de las prácticas de incumplimiento en Colombia, en este capítulo hago un intento por explicar esas prácticas a partir de la integración de tres puntos de vista a los cuales llamaré: estratégico, político y cultural. Cada uno de ellos pone el acento en un tipo particular de razones por las cuales los personajes incumplen. El punto de vista estratégico —que suele ser invocado por los economistas— considera que la gente incumple luego de hacer un cálculo de costos y beneficios de la obediencia. Según esto, los sujetos son actores racionales que no respetan las normas cuando los efectos negativos que acarrea ese comportamiento —la sanción, por ejemplo— pueden ser evitados, no son graves, o no se compadecen con los beneficios que se obtienen.[1]

El punto de vista político, en cambio, sostiene que cuando las personas incumplen, lo hacen como un acto de resistencia contra la autoridad. Según esta mirada, el mundo social está dominado por un puñado de usurpadores que detentan el poder; las insti-

[1] La mirada estratégica es quizás la más corriente y prestigiosa de los puntos de vista actuales sobre el fenómeno del incumplimiento. Una expresión de esta perspectiva se encuentra en los estudios sobre "capital social" (véase la introducción de este libro). Igualmente, véanse Putnam (1992), Fukuyama (1995), Coleman (1990) y Portes (1998).

tuciones y las autoridades carecen de legitimidad y, por eso, el subordinado no pierde oportunidad para incumplir y dejar de hacer lo que se le ordena.[2]

La perspectiva cultural, por su parte, supone que la razón por la cual las personas no acatan lo que las reglas establecen estriba en que los valores que ellas transmiten son vistos como menos importantes que otros valores —por ejemplo religiosos o familiares— arraigados en la cultura de los pueblos.[3]

Cada una de estas tres visiones acentúa un tipo particular de razones para incumplir: el interés, en el caso de la visión estratégica; la defensa, en el caso de la visión política y los valores, en el caso de la visión cultural. Por ello mismo, porque tienen en mente sólo un tipo de razones para incumplir, cada una de ellas se refiere a una mentalidad incumplidora en particular: alguien que incumple cuando no le conviene; otro que incumple para defenderse, y uno más que incumple porque cree que hay valores superiores a los de la norma que se impone. En la práctica, en cambio, una misma persona puede incumplir por varias, o por todas estas razones.

Es por eso que estos personajes incumplidores no son puros ni estáticos. Existen múltiples combinaciones entre ellos y, además, un mismo personaje puede cambiar según el contexto

---

2 La visión política del incumplimiento es más difusa y menos perceptible que la estratégica. Sólo se encuentran referencias breves y aisladas al incumplimiento entre quienes tienen una percepción crítica del poder y del derecho en América Latina. Una muestra de esta perspectiva puede encontrarse en aquellas ideas reunidas bajo la etiqueta "*teoría de la dependencia*", preocupada sobre todo por el tema del desarrollo. Véanse Gunder-Frank (1963); también, Cardoso y Faletto (1969), Furtado (1964), Cardoso (1973) y Stavenhagen (1966). Puede verse más bibliografía en la Revista *Nueva Sociedad* N° 113. Para una ilustración crítica de estas teorías véanse Deas y Gaitán (1995), Cardoso y Faletto (1979) y Collier (2000), así como en Snyder (1980).

3 Aquí tampoco existe una teoría cultural del incumplimiento. Sólo referencias aisladas pero frecuentes, sobre todo en los estudios históricos, culturales y ensayísticos. Al respecto, véanse por ejemplo Buarque de Holanda (1995), Zea (1957), Góngora (1951) y Romero (2001). Un ejemplo reciente de esta perspectiva es el libro de Lawrence Harrison (1985).

social en el que actúe. A continuación analizo la mentalidad de estos personajes incumplidores, luego me detengo en el estudio de los contextos en los cuales actúan y, finalmente, me refiero a los remedios necesarios para contrarrestar las prácticas de incumplimiento.

Las mentalidades incumplidoras

Es posible ponerles nombres a las tres mentalidades incumplidoras señaladas más arriba: a quien desobedece por interés lo llamaré "vivo", a quien lo hace por defensa personal contra la autoridad lo denominaré "rebelde" y a quien lo hace en nombre de valores superiores lo llamaré "arrogante". Estos no son los únicos personajes incumplidores; surgirán otros a medida que avance la explicación, por ahora me limitaré a describir la mentalidad de estos tres sujetos, teniendo presente que se trata de tipos ideales, no de una descripción fiel de la realidad (Weber 1992).

En el análisis de las tres mentalidades tendré en cuenta dos variables: la clase social —cada clase tiene sus formas típicas de incumplimiento— y el tipo de racionalidad, que puede ser valorativa o instrumental. Más adelante volveré sobre esto.

La visión estratégica: el vivo

El vivo es el personaje incumplidor más frecuente. En todos los países de América Latina, desde el norte de México hasta la Patagonia, el vivo es reconocido, y sus consignas practicadas: "El vivo vive del zonzo y el zonzo de su trabajo", dicen los argentinos. "El vivo vive del bobo", "a mí nadie me madruga", "yo no doy papaya", o "no dar papaya es el onceavo mandamiento", dicen en Colombia cuando se quiere mostrar que se es más vivo que los otros.

El vivo es un personaje de frontera. No es un pícaro, ni un vividor; tampoco es un travieso; pero tiene un poco de todos esos personajes. Si actúa de manera ruin es porque lo necesita, más que por ser esa su naturaleza. Si se aprovecha de los demás, es más por conveniencia que por principio; y cuando hace travesuras, no siempre es porque se lo propone. El vivo siempre busca satisfacer su interés personal y para ello acomoda los medios a los fines, para que le sirvan de la mejor manera posible, sin importar ningún código moral o ley.

La viveza es un comportamiento ambivalente. Por un lado, es motivo de elogio, en cuanto representa una capacidad para salir avante en situaciones difíciles; por otro, puede ser algo reprochable cuando se utiliza para "tumbar", engañar o sacar provecho del Estado o de alguien (que por lo general cumple). Pero en la práctica, en América Latina la diferencia entre estos dos sentidos de la viveza se desvanece. Cuando el vivo consigue lo que se propone, obtiene más elogio que reproche por su conducta. El cuento "Que pase el aserrador", de Jesús del Corral —uno de los cuentos emblemáticos de la cultura antioqueña—, refleja mejor que nada esta ambivalencia. Allí se cuenta la historia de un *paisa* muerto de hambre que pasa por un paraje en el cual necesitan un aserrador. Le preguntan si conoce alguno; entonces él se presenta como el mejor, aunque nunca en su vida ha practicado el oficio; convence a todos a punta de engaños y así consigue dinero e influencias.

En los casos incluidos en este libro hay muchas ilustraciones de esta ambivalencia. Los taxistas de Bogotá son un buen ejemplo, pues la necesidad de ganar dinero los impulsa a llegar primero a donde está el cliente, y a violar cuanta norma sea necesaria para lograr el fin de ganar dinero. Lo único que los detiene es la posibilidad de la sanción.

> Recoger a un pasajero en donde está prohibido —dice Teodoro, uno de los taxistas— cerrar a otro carro para recogerlo, o pasar un semáforo en rojo para coger a un cliente al otro lado de la calle es algo normal. Uno no va a dejar de ganarse la platica por respetar una señal de tránsito.

Comportamientos similares se encuentran en los vendedores ambulantes, en los pimpineros y en los estudiantes que hacen fraude en las universidades, así como en los saltadores de filas. La necesidad es vista como un asunto de vida o muerte, o por lo menos como un asunto más importante que el respeto a las normas. Se vive en una especie de estado de naturaleza en el que hay que sobrevivir; ningún valor es superior que aquel que nos exige salir adelante. El empeño en sobreponerse y ponerle el pecho a las dificultades es una virtud que, en la mente del individuo, justifica la trampa y el engaño.

Pero el vivo es ante todo un calculador. Su arte consiste en hacer un cálculo estratégico entre los riesgos del incumplimiento de reglas y los beneficios que resultan de incumplir. Por eso, el estudio de las mentalidades no es suficiente para predecir la manera como los incumplidores se van a comportar. También es necesario ver los contextos en los cuales esos sujetos diseñan sus estrategias. Muchos estudiantes de colegio, por ejemplo, se saltan las filas en sus establecimientos educativos, pero son fieles cumplidores de la regla de la fila cuando van a la Biblioteca Luis Ángel Arango. Su visión de la regla de la fila es la misma, pero en la biblioteca no se atreven a violar la norma.

Teniendo en mente esta idea de cálculo, los economistas suelen explicar el fenómeno del incumplimiento como un resultado de los incentivos para no cumplir, que se originan en la incapacidad institucional para sancionar a los desviados.[4] El incumplimiento es visto como el producto de una estrategia individual donde los costos de las prácticas criminales son bajos, comparados con los resultados obtenidos. Siendo así, el problema se origina en la existencia de instituciones débiles, que no logran imponer los comportamientos que consagran en sus normas jurídicas. La falta de sanciones efectivas es un incentivo para violar las normas, desobedecer resulta barato. Saltarse la fila, pasarse el semáforo

4 Para el caso colombiano, véanse Kalmanovitz (2001), Rubio (1996) y Cuéllar (2000), así como la introducción de este libro.

en rojo, hacer trampa en un examen, o vender gasolina de contrabando son comportamientos que cuestan poco en relación con los beneficios que traen. Cuando el Estado o las autoridades civiles no tienen la capacidad para sancionar los comportamientos desviados, los ciudadanos, en la práctica, deciden qué normas acatan y cuáles no.

Pero si el vivo es un calculador, sus cálculos no siempre lo benefician en el mediano y largo plazo. En su análisis sobre el incumplimiento de normas en Argentina, el constitucionalista Carlos Santiago Nino (2005) se vale del modelo del actor racional para sostener que en Argentina existe una especie de anomia en la vida social, a la cual denomina "anomia boba", por tratarse de un tipo de comportamiento que termina perjudicando a todos o a la mayoría de los actores involucrados, no obstante el hecho de que, desde el punto de vista individual, puede ser vista como un comportamiento racional. La mejor ilustración de esto se encuentra en el tránsito: cuando, para llegar primero, todos los conductores —o una gran mayoría— violan las normas elementales que ordenan respetar la separación de los carriles, todos terminan obstaculizándose y llegando más tarde de lo que hubieran llegado si hubiesen conducido según las reglas.

Los vivos justifican el incumplimiento con un supuesto "derecho" supralegal: el derecho a la competencia, a la aventura. Los individuos son vistos como jugadores, que juegan contra el Estado —y contra la sociedad— y que tienen derecho a engañarlo, tanto como éste puede atraparlos y sancionarlos. En la visión del juego, lo público es sólo un botín. La multa, la cárcel, el regaño, la expulsión o la muerte son fatalidades del juego, no castigos sociales. El derecho no es una norma social, sino un elemento más de la aventura de vivir en "sociedad". El reconocimiento social suele estar más ligado al triunfo que al mérito moral; el mérito es el triunfo y nada más. Los saltadores de filas en los colegios saborean este tipo de victorias, pero lo que sorprende es que los profesores sean indiferentes, y que vean este tipo de comportamientos como algo que nada tiene que ver con la formación de ciudadanos, de la cual ellos son, en buena parte, responsables.

Se crea así una cultura del incumplimiento gallardo que desprecia al ciudadano —o al funcionario obediente— y premia a los vivos. Esto hace que en Colombia prevalezca una especie de individualismo premoderno, indómito;[5] una cultura popular que ve en las instituciones, sus reglas y gobernantes, obstáculos para la realización de los fines individuales. Dado que el Estado y los bienes públicos son objeto de saqueo y engaño, la idea de lo público representa un vago y a veces sospechoso referente simbólico, que en todo caso no se traduce en un sentido de pertenencia social. La privatización de lo público en Colombia empieza por la visión viva del poder.

El rebelde

En la época colonial, los españoles y los blancos eran considerados personas honorables. Tener honor se asimilaba a tener virtud y libertad.[6] Esa libertad se traducía en dos grandes privilegios: no tener que trabajar y no tener que obedecer a casi nadie.[7] Tener que trabajar era visto como algo propio de clases inferiores, y la obediencia a Dios y al Rey —tan lejanos ambos—, aunque indiscutida, no implicaba necesariamente una obediencia a las autoridades locales. Mientras más honor se tenía, más libre se era. Los extremos de la escala social se diferenciaban no sólo en términos de riqueza, sino también de honor y libertad. De un lado estaban los poderosos, honorables y libres, y del otro, los esclavos.

No sólo se ganaba libertad por ser noble, también se ganaba nobleza por ser libre. Eso hicieron los mestizos libres, cuyo nú-

---

[5] No es extraño, además, que ese individualismo indómito se justifique con la racionalidad propia del individualismo moderno. El liberalismo colombiano ha sido más una defensa de clase que una defensa de la libertad del ciudadano.

[6] En el imaginario colonial se hacía la asociación entre el honor y la libertad (Garrido 1997).

[7] Para una ampliación de estas ideas, véanse Garrido (1997) y Lewald (1973).

mero aumentó considerablemente en el siglo XVIII, y quienes también eran llamados "libres de todos los colores". En una especie de mimetismo de las clases superiores, ellos empezaron a reivindicar su honor respecto de los grupos inferiores: el honor de no tener que trabajar como el esclavo y de "no ser mandado por nadie". El dicho tan común en aquella época —según Margarita Garrido (1997: 13)— de "cura mande indio", aludía a la identificación del no-indio con libre y por lo tanto con desobligado. De esta asimilación mestiza entre la libertad y el honor viene quizás esa idealización del comportamiento indómito, tan frecuente en la cultura latinoamericana. Pero no sólo eso, de allí también puede venir esa relativa aceptación de la desobediencia e incluso de la rebeldía como actos emanados de la libertad (y del honor).[8]

Los nuevos Estados que surgieron en América Latina a principios del siglo XIX con la independencia no sólo no lograron que la regulación estatal fuera universal y válida para todo el territorio, sino que tampoco lograron desterrar esa cultura libertaria e indómita que venía de la colonia.

Colombia no es una excepción de esa tendencia continental. Al contrario, aquí siempre ha habido no sólo grandes porciones del territorio nacional sin presencia del Estado, sino también fuertes manifestaciones autoritarias del poder (García Villegas 2008). En la época de la colonia había poblaciones aisladas, compuestas por mestizos, léperos, gauchos, cimarrones o zambos, que por diferentes motivos no tenían ningún contacto con los centros de poder.[9] Estos personajes rebeldes sobrevivieron a la

---

8 En su célebre libro *Raíces de Brasil* (1995), Buarque de Holanda explica cómo la rebeldía del criollo, su carácter indómito, su aprecio por la aventura y por la libertad tienen origen en la cultura ibérica y cómo hallaron terreno abonado para desarrollarse y perfeccionarse en estas tierras ricas e inconmensurables. El espíritu aventurero nos viene de España; de allí recibimos –dice Gabriel García Márquez– "[...] el ser emigrantes congénitos con un espíritu de aventura que no elude los riesgos. Todo lo contrario: los buscamos" (García Márquez 1996).

9 Un ejemplo de estos territorios en Colombia es El Patía, lugar de refugio de bandidos, contrabandistas y delincuentes durante casi todo el siglo XIX. Véase Safford y Palacios (2002).

independencia; algunos existen todavía, otros se han transformado y han dado lugar a nuevas formas de resistencia contra el poder estatal. La guerrilla es la expresión más fuerte y radical de estos viejos rebeldes.

El tradicional déficit de eficacia y legitimidad de los Estados latinoamericanos ha sido, y es, el caldo de cultivo de las prácticas de resistencia al poder.[10] La historia de América Latina está llena de personajes rebeldes, algunos de los cuales han sido incluso sus protagonistas. Gauchos en Argentina, charros en México, llaneros en Venezuela, bandoleros (*cangaceiros*) en el nordeste brasileño, todos tienen mucho de este carácter indómito y rebelde (Pereira de Queiroz 1992). El gaucho argentino encarna como pocos a ese campesino indómito —Martín Fierro, el personaje clásico de la literatura argentina es un ejemplo— que desconfía de todos, en particular del Estado y de los habitantes de la ciudad, y que defiende la vida sin ley ni orden.

La diferencia entre lo criminal y lo político siempre ha sido tenue para estos personajes: "Quizás eran los mismos —dice José Luis Romero (1999: 217)— los que se unían a las bandas que asaltaban los caminos y los que se incorporaban a los ejércitos revolucionarios [...]". Muchos rebeldes célebres en el continente rompieron sus ataduras con la legalidad en venganza por un hecho que consideraron una afrenta contra su persona o su propiedad. Manuel Marulanda Vélez tomó las armas en Colombia para vengarse del robo de unos marranos y unas gallinas. Emiliano Zapata formó parte de la Junta de Cuatla, en la que se reivindicaban las tierras comunales de los campesinos indios de Morelos para sus trabajadores, y que fue violentamente reprimida por el gobierno. La rebeldía de ambos estaba dirigida a restablecer la justicia o a reivindicar un derecho, más que a cambiar

10 Eso no significa que exista una relación directa y necesaria entre legitimidad y rebeldía. No siempre los atropellos del poder dan lugar a manifestaciones contestatarias. Al respecto, véase McAdam, McCarthy y Zald (1996).

las instituciones o a instaurar una sociedad mejor.[11] La Iglesia y el Estado no eran cuestionados, ni siquiera la jerarquía social o la división de clase.

En Colombia, la idea de resistencia social y comunitaria al poder —sobre todo imperialista y capitalista— es cada vez más frecuente. Para el senador colombiano Jorge Robledo, en los momentos actuales "no se puede hacer otra cosa que resistir, pues si nos doblegamos renunciaremos para siempre a resolver nuestros problemas seculares" (*Cronicón* 2008). El tema de la resistencia ha adquirido muchos adeptos en el continente, si bien el contenido de esa posición y su relación con el Estado varían mucho, desde la resistencia guerrillera, hasta la resistencia de la sociedad civil contra los violentos, pasando por los movimientos de resistencia indígena, la resistencia sindical y la resistencia comunitaria.[12]

Pero la rebeldía también se manifiesta como una especie de soberanía individual o de reivindicación de la libertad individual, que nadie tiene derecho a someter.[13] En las investigaciones que dieron lugar a los estudios de caso incluidos en este libro, tuvimos la oportunidad de encontrarnos con estudiantes insumisos que se enfrentaban a sus profesores, conductores que se negaban a obedecer a los policías de tránsito, clientes que no estaban dispuestos a hacer filas, campesinos y empleados que se levantan contra los patrones, etc. Una buena ilustración de la importancia que tiene la mentalidad rebelde se encuentra en el gusto popular por la música que contiene letras insurgentes. No sólo me refiero a la

---

[11] Como lo anota Eric Hobsbawm (1969), el bandolero busca hacer justicia, más que derrocar al poder dominante. Véase igualmente Sánchez y Meertens (2006).

[12] Para un análisis detallado de este espectro de movimientos, véanse García Villegas (2005), Archila (2003) y Múnera (1998).

[13] También en los Estados Unidos hay toda una tradición de comportamiento rebelde. Esto es lo que decía el famoso criminal Al Capone: "*I make my money by supplying a public demand. If I break the law, my costumers who number hundreds of the best people in Chicago, are as guilty as I am. The only difference between us is that I sell and they buy. Everybody calls me a racketeer. I call myself a businessman. When I sell liquor, it's bootlegging. When my patrons serve it on a silver tray on Lake Shore Drive, it's hospitality*" (Boorstin 1973: 84).

llamada *música protesta*, que tuvo un auge importante en América en la década de los setenta, sino a la música popular. "Con dinero o sin dinero / hago siempre lo que quiero / y mi palabra es la ley", dice una ranchera canturreada a lo ancho y largo del continente. Como lo muestra el capítulo de este libro dedicado a este tema, "La ley y la música popular", esas letras rebeldes —en géneros tan diversos como el rap, los corridos, las rancheras y la salsa— en las cuales se pone de presente el desprecio por la autoridad y se hace un llamado a la rebeldía contra la ley, corresponden a un sentimiento bien arraigado en la cultura popular.

Algunos vendedores ambulantes —sobre todo aquellos que venden productos legales— tienen esa actitud frente a la policía. La consideran usurpadora e ilegítima, y por eso se enfrentan a ella, asumiendo las consecuencias de su rebeldía, como en el caso de Bernardo, un vendedor que no duda en encarar a la policía y discutir con ella cuando vienen a sacarlo del sitio donde trabaja. Algo similar sucede con algunos pimpineros; es porque creen que su derecho al trabajo es superior a las normas que prohíben el contrabando de gasolina que se enfrentan a la autoridad y están dispuestos a ir a la cárcel. Más aún, en Colombia hay muchos ejemplos de manifestaciones populares destinadas a la defensa de la ilegalidad, o por lo menos de un estado de cosas claramente ilegal. Uno de ellos ocurre en los populares "sanandresitos", donde se vende buena parte del contrabando que entra al país. Cuando la policía interviene, la reacción de los comerciantes suele ser no sólo muy organizada y consistente en la defensa del contrabando, sino muy violenta. Algo parecido ha pasado en Riohacha cuando se ha intentado controlar el contrabando.

EL ARROGANTE

José Luis Romero sostiene que la concepción épica de la vida fue el primer rasgo de la mentalidad conquistadora.[14] De Espa-

[14] En esto, Romero (1999: 116) sigue a Unamuno (1993).

ña recibimos una cultura que aprecia más los mitos grandiosos, la vida heroica y el espíritu nobiliario que la virtud del trabajo manual, el progreso material y la vida en sociedad. "Si España no es grande por su habilidad y riqueza industrial y comercial lo es en cambio por su ánimo y grandeza", dice De la Torre (citado por Zea 1957: 228). Mientras en una parte de la Europa del siglo XVIII, la burguesía, la igualdad, el culto por el trabajo y la acumulación de riqueza se imponían, en Iberoamérica predominaban la defensa del espíritu señorial, la justificación de las diferencias sociales y la vida contemplativa. El ascenso social estaba más fundado en un "capital social" ligado a la sangre y al pasado, que en las virtudes burguesas del trabajo y la consagración a las labores cotidianas.

> Una ociosidad digna —dice Leopoldo Zea (1957: 230)— fue siempre mejor o más ennoblecedora, a los ojos de un buen portugués o español, que la ardua lucha por el pan de cada día.

Más que una actitud generalizada en toda la sociedad, este espíritu señorial era una característica de la moral que predicaba la elite española gobernante del siglo XVIII, todavía presente en una buena parte de las elites actuales, que no dejan de incumplir las leyes vigentes cuando ellas atentan contra sus convicciones e intereses. Las elites siempre han invocado circunstancias excepcionales para justificar este desacato, entre las cuales está, por supuesto, su propio desacuerdo con el contenido de tales normas (Waldmann 2006).

En esta concepción señorial, la religión y la familia son vistas como valores superiores a la ley. Los españoles veían en la religión una verdad universal e indiscutible que ellos estaban en la obligación de difundir e imponer, incluso por la fuerza, si era necesario. La visión católico-española del mundo no propiciaba la construcción de una estructura social fundada en reglas de juego claras y universalmente aplicadas, como sucedió en los países de cultura protestante. La moralidad señorial —dice Fernando Escalante (2002: 87)— suponía:

> [...] una personalización de la autoridad, una organización jerárquica de la vida social, una defensa tradicionalista del orden local, una lógica clientelista de las relaciones políticas y un recelo permanente frente a la autoridad formal.

La familia y la fe estaban siempre por encima de estos valores sociales y tenían como efecto la introducción permanente de excepciones a las reglas del derecho.[15] Religión y familia se convirtieron en fuentes supralegales de interpretación de la ley y de la vida en sociedad.[16] Ciertos personajes de la música ranchera son claros herederos de este espíritu señorial.

El progreso del mercado y el surgimiento de la burguesía a finales del siglo XIX no pudieron desterrar las estructuras económicas heredadas de la colonia, ni la concepción señorial que acompaña a quienes dominan tales estructuras. Con la independencia de España rodó la cabeza del rey, pero no las de los caudillos, militares, caciques, curacas y cabecillas, dice Erika Silva Charvet (2005: 134). Muchos señores se transformaron en burgueses, pero conservaron los resabios de su orgullo nobiliario.

En el siglo XX, la población mestiza ganó terreno, incluso entre las elites dominantes. Sin embargo, el espíritu de superioridad moral y política de los poderosos cedió muy poco. Un ejemplo elocuente de esta actitud de superioridad moral se encuentra en

---

15 Al respecto, Buarque De Holanda (1995: 139) dice: "Por lo mismo que nos resistimos a aceptar un principio supraindividual de organización y que hasta el culto religioso se vuelve aquí excesivamente humano y terreno, toda nuestra conducta ordinaria denuncia, con frecuencia, un singular apego a los valores de la personalidad moldeada en el recinto doméstico".

16 Así, por ejemplo, en 1776 una sanción Real estableció que el honor de la familia podía ser una de las objeciones judiciales al matrimonio. Según Mario Góngora (2003: 122), "esta disposición muestra hasta qué punto la política de Carlos III, lejos de ser burguesa, todavía estaba inspirada en conceptos basados en el estatus y el honor".

la defensa que hizo de sí mismo Gilberto Alzate Avendaño, un abogado de Manizales, considerado como el fundador de lo que se llamó un "conservatismo insurgente", y quien poseía un discurso exaltado, brillante e incendiario. En una ocasión en la que fue conducido ante los jueces para que explicara su participación en una huelga de choferes que terminó en una masacre, el político caldense escamoteó las preguntas del juez, y lo hizo no sólo con respuestas pedantes y burlescas, destinadas a mostrar su superioridad intelectual y moral, sino que puso de presente la necesidad de subordinar la ley a los valores superiores.

> Precisamente porque soy un jurista en ejercicio —le decía al juez— no tengo la superstición de la letra muerta de la ley. Creo en un derecho fundado en la voluntad de los hombres vivos. No solamente he estudiado leyes, sino su filosofía, su justificación ética. Teólogos españoles como Suárez y Mariana me han enseñado que no se debe obedecer la ley injusta. (Alzate Avendaño 2000)

Un menosprecio similar por la ley y por los jueces se encuentra en Álvaro Gómez Hurtado y en Fernando Londoño Hoyos. En el ensayo de Rodrigo Uprimny sobre Álvaro Gómez, incluido en este libro, se muestra claramente esa justificación —aristocrática— del incumplimiento de normas.

En la vida cotidiana de las ciudades también es posible detectar estas actitudes arrogantes. Ejemplos de ello se encuentran en la manera como se comportan en el tránsito quienes tienen autoridad política o social: se atraviesan a los demás conductores, no respetan las filas, parquean sus automóviles en sitios prohibidos, no pagan las multas, etc. En las filas de los bancos —y no sólo en ellas— también vimos cómo este tipo de comportamiento es muy frecuente. Lo mismo sucede con los socios del Club de Pesca de Cartagena, cuando utilizan una parte de la legislación para defender sus propiedades y otra para impedir que los negros de las Islas del Rosario defiendan la suya.

***

Las tres mentalidades descritas hasta aquí ilustran las visiones sobre el incumplimiento que fueron presentadas al inicio de este capítulo. La visión estratégica tiene en mente al vivo; la política, al rebelde; y la cultural, al arrogante. La racionalidad instrumental, la percepción de ilegitimidad del poder y la creencia en valores supralegales son las tres razones que, respectivamente, alimentan estas tres mentalidades. Pero, como dije antes, estas visiones no son puras. En la práctica se mezclan y se combinan. Es así como pueden ser diferenciadas tres mentalidades intermedias. La primera de ellas combina la viveza con la rebeldía, y es propia de un personaje que denominaré el *taimado*; la segunda conjuga la viveza y la arrogancia, y corresponde a alguien que llamaré el *déspota*; y la tercera incorpora la rebeldía y la arrogancia, y pertenece a un personaje que llamaré el *restaurador*.

EL TAIMADO

Incluso en las sociedades más jerarquizadas, donde los poderosos parecen detentar todo el poder, hay algún momento en el cual los subordinados logran expresar su repudio por los que mandan. En *The Weapons of the Weak*, James Scott cita el siguiente proverbio: "Cuando el gran señor pasa, el campesino sabio hace una gran reverencia y silenciosamente se echa un pedo" (Scott 2000). Los negros de las Islas del Rosario son una buena muestra de esta actitud de desprecio solapado por los blancos ricos del interior del país. La opresión y el sometimiento no son nunca absolutos. En su vida cotidiana, los dominados desarrollan una especie de arte político de la resistencia, que les permite —a veces— escabullirse entre las rendijas de la dominación.[17]

[17] Véase Scott (1985 y 2000), Wachtel (1971), Gruzinski (1999) y Grignon y Passeron (1989).

En Colombia existe toda una cultura del desacato fundada en la convicción popular de que el ejercicio de la autoridad —en todas partes: en la burocracia, en la escuela, en el deporte, en la fábrica— es producto de la suerte, de las relaciones de clientela, de la astucia o de la fatalidad, pero no del mérito o de la ley. La llamada "malicia indígena" tiene mucho de esa actitud de defensa velada del subordinado frente al superior.

Pero la malicia no es sólo indígena; ha permeado todas las clases sociales. El personaje que representa esa actitud es el *taimado*. Se trata de un sujeto híbrido, que combina la actitud estratégica propia del vivo, con el desconocimiento de la autoridad propio del rebelde. En los estudios de caso incluidos en este libro, se ilustran muchas actitudes taimadas. Vendedores ambulantes, estudiantes, campesinos, contrabandistas, conductores, etc., suelen combinar una actitud obsecuente y de acatamiento a la autoridad, con una estrategia de desacato puesta en práctica ante el más mínimo descuido de quienes detentan esa autoridad.

Una manifestación elocuente del rechazo hacia la ley y la autoridad entre los subordinados es el desprecio que en toda América Latina existe por quienes delatan a otros, o simplemente colaboran con el poder. En Colombia se les denomina "sapos", en otros países son lambones, chupamedias, lambeculos, etc. En colegios, oficinas, casernas y fábricas, las actitudes del sapo suelen ser vistas como la traición de un sometido contra otro. El lambón es despreciado porque se considera que es alguien que "se pasa del lado de los poderosos", y de esta manera fortalece el poder de dominación y debilita el comportamiento taimado y la igualdad que debe existir entre quienes están llamados a obedecer. Es tan fuerte la complicidad de los subordinados que, en una ciudad como Bogotá, el concepto de lambón o de sapo se extiende incluso a quienes simplemente son disciplinados y obedientes. Como quien dice, "el pilo" es también un "sapo".

El déspota

Cuando la mentalidad arrogante se combina con la viveza, surge el *déspota*, que es una especie de arrogante hipócrita. Por definición, déspota es quien abusa de su poder o autoridad; alguien que de manera inescrupulosa se aprovecha de su situación para obtener beneficios personales. Como puede verse en esta definición, la creencia en valores supralegales y el abuso del poder son como dos imanes que se atraen.

El menosprecio de buena parte de las elites latinoamericanas por el derecho, por lo público y en general por las reglas sociales —salvo las de su propio grupo social— suele traducirse no sólo en una justificación del incumplimiento del derecho, sino también en una justificación del abuso del derecho y de los valores que defienden. Algunos miembros de las elites negocian la aplicación de la ley; para ello "hablan con las autoridades correspondientes" y acomodan su cumplimiento a sus propias necesidades e intereses. El gran jurista argentino Genaro Carrió cuenta que, en alguna ocasión, algunos generales del Ejército acudieron a él para preguntarle de qué manera podían derrocar el régimen constitucional (Carrió 1973). Para muchos gobernantes en América Latina, como los generales argentinos que hablaron con Carrió, el derecho ha sido más un instrumento de poder que un límite de éste.

La actitud de incumplimiento del déspota tiene fuerte arraigo en una sociedad que acepta desigualdades sociales profundas como si fuesen algo normal, e incluso justificado. Esta actitud es frecuente en las sociedades latinoamericanas. En Colombia y Brasil la desigualdad es mayor que en Uruguay o en Chile, pero en todos los países las elites están acostumbradas a vivir en un entorno social donde los pobres, cuando no mendigan, ofrecen de manera casi incondicional su fuerza de trabajo. Esta distancia entre pobres y ricos ha alimentado el espíritu aristocrático de las elites y su convicción de que cuando pagan a los humildes por sus servicios, están haciendo un acto de caridad, más que cumpliendo con una obligación legal. La debilidad del espíritu igualitario, ciudadano y legal de nuestras burguesías —comparadas con las de otros lugares— se origina en esa costumbre inveterada de relacionarse en la vida cotidiana con gente muy pobre a la que consideran inferior. Por eso, no es de extrañar que los salarios que reciben las empleadas del servicio, los mayordomos, los jardineros, los choferes, los mensajeros y otros empleados que viven al borde de la miseria, estén, con mucha frecuencia, por debajo de los mínimos legales establecidos. "Es gracias a lo que yo le pago, que fulano no está pidiendo limosna en la calle", suelen decir los miembros de las elites latinoamericanas cuando hablan de sus empleados domésticos.

Aquí todavía tenemos rezagos de esa elite desdeñosa que no encuentra ninguna inconsistencia entre su piedad religiosa, por un lado, y la evasión de impuestos, el menor pago a sus empleados o la violación de las normas del espacio público, por el otro.

El restaurador

Finalmente, hay un personaje que combina la visión del mundo del rebelde con la del arrogante. Del primero recoge su descontento con el mundo actual, su rechazo frontal hacia el poder existente y su deseo de cambiar las cosas, aunque sea por medios ilegales. Pero el restaurador no es un revolucionario, no es alguien que lucha por un mundo nuevo, más justo y mejor, sino alguien que batalla por la recuperación de un mundo donde los viejos valores y la tradición tenían su lugar. Esto último es lo que hereda del segundo, es decir del arrogante. El restaurador es un nostálgico; sueña con la recuperación de un mundo supuestamente justo y bueno que ya pasó.

El restaurador se diferencia del arrogante en que mientras este último considera que la ley es justa y necesaria, pero tiene excepciones relacionadas con la posición que él ocupa en la sociedad, con su familia y con su religión, el restaurador es un incumplidor más radical, que no cree en la ley o en la autoridad, y está dispuesto a luchar, en nombre de esos valores superiores, por su derrocamiento y sustitución. Por otra parte, si bien el restaurador comparte sus creencias con el déspota, se diferencia de éste último por estar convencido de lo que cree, por sobreponer sus principios a sus intereses.

Toda sociedad tiene sus restauradores; sus consignas no siempre son visibles y no siempre hacen un llamado al derrocamiento violento de los poderes existentes. Pero en algunas ocasiones, sobre todo cuando se viven momentos revolucionarios, los restauradores toman las armas y se organizan en un ejército contrarrevolucionario. Ese fue caso del levantamiento de los pastusos Merchancano y Agualongo en defensa del rey de España y en contra del ejército liberador comandado por Simón Bolívar, en 1823. En el siglo XIX hubo muchos levantamientos que se hicieron en nombre de la religión y de los valores tradicionales, empezando por las guerras promovidas por los caudillos del sur de Colombia, conocidos como los supremos (1839-1842), quienes se opusieron al gobierno liberal de José Ignacio Márquez. Otro restaurador célebre fue Pedro Justo Berrío, quien se opuso a Pascual Bravo, lo derrotó y fundó un régimen conservador y católico en Antioquia. Luego vinieron Rafael Nuñez, y más tarde Laureano Gómez. Aunque este último no tuvo éxito en sus propósitos de instaurar un régimen católico y tradicional, también puede ser ubicado en este grupo.

No todos los restauradores son miembros de la elite dominante. A veces son subordinados suyos, que están dispuestos a seguir sus cruzadas con un entusiasmo y un radicalismo que ni sus mismos jefes tienen. Luis María Lozano, *El Cóndor* —ilustrado en un capítulo de este libro— no era un miembro de esa elite dominante, pero le obedecía a ciegas. Por eso llegó hasta el punto de justificar, en nombre de la salvación de la Iglesia católica, el exterminio de los liberales.

Como los rebeldes, no todos los restauradores se lanzan a la guerra. Algunos muestran su carácter radical a través de diatribas contra una autoridad que consideran ilegítima, y hacen un llamado al regreso del viejo orden. Personajes de este tipo se encuentran en toda la historia nacional, desde Bolívar hasta Álvaro Uribe, pasando por Miguel Antonio Caro, Julio Arboleda, Mariano Ospina y muchos otros. En la historia reciente son muy conocidas las andanadas del ex ministro Fernando Londoño Hoyos contra la Corte Constitucional —a la cual acusa de instaurar un régimen similar al del terror en la época de Robespierre— y contra la justicia en general. En septiembre de 2005, un oscuro senador uribista llamado Ciro Ramírez hizo un llamado a la desobediencia civil en caso de que la Corte Constitucional no declarara la constitucionalidad del referendo que le permitiría al presidente ser reelegido.

***

La tipología de personajes incumplidores que he presentado hasta aquí es un punto de partida interesante, pero no alcanza a captar buena parte de las complejidades propias del fenómeno del incumplimiento. Esto se debe a que dichos sujetos representan tipos ideales. En la práctica, los personajes se mezclan. Alguien que se salta una fila de un banco puede hacerlo para aprovecharse del cumplimiento de los demás, pero también porque cree que tiene más "derecho" a pasar primero. La primera razón es propia del vivo, mientras que la segunda lo es del arrogante. Cuando un empleado público disimula su ocio en el trabajo lo puede hacer tanto por defenderse de un patrón que lo avasalla, como por pereza o por comodidad. La viveza puede reforzar los comportamientos del arrogante, como en el caso del rico que paga menos impuestos porque desprecia al gobierno y, además, porque simplemente le conviene. Cuando Monseñor Castrillón recibió dinero de Carlos Leder, justificó su actitud diciendo que lo que importaba no era de dónde venía la plata, sino a dónde iba. Los pandilleros colombianos, o los maras de Centroamérica, son tan taimados y tan vivos como arrogantes. El comportamiento rebelde y el arrogante muchas veces se confunden en personajes que no obedecen sino a sus propias creencias.

La viveza es el comportamiento más frecuente entre los incumplidores. El taimado y el arrogante suelen ser también vivos. Por eso, por ser muy común, la cultura del incumplimiento suele ser atribuida al vivo más que a cualquier otro personaje, y por eso también, es el punto de vista estratégico —que suele tener en mente a un actor racional— el que más visibilidad tiene.

Los seis personajes explicados tienen una relación particular con las dos variables planteadas al inicio: la clase social y la racionalidad (véase gráfico 1). Cada clase social tiene su manera típica de incumplir. En la clase alta se suelen encontrar incumplidores arrogantes. Muchos ricos de América Latina soportan mal la inclusión social y la igualdad de derechos, y por eso multiplican mecanismos de diferenciación social que les permitan seguir disfrutando de su posición —simbólica y material— de privilegio. Uno de esos mecanismos consiste en introducir excepciones a las normas, de tal manera que les permitan no tener que cumplir. Muchos miembros de la clase media, por su parte, atrapados en medio del temor de caer en la marginalidad y la ilusión de ascender socialmente, suelen ver el mundo social como una competencia que el Estado no es capaz de regular y que por lo tanto, termina premiando a los más astutos. Muchos pobres, a su vez, tienden a mantener una actitud de defensa respecto de un poder que consideran, si no abusivo, por lo menos ajeno. Por eso, porque se sienten víctimas del sistema normativo, no cumplen, o sólo cumplen cuando se sienten obligados.

Estas son maneras típicas de cumplir, que pueden variar y combinarse, pero que logran cierta permanencia en la estructura económica que las soporta. Los personajes incumplidores no sólo representan culturas y maneras de ver el poder, el derecho y las reglas sociales, sino también visiones y estructuras de clase relativamente estables. Las visiones del poder y del derecho, por un lado, y las estructuras de clase, por el otro, mantienen —según lo dicho por Pierre Bourdieu (1986, 1977)— una incidencia recíproca, de tal manera que la cultura se encuentra estructurada y la estructura subjetivizada por dicha cultura.

La segunda variable se refiere al tipo de racionalidad de los actores sociales. Para ello me apoyo en la distinción clásica de Max Weber entre racionalidad valorativa e instrumental. La primera se funda en la creencia en un valor —ético, estético o religioso— sin importar los resultados que conlleve el seguimiento de dicho valor (Weber 1992). Esta es la ética propia de los santos, su conducta obedece a sus creencias y no están dispuestos a negociar dichas creencias aun cuando las consecuencias puedan parecer indeseables. La racionalidad instrumental, por su lado, está determinada por la búsqueda de los medios más eficientes posibles para alcanzar los resultados esperados. Esta racionalidad caracteriza al político; su objetivo es lograr ciertos fines, y para ello está dispuesto a adaptar los medios —con sus valores y sus creencias— para conseguirlos (Weber 1978). Como se observa en el gráfico 1, la racionalidad estratégica es predominante en el vivo, el déspota y el taimado, mientras que la mentalidad valorativa es propia del rebelde, el arrogante y el restaurador.

Quizas lo primero que hay que advertir es que el carácter masculino de los personajes aquí descritos no significa que las mujeres no incumplan, ni siquiera que su incumplimiento sea menos importante. Solo significa que el género no ha sido tenido en cuenta —lo cual es, sin duda, una deficiencia del análisis— y que habría que afinar la investigación para mostrar cuál es el papel que esta variable juega en la tipología.

Ahora bien, como dije antes, en la práctica, estos personajes no sólo se mezclan, sino que un mismo sujeto puede cambiar de mentalidad de un momento a otro. Pero hay algo más; en la realidad, el fenómeno del incumplimiento en una sociedad determinada suele tener motivos mucho menos claros y definidos de lo que esta tipología sugiere. Con mucha frecuencia, el incumplidor es un tipo negligente, perezoso, descuidado o simplemente indolente, que no se reconoce bien en ninguno de estos personajes. Pero eso no invalida la importancia de la tipología, aunque muestra —como es natural en este procedimiento analítico— que la realidad es más compleja que las categorías que usamos para entenderla, aunque justamente por eso la tipología puede ser útil: para discernir mejor esa complejidad.

Gráfico 1
Mentalidades incumplidoras

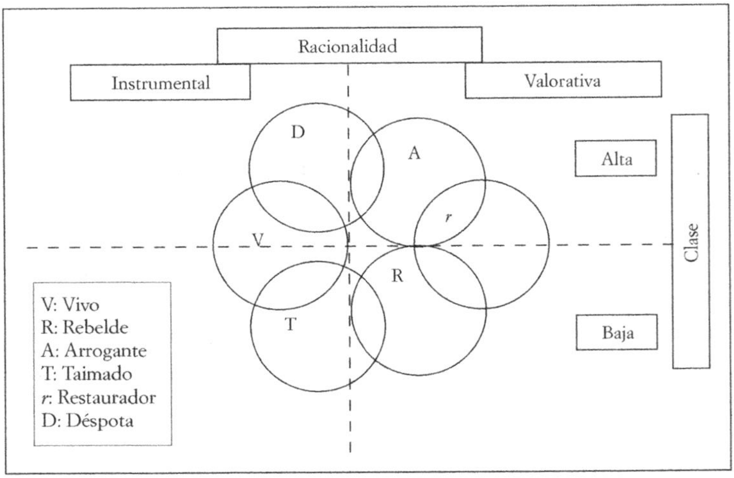

Tampoco sobra agregar que cada uno de los seis personajes descritos —con las combinaciones diacrónicas y sincrónicas propias de cada caso— refleja una manera de ser rutinaria y corriente de una parte de la vida diaria de los colombianos. Más que desviados, sus comportamientos están "normalizados" y de cierta manera regularizados en la sociedad. Ellos se guían más por reglas sociales que por otro tipo de normas.

Es por eso que, por lo general, ni los personajes incumplidores, ni los demás, perciben las prácticas de incumplimiento como actos delincuenciales o vandálicos, ni siquiera como perturbaciones del orden. Esa actitud está bien ilustrada en el caso de los campesinos de Tonusco Arriba, incluido en este libro. Pero quizás la mejor ilustración de esta actitud se encuentra en el tránsito vehicular de las grandes ciudades. La gente se queja —raramente protesta— pero en la mayoría de los casos el incumplimiento es visto como una fatalidad, como algo que hay que soportar, incluso tolerar, no como una falta.[18] Por eso, suele ocurrir que los conductores no sólo no acepten el reproche de quienes eventualmente los critican, sino que contesten esos reclamos con un airado "¿y a usted que le importa? ¡No sea sapo!".

A veces las mentalidades incumplidoras se encarnan en grandes criminales: el rebelde puede terminar siendo un guerrillero, el déspota un tirano, el vivo un jefe de la mafia, el taimado un ladrón, etc. Por diversas circunstancias, los incumplidores de reglas sociales pasan a la ilegalidad abierta. Este paso no siempre se produce de manera sencilla, pero se da con más facilidad en una sociedad como la nuestra, donde el cumplimiento de pequeñas reglas es más frecuente, que en una sociedad de grandes mayorías de cumplidores natos. Pero el salto a la criminalidad —ilustrado por algunos personajes incluidos en este libro— no debe oscurecer el hecho de que las mentalidades de estos personajes suelen estar presentes en ciudadanos comunes y corrientes.

Sin embargo, no todos los incumplidores que abandonan su estado "normalizado" se convierten en delincuentes; existen otras actitudes de ruptura frente al orden social que no son propiamente delictivas. Los taimados, y a veces los vivos, por voluntad o por necesidad, desatan las amarras que los vinculan al mundo social, para convertirse en marginados o en colonos que viven en los bordes del mundo social. El arrogante puede convertirse en un intelectual cínico o en un bohemio; ambos se apartan del mundo social con una actitud de desprecio por los valores y las reglas sociales establecidas. Todos estos personajes pueden ser catalogados como incumplidores radicales, a diferencia de los incumplidores ordinarios o prosaicos.

---

18 Uno de los propósitos de las campañas de cultura ciudadana del alcalde Antanas Mockus consistió en aumentar la autorregulación; es decir, el reproche ciudadano a las conductas desviadas, a través de la denuncia.

Por último, no sobra agregar que los personajes aquí descritos han sido construidos a partir de motivaciones. Ellas pueden ser de muchos tipos; a veces están fundadas en simples intereses personales —como suele pasar con el vivo—, otras en principios racionales —el rebelde o el arrogante pueden tener razones de este tipo—, y en ocasiones en simples pasiones —como puede suceder con el déspota, el rebelde o el restaurador. El tema de las motivaciones es muy complejo —como lo ha mostrado Jon Elster en su libro *Alchemies of the Mind* (1999)—, entre otras razones porque no siempre lo que se hace explícito es lo que realmente impulsa al individuo (como en el cuento de la zorra y las uvas verdes, muchas veces adaptamos nuestras motivaciones a nuestras posibilidades o a nuestros intereses). Aquí he dejado de lado estas complejidades —más propias de un análisis microsociológico— y me he limitado a tratar el tema de las motivaciones como si fueran estáticas.[19]

Los contextos

El estudio de las mentalidades es importante para entender el fenómeno del incumplimiento, pero no es suficiente. Una misma

---

[19] Para aquellos lectores interesados en debates más técnicos, de teoría social, quisiera hacer aquí dos anotaciones: 1) las motivaciones a las que me refiero —propias del incumplimiento prosaico— están en una zona conceptual intermedia entre los actos puramente voluntarios (agencia social) y las estructuras que se imponen a los sujetos. Para decirlo en términos de Bourdieu, son como los *habitus* ("disposiciones duraderas y transportables, estructuras estructuradas predispuestas para funcionar como estructuras estructurantes, es decir, como principios que generan y organizan las prácticas y las representaciones" (Bourdieu 1990: 53); y 2) justamente por eso, porque las mentalidades no son puras en términos de agencia o de estructura, el Gráfico 1, al plantear todo en términos de racionalidad instrumental o valorativa —es decir en términos de agencia—, deja por fuera las motivaciones que tienen un origen más pasional —venganza, rabia, miedo, etc.— que racional, y que de cierta manera se imponen a los sujetos (Elster 1999). Soy consciente de esas limitaciones e intentaré tenerlas en cuenta para futuros trabajos. Agradezco a María Paula Saffon por hacerme ver estos puntos.

persona, con una mentalidad incumplidora bien definida, puede convertirse súbitamente en un cumplidor estricto cuando pasa de un contexto a otro. Vimos este cambio en los taxistas, los estudiantes, los conductores y otros personajes que hacen parte de los casos incluidos en este libro. El vivo empedernido cumple cuando ve que la policía está cerca y que lo puede sancionar; el rebelde puede obedecer cuando cambia la autoridad o cuando cambian las normas; el arrogante acata las normas cuando ellas son compatibles con los valores que defiende, etc. Eso no significa que las mentalidades sean irrelevantes. La presencia de la policía puede disuadir al vivo de incumplir, pero no necesariamente al rebelde o al arrogante. La mayor legitimidad de la autoridad puede ser una razón para que el rebelde cumpla, pero puede ser indiferente para el vivo. Hay incluso personas que no cambian a pesar de los contextos, que siempre son vivos, rebeldes o taimados. La complejidad de las prácticas de incumplimiento deriva justamente de esa combinación variable entre visiones o mentalidades y contextos sociales.

Los contextos —como las mentalidades— también varían. Esa variación afecta sobre todo al vivo, quien al ser un actor esencialmente instrumental, cambia de estrategia cuando cambia de contexto; también afecta al taimado y al déspota, que tienen mucho de vivos. No es lo mismo pasarse un semáforo en rojo a las tres de la mañana en un suburbio de Bogotá, que a las tres de la tarde en pleno centro de la ciudad; tampoco es lo mismo saltarse una fila en la sala de urgencias de un hospital, que en la entrada de un concierto o en una cafetería. El rebelde, el restaurador y el arrogante, en cambio, son más valorativos y por eso, en principio, son menos volubles frente a los contextos. Sin embargo, también pueden estar afectados por éstos, en la medida en que la percepción de la autoridad y la interpretación de los valores haga parte de esos contextos.

Las variaciones contextuales dependen de múltiples factores: el tiempo, el lugar, la infraestructura, el tipo de normas, las condiciones económicas y culturales de los sujetos, el tipo de relaciones sociales que mantienen, etc. Pero hay un factor contextual particularmente determinante en la suerte que corre el cumplimiento de las normas. Me refiero al grado de presencia institucional —o de capacidad institucional— que tiene un espacio social determinado, es decir, a la mayor o menor institucionalización del espacio social. En lo que sigue me concentraré en el análisis de la institucionalidad estatal y dejaré por fuera otro tipo de autoridades civiles (en colegios, clubes, iglesias, etc.).

***

Según la teoría política clásica, el Estado moderno tiene tres atributos esenciales: la soberanía, la territorialidad y la nacionalidad (Jellinek 1981; Carré de Malberg 1922). Para explicar esos atributos, algunos profesores de derecho y ciencia política se valen de la metáfora de la lámpara: la soberanía estatal —dicen— es como una luz que irradia y controla todo el territorio y la población de una nación. Todo queda iluminado, sin que existan zonas grises o de penumbra en ese territorio cubierto por el poder estatal.

Como en todas las metáforas, en esta de la lámpara hay algo de verdad y algo de mentira. La verdad es que el poder estatal es un poder supremo, que no tiene competencia en lo que al uso de la violencia y del poder de regulación social se refiere. El Estado es, por definición, un poder no disputado. La mentira consiste en que estos atributos no son absolutos sino relativos: ningún Estado, por poderoso que sea, logra siempre una soberanía y un control pleno sobre su territorio y sobre su población. Siempre hay zonas de penumbra, zonas en las cuales el Estado no logra imponer su ley; eso sucede incluso en los Estados más desarrollados y consolidados.

Los atributos del Estado son entonces graduales. Un Estado es una organización política que concentra una gran cantidad de fuerza física y de control sobre una gran parte de un territorio y frente a una gran mayoría de la población que allí habita. Pero, ¿cuál es el mínimo necesario de esas "grandes cantidades" para que exista un Estado? La sociología política se ha interesado por caracterizar esos grados mínimos, es decir, en términos de la metáfora de la lámpara, la iluminación mínima indispensable para que pueda hablarse de un Estado. Algunos países en África y Asia se encuentran en esa situación fronteriza entre la existencia y el colapso del Estado.

Mucho menos estudiado, sin embargo, ha sido el caso de aquellos Estados cuya existencia nadie pone en duda, pero que consiguen grados dispares de concentración de poder, o de iluminación, en el territorio nacional. En lugar de estar iluminado plenamente o de tener una luz opaca, su territorio tiene algunos parches oscuros, otros opacos y otros plenamente iluminados. El Estado existe y es fuerte, pero no siempre ni en todas partes. Ese es el caso de algunos países periféricos y, en particular, es el caso de Colombia.

Así como la soberanía jurídica —el Estado impone su ley en todo el territorio nacional— es una ficción, la generalización opuesta —Colombia es un país sin Estado, o con un Estado colapsado— es una exageración. En la mitad de estas dos afirmaciones se encuentra el Estado dispar, cambiante y maleable, que es el nuestro. Por lo menos tres situaciones pueden ser allí diferenciadas. En la primera no existe Estado, ni tampoco sociedad; las personas que allí habitan viven en condiciones similares a aquellas que los contractualistas denominaban *Estado de naturaleza*. A este tipo de Estado lo llamaré *Estado ausente*.

El opuesto del Estado ausente es el *Estado constitucional*. En todos los países semiperiféricos (Wallerstein 1979) existen ciertos ámbitos sociales en los cuales el Estado tiene poder para determinar la gran mayoría de los comportamientos sociales, según lo prescrito en la Constitución y en las leyes, tal como sucede en los países centrales. Colombia no responde al modelo de democracia y de Estado de derecho que proclaman sus leyes y su Constitución, pero tampoco es su negación total. Buena parte del mercado, por ejemplo, no obstante sus disfuncionalidades internas y el avance de la informalidad y de la corrupción, está regulado por el

Estado. A pesar de todo, en Colombia existe una parte importante de la sociedad que se rige por algo que podríamos denominar un "contrato social" que se expresa en la Constitución y en las leyes (Santos y García Villegas 2001). El éxito de la acción de tutela durante los últimos doce años es reflejo, entre otras cosas, de la capacidad del derecho y de los derechos para determinar la vida de una buena porción de la población colombiana, sobre todo en las grandes ciudades.

Pero hay un tercer tipo de Estado con una identidad intermedia entre los dos tipos anteriores, y que hace presencia bajo las formas y los atributos del Estado constitucional, pero que en la práctica es incapaz de imponer sus pretensiones frente a otros actores locales, con frecuencia armados y con los cuales se ve obligado a negociar o a transigir. Llamaré a esta tercera forma, *Estado débil*.[20] En este tipo de Estado, las instituciones estatales existen, pero el alcance de sus operaciones se encuentra limitado por el hecho de que no tienen el *imperium* suficiente para imponerse a los demás actores sociales y, por lo tanto, se ven obligadas a ceder, a negociar, a conciliar (García Villegas 2008).

Existe una especie de isomorfismo, o de paralelismo, entre la tipología estatal que acabo de explicar y una tipología de la sociedad civil.[21]

El concepto de sociedad civil también está marcado por la ficción; la ficción de la igualdad entre las personas y los grupos respecto del Estado. En la Revolución Francesa se pensaba que todas las personas eran iguales ante la ley; no sólo que deberían serlo, como un ideal, sino que lo eran de hecho. Por una parte estaba el Estado y por la otra los ciudadanos, y entre ambos no podía haber ningún obstáculo. Por eso se expidió una ley, llama-

---

20 A pesar de lo gastado de la expresión "Estado débil", no encuentro una mejor manera de llamar a este tipo de Estado. Al respecto, véanse Castells (1999); Waldmann (2007: 116) y Bejarano y Pizarro Leongómez (2005).

21 Aquí se asume una visión descriptiva del concepto de sociedad civil, y no una visión normativa como la que se encuentra, por ejemplo, en Jürgen Habermas o, para el caso colombiano, en Daniel Pécaut (2003).

da la Ley Chapelier, que prohibió las llamadas "organizaciones intermedias". Semejante igualdad nunca ha existido en Francia y mucho menos en América Latina. El Estado no es equidistante respecto de los súbditos, los territorios y los grupos sociales. La sociedad —nuestra sociedad— también es heterogénea: no tenemos algo como una sociedad civil compuesta de personas igualmente sometidas y protegidas bajo la autoridad del Estado, tal como lo suponen las ficciones jurídicas modernas.[22]

Los tres tipos de Estado —constitucional, débil y ausente— están en correspondencia con tres tipos de sociabilidades. Al Estado constitucional corresponde la llamada sociedad civil, que se caracteriza por tener una clara distinción entre lo público y lo privado, así como una neta conciencia sobre los derechos y los deberes de los ciudadanos. Los habitantes de este tipo de sociedad, por ejemplo, acuden a las autoridades cuando encuentran que sus derechos han sido violados. Las autoridades, por su parte, basándose en normas generales y universales, deciden los conflictos sin atender a las diferencias de clase o poder de las partes involucradas. Llamaré a esta primera relación entre Estado constitucional y sociedad civil *país moderno*.[23]

Al Estado ausente corresponde una sociedad *inexistente o desvalida*,[24] donde las relaciones entre las personas están regidas

---

22 En los países semiperiféricos, dice Boaventura de Sousa Santos, existen por lo menos tres tipos de sociedad civil. La primera, que denomina *intermedia*, es aquella en la que caben los ciudadanos en sentido estricto; la segunda, llamada *extraña*, comprende a los excluidos de todo derecho propio de la ciudadanía; y la tercera, denominada *íntima*, está constituida por aquellos que se encuentran tan cerca del poder, que lo manejan como propiedad privada (Santos 1995 y 2002). Otros autores han escrito en términos similares sobre la sociedad civil. Véanse Bobbio (2005), Safford y Palacios (2002).

23 El término *moderno* no tiene aquí una connotación valorativa, sino simplemente descriptiva, en cuanto es el tipo de Estado concebido por la modernidad (Locke 1946).

24 La expresión *sociedad desvalida* se apoya en una hipótesis que será defendida a lo largo de este ensayo y que puede formularse de la siguiente manera: la consolidación de la sociedad, por lo menos en la actualidad, depende de una consolidación del Estado o, en últimas, de un tipo de poder institucional.

por la fuerza y por las estrategias de supervivencia. Denomino a este tipo de relación entre Estado y sociedad *país vacío*.

Finalmente, en el Estado débil prospera en un tipo de sociedad que podríamos denominar *sociedad híbrida*, en la cual se combinan rasgos modernos y premodernos, civiles y desvalidos. Aquí la diferencia entre lo público y lo privado no es clara. Las instituciones, el espacio y los bienes públicos pierden su identidad, su uso se privatiza.[25] Algunas personas utilizan el Estado como una propiedad privada, mientras otras no tienen posibilidad alguna de acceder a la protección de éste. Voy a denominar este tipo de relación entre Estado y sociedad *país difuso*.[26]

La siguiente tabla resume las ideas anteriores:

Tabla 1
Relaciones entre el Estado y la sociedad

Estado	*Sociedad*	*Relación Estado-sociedad*
Estado constitucional	Civil	País moderno
Estado débil	Híbrida	País difuso
Estado ausente	Desvalida	País vacío

Esta tabla no debe leerse de manera funcionalista, como si hubiera una correspondencia necesaria entre cada uno de los

25 Según Peter Waldmann (2006: 43): "En América Latina el Estado nunca se constituyó en un fin en sí mismo, sino que ha continuado siendo un instrumento para implementar los diversos fines de la sociedad".

26 Esta clasificación se inspira en la tipología de combinaciones posibles entre Estado y sociedad propuesta por Joel Migdal (1988). El primer tipo es aquel donde ambos componentes —Estado y sociedad— son débiles, a lo cual el autor denomina *situación anárquica*. Migdal pone como ejemplo la China, entre 1939 y 1945. El segundo tipo combina sociedades débiles y Estados fuertes, tal como sucede en Francia o Israel, a lo cual Migdal denomina *Estado piramidal*. Finalmente, está la relación de Estados débiles y sociedades fuertes, que tiene como ejemplo a Sierra Leona, y que es denominada por Migdal una relación *difusa*. La diferencia entre esta clasificación y la que yo utilizo radica en que esta última pone el acento en la diversidad de Estados y de sociedades, y también en las interconexiones y superposiciones entre ambos (Migdal 1988).

elementos de las filas. Se trata, en cambio, de tipos ideales que no existen de manera aislada o pura, y cuya función no es la de describir, sino la de comprender una realidad compleja. Estos tipos ideales son —como en las mentalidades incumplidoras— porosos y maleables, de tal manera que, en la práctica, se encuentran múltiples combinaciones e interconexiones entre ellos. Es posible que en el país difuso se encuentren rasgos propios del país moderno y viceversa. En el país vacío se puede encontrar cierta institucionalidad difusa e incluso moderna. No sólo eso, cada uno de esos países cambia en el tiempo y en el espacio; tiene fronteras variables, maleables.

***

Los mismos personajes incumplidores pueden cambiar de conducta cuando cambian de un contexto más o menos institucionalizado a otro. No sólo eso, entre los contextos y los sujetos existe una relación de mutua incidencia. Los sujetos fabrican los contextos tanto como éstos moldean y determinan a los sujetos.

Así pues, en la práctica del incumplimiento intervienen, por un lado, unos sujetos depositarios de ciertas visiones de la autoridad y del poder (las mentalidades) y, por el otro, los contextos más o menos institucionalizados. Una teoría completa del incumplimiento debería dar cuenta de las variaciones que se producen cuando las mentalidades se relacionan con los contextos. Dado que cada sujeto depositario de una mentalidad se comporta de cierta manera en cada uno de los tres contextos que han sido presentados en este último apartado, tendríamos 18 comportamientos típicos que resultan de multiplicar las seis mentalidades por los tres contextos. Pero es una tarea demasiado ambiciosa, que dejaremos aplazada por el momento. A falta de esa teoría, debemos contentarnos con explicaciones que, aunque parciales, son útiles para explicar el fenómeno del incumplimiento.

REMEDIOS CONTRA EL INCUMPLIMIENTO

Los remedios contra las prácticas del incumplimiento son una especie de antídoto contra el comportamiento de los tres personajes incumplidores básicos que mencionamos al inicio del presente capítulo. Así, contra la viveza, se requiere un poder estatal capaz de imponer sanciones efectivas a los infractores. La actitud de los rebeldes se contrarresta con un incremento en la legitimidad. Por último, la actitud arrogante, necesita una cultura ciudadana del respeto a la ley. Veamos esto un poco más en detalle.

CAPACIDAD DE IMPOSICIÓN

Donde no hay Estado ni autoridad, los conflictos afloran y la violencia hace estragos. Es cierto que hay comunidades que viven en paz y armonía sin depender de un Estado que reprima las conductas infractoras, pero son casos excepcionales, que se explican por una cohesión religiosa o ideológica muy fuerte. En esos casos la sanción comunitaria —la vergüenza, la culpa— es tan efectiva como la cárcel. En cambio, en sociedades grandes, individualistas, pluralistas y regidas por el mercado, se requiere una autoridad con capacidad para imponer sanciones y disuadir a los potenciales incumplidores.

Oliver Holmes, el gran juez estadounidense, decía que una persona que no tiene el menor respeto por los principios morales termina siendo un fiel seguidor de la moral cuando con ello puede evitar la cárcel o el pago de una multa. En Colombia pasa más bien lo contrario de lo que plantea Holmes: como la gente ve que no hay sanciones efectivas y que todo el mundo incumple, se siente con derecho a desobedecer y termina acomodando sus convicciones morales a su desobediencia. Ante esa situación desalentadora, es natural que algunos crean que la solución ideal para que se respete la ley está en el rescate de la moralidad, más que en el fortalecimiento de las sanciones legales. El representante más destacado de esa manera de pensar en Colombia es Antanas Mockus, para quien lo que hace falta es, ante todo, reforzar las convicciones morales, de tal manera que eso predisponga al cumplimiento de la ley.

Dudo mucho que el camino del fortalecimiento moral sea suficiente. No creo que tengamos que esperar a que la gente sea buena para tener buenos ciudadanos o buenos gobernantes. Cuando se consigue que la gente acate la ley por miedo a que la sancionen, es muy probable que, a la larga, lo demás —la moral— venga por añadidura. Es más fácil formar buenos gobernantes a partir de instituciones eficaces, que formar instituciones eficaces a partir de buenos gobernantes (aunque, lo más efectivo es que las dos cosas se formen juntas). A la moral se llega más fácilmente a través del derecho que a través del sermoneo. Cuando los individuos de una sociedad se acostumbran a respetar las normas morales con el simple propósito de evitar las sanciones legales —como dice Holmes— terminan creyendo en esa moral. La amenaza de la sanción cumple un papel fundamental en el Estado: no sólo disuade a los vivos de que incumplan, sino que los domestica, los acostumbra a respetar las normas sin que ello obedezca a un cálculo estratégico.

Capacidad de legitimación

No sólo de sanciones vive el orden. La amenaza de la sanción es una condición necesaria para crear sociedades estables y justas, pero no es suficiente. La historia de la humanidad está llena de ejemplos en los que una obediencia regular e indiscutida de los súbditos esconde una situación de avasallamiento e infamia. "Una mala paz es peor que la guerra", decía el cónsul romano Cornelio Tácito. Se necesita, además, que la gran mayoría de la población considere que el régimen político en el que vive es, al menos globalmente, un régimen justo.

Esta percepción de justicia fortalece la capacidad de las instituciones para llevar a cabo lo que se proponen. Por eso, un Estado fuerte es aquel que cuenta con, por lo menos, dos capacidades o aptitudes: primero, puede penetrar buena parte del tejido social, para regularlo y determinarlo; y segundo, puede obtener reconocimiento y legitimidad en la población que regula. La primera es una "capacidad de imposición", mientras que la segunda es una "capacidad de legitimación". Tanto la teoría política como la teoría social, e incluso la teoría jurídica han debatido durante siglos la manera como estas dos capacidades se relacionan, o se deberían relacionar, con miras a la construcción del Estado (Bobbio 2005: 145 y ss.). Una lección que puede ser aprendida de todas estas reflexiones y experiencias es la del fracaso de aquellos modelos que minimizan o anulan una de las dos capacidades anotadas del Estado fuerte. En Colombia se ha subestimado con mucha frecuencia la tarea de legitimación, bajo el presupuesto de que la fortaleza del Estado traerá consigo la legitimación o, peor aún, que la fortaleza sólo es cuestión de imposición.

Aquí mucha gente ve en el poder político, e incluso en todo lo relativo al Estado, un asunto regido por el interés personal, más que un ingrediente esencial de la organización social. La percepción de lo público es muy precaria. Esa precariedad tiene, por lo menos, dos causas: en primer lugar, la incapacidad del Estado para superar los problemas de desigualdad social y, en segundo lugar, la ausencia de una ciudadanía incluyente y participativa. Muchos vendedores ambulantes en Bogotá justifican su desobediencia por su situación de exclusión y marginalidad social.

La heterogeneidad social tiene causas raciales, culturales y hasta religiosas, pero nada de esto sería tan serio si no fuera por la enorme disparidad económica. Se calcula que en Colombia hay unos veinte millones de colombianos en situación de pobreza, y que seis millones de ellos están en situación de indigencia.[27] En estas condiciones es muy difícil construir ciudadanía, pues ésta supone un mínimo de igualdad material, sin el cual la igualdad política y legal que ella predica se convierte en un remedo de

27 Según el estudio *Bienestar y macroeconomía 2002-2006,* dirigido por Ricardo Bonilla González y Jorge Iván González (2006).

igualdad. Ya lo había dicho Rousseau: la libertad democrática sólo florece en una sociedad donde "ningún ciudadano sea suficientemente opulento como para comprar a otro, ni ninguno tan pobre como para ser obligado a venderse" (Rousseau 1979). Cierta igualdad material es indispensable para que los gobiernos sean considerados legítimos. Pero esa mínima igualdad no es suficiente. Es necesario, además, que las decisiones políticas fundamentales sean tomadas en el Estado de tal manera que permitan la participación ciudadana.

Cultura de la legalidad y ciudadanía

Además de sanciones y de buenos gobiernos, una sociedad necesita que la gente esté dispuesta a someter sus creencias, sus valores y sus intereses a las leyes. Esto es lo que se denomina cultura de la legalidad que, más específicamente, es la actitud propia de la esfera pública,[28] que consiste en subordinar, en caso de conflicto, los valores morales y culturales al respeto a la ley. La cultura de la legalidad es la cultura propia del ciudadano, es decir, de aquel que, según el Diccionario Robert, es considerado como persona cívica, y en consecuencia asume sus responsabilidades. El ciudadano no negocia el cumplimiento de la ley —salvo casos extremos de injusticia— con otros valores. La mentalidad del arrogante, del déspota o del rebelde son contrarias a esta cultura.

En un Estado de derecho existe una clara distinción entre el ámbito privado de la libertad individual y el ámbito público. Es decir, entre un ámbito de libertad que consiste, como decía la Declaración de los Derechos del Hombre y del Ciudadano de 1789, en poder hacer todo aquello que no hace daño a los demás, y un ámbito de obligaciones impuestas por las leyes. En Colombia

---

[28] La esfera pública es un espacio que, con el mercado, se encuentra entre el Estado y la vida privada de los individuos. Allí tienen lugar instituciones y actividades como las asociaciones voluntarias, los movimientos sociales, la salud, la educación, la seguridad social, los medios de comunicación, etc. (Hicks, Janoski y Schwartz 2005).

esa distinción no siempre es clara. Muchas veces las obligaciones públicas se negocian con la autoridad, o con el poder, como si fueran obligaciones civiles. Algunos tienen tanta cercanía con el Estado —Luis María Lozano en Tuluá, a mediados del siglo XX, por ejemplo— que pactan el cumplimiento de la ley como si fuera una mercancía. Por otro lado, a veces el Estado interviene de manera arbitraria en el ámbito privado de las personas —por ejemplo a través del estado de excepción—, como si fuera un bien público.

La cultura de la legalidad supone, por una parte, una clara separación entre estos dos ámbitos y, por otra, la conciencia de que, en caso de tensión o de conflicto entre el ámbito público de la ley y el ámbito privado de la moral, o de la cultura, debe primar la ley. El ciudadano pone lo público por encima de lo privado cuando ambos entran en conflicto. Ello implica, por supuesto, que el respeto a la ley incluye el respeto a aquellas normas que protegen los derechos individuales y entre ellos el ámbito privado de libertad.

Mientras la capacidad de imposición y la capacidad de legitimación son ante todo responsabilidad del Estado, la cultura de la legalidad es, ante todo, responsabilidad de los ciudadanos.

Conclusión

El incumplimiento de normas es un fenómeno complejo en el que intervienen múltiples factores, lo cual explica la existencia de diversas miradas disciplinarias sobre este fenómeno. Cada una de ellas pone un énfasis particular en uno u otro de esos factores. En este capítulo he ilustrado tres de estas visiones. Una estratégica, que se concentra en el incumplimiento táctico (viveza); una política, que focaliza su análisis en la percepción de ilegitimidad (rebeldía); y una cultural, que se interesa por la subordinación de la ley frente a ciertos valores (arrogancia).

Ninguna de estas visiones es suficiente para explicar el fenómeno del incumplimiento en su totalidad, si bien todas dan cuenta de aspectos fundamentales del mismo. Adicionalmente, en la práctica, esas visiones no sólo se mezclan —la visión estratégica se puede combinar con la política (taimado) y con la cultural (déspota), así como la cultural con la política (restaurador)—, sino que varían en el tiempo y en el espacio. Esas variaciones dependen, por lo general, de los contextos en los cuales los sujetos actúan y, sobre todo, del grado de institucionalización de dichos contextos.

Una visión de política pública puede sacar lecciones importantes de lo dicho hasta el momento en esta teoría parcial. Quizás la más importante sea el hecho de que existe una manera adecuada para enfrentar, desde las instituciones, cada mentalidad incumplidora. Así, la eficacia institucional, entendida como capacidad para hacer cumplir las normas, es un remedio contra el incumplimiento en general, pero sobre todo contra aquel de los vivos, los déspotas y los taimados. La legitimidad, por su parte, también es una solución global, pero sobre todo para el incumplimiento de los rebeldes y los taimados. Por último, la cultura de la legalidad es una medida efectiva contra casi todo tipo de incumplimiento, pero sobre todo contra el de los arrogantes y los rebeldes. Quienes son depositarios de este tipo de cultura de la legalidad ven al derecho como algo autónomo que debe ser respetado, con independencia de la moral, las costumbres y las convicciones políticas.

Mentalidad	*Punto de vista*	*Normas*	*Remedios*
Vivo	Estratégico	Ineficaces	Sanciones eficaces
Rebelde	Político	Autoritarias	Legitimidad del poder
Arrogante	Cultural	Flexibles	Cultura de la legalidad

Ninguno de estos remedios —eficacia, legitimidad y cultura de la legalidad— está exclusivamente destinado a uno de comportamientos incumplidores. Todos son complementarios: la eficacia del derecho puede contribuir a mejorar la legitimidad; la legitimidad es fundamental para lograr una cultura de la legalidad; la eficacia es más fácil de conseguir cuando existe una cultura de la legalidad, etc. Los remedios se atraen entre sí: la institucionalización crea una conciencia de respeto por la legalidad, lo cual a su vez ayuda a que las normas sean eficaces, legítimas y no negociables.

Por último, hay que advertir que no sólo los individuos desobedecen. El Estado es quizás el primer incumplidor del país. No sólo los políticos prometen y no cumplen, también lo hacen los funcionarios públicos. El incumplimiento del Estado se parece mucho al del arrogante: se lleva a cabo a través de la introducción de excepciones. Un ejemplo de ellos es el llamado estado de excepción o de sitio —el caso de las radios comunitarias también es un buen ejemplo—, donde la anormalidad jurídica resulta siendo la normalidad, como se ilustra en uno de los capítulos de este libro. El incumplimiento de reglas por parte del Estado es visto desde la sociedad, por la gente del común, como una justificación de su desacato. Y lo mismo se piensa desde el Estado con respecto al incumplimiento que tiene lugar en la sociedad. Así, en estos espejos del desacato, se crea una relación de aprendizaje recíproco de lo ilegal entre el Estado y sus súbditos.

Bibliografía

Alzate Avendaño, Gilberto. 2000. "Curzio Malaparte", en Jorge Mario Eastman, *Alzate*. Bogotá: Publicaciones Consigna.

Archila, Mauricio. 2003. *Idas y venidas, vueltas y revueltas*. Bogotá: Instituto Colombiano de Antropología e Historia (ICANH) y Centro de Investigación y Educación Popular (CINEP).

Bejarano, Ana María y Eduardo Pizarro Leongómez. 2005. "From 'Restricted' to 'Besieged'. The Changing Nature of the Limits to Democracy in Colombia", en Frances Hagopian y Scott P. Mainwaring (eds.), *The Third Wave of Democratization in Latin America: Advances and Setbacks*. Cambridge: Cambridge University Press.

Bobbio, Norberto. 2005. *Teoría general de la política*. Madrid: Trotta.

Bonilla González, Ricardo y Jorge Iván González (dirs.). 2006. *Bienestar y macroeconomía 2002-2006*. Bogotá: Universidad Nacional de Colombia y Contraloría General de la República.

Boorstin, Daniel. 1973. *The Americans: The Democratic Experience*. New York: Random House.

Bourdieu, Pierre. 1977. *Outline of a Theory of Practice*. Cambridge: Cambridge University Press.

———. 1986. "Habitus, code et codification", en *Actes de la recherche en sciences sociales*, N° 64.

———. 1990. *The Logic of Practice*. Stanford: Stanford University Press.

Buarque de Holanda, Sérgio. 1995. *Raízes do Brasil*. São Paulo: Companhia das Letras.

Cardoso, Fernando H. 1973. *Problemas del subdesarrollo latinoamericano*. México: Nuestro Tiempo.

Cardoso, Fernando H. y Enzo Faletto. 1969. *Dependencia y desarrollo en América Latina*. México: Siglo XXI.

———. 1979. *Dependency and Development in Latin America*. Berkeley: University of California Press.

Carré de Malberg, Raymond. 1922. *Contribution à la théorie générale de l'État*. Paris: Sirey.

Carrió, Genaro. 1973. *Sobre los límites del lenguaje normativo*. Buenos Aires: Astrea de R. Depalma.

Castells, Manuel. 1999. "Globalización, identidad y Estado en América Latina", Documento Temas de desarrollo humano sustentable. Santiago de Chile: Programa de las Naciones Unidas para el Desarrollo (PNUD).

Coleman, James. 1990. *Foundations of Social Theory*. Cambridge: Harvard University Press.

Collier, Paul. 2000. *Economic Causes of Civil War and their Implications for Policy*. Disponible en <http://siteresources.worldbank.org/DEC/Resources/econonmic_causes_of_civilwar.pdf>.

Cronicón. 2008. "Entrevista de Jorge Robledo con Fernando Arellano", 20 de junio.

Cuéllar, María Mercedes. 2000. *Colombia: un proyecto inconcluso. Valores, instituciones y capital social*. Bogotá: Universidad Externado de Colombia.

Deas, Malcom y Fernando Gaitán. 1995. *Dos ensayos especulativos sobre la violencia en Colombia*. Bogotá: Fondo Financiero de Proyectos de Desarrollo (FONADE) y Departamento Nacional de Planeación.

Elster, Jon. 1999. *Alchemies of the Mind*. Cambridge: Cambridge University Press.

Escalante, Fernando. 2002. *Ciudadanos imaginarios*. México: El Colegio de México.

Fukuyama, Francis. 1995. *Trust: the Social Virtues and the Creation of Prosperity*. New York: Free Press.

Furtado, Celso. 1964. *Desarrollo y subdesarrollo*. Buenos Aires: Eudeba.

———. (dir.). 2005. *Sociedad de emergencia. Acción colectiva y violencia en Colombia*. Bogotá: Defensoría del Pueblo, Oficina para la Coordinación de la Atención al Desplazado.

García Márquez, Gabriel. 1996. *Un país al alcance de los niños*. Bogotá: Villegas Editores.

García Villegas, Mauricio. 2008. *Jueces sin Estado*. Bogotá: Siglo del Hombre Editores y Dejusticia.

Garrido, Margarita. 1997. *Honor, reconocimiento, libertad y desacato. Sociedad e individuo desde un pasado cercano*. Cali: Universidad del Valle.

———. 2006. *De libre de todos los colores a ciudadanos de la república*. Manuscrito. Cali: Universidad del Valle.

Giddens, Anthony. 1993. *Sociology*. Cambridge: Polity Press.

Góngora, Mario. 1951. *El Estado en el derecho indiano. Época de fundación 1492-1570*. Santiago de Chile: Instituto de Investigaciones Histórico-Culturales, Universidad de Chile.

———. 2003. *Historia de las ideas en la América española y otros ensayos*. Medellín: Universidad de Antioquia.

Grignon, Claude y Jean-Claude Passeron. 1989. *Le Savant et le populaire*. Paris: Seuil y Gallimard.

Gruzinski, Serge. 1999. *La pensée métisse*. Paris: Fayard.

Gunder-Frank, Andre. 1963. *América Latina: subdesarrollo o revolución*. México: Era.

Harrison, Lawrence. 1985. *Underdevelopment is a State of Mind: The Latin American Case*. Cambridge: Harvard University y University Press of America.

Hicks, Alexander, Thomas Janoski y Mildred Schwartz. 2005. "Political Sociology in the New Millennium", en *The Handbook of Political Sociology*. Cambridge: Cambridge University Press.

Hobsbawm, Eric. 1969. *Bandits*. London: Weidenfeld & Nicholson.

Jellinek, George. 1981. *Teoría general del Estado*. Buenos Aires: Albatros.

Kalmanovitz, Salomón. 2001a. "Las instituciones colombianas en el siglo XX", en *Desarrollo económico y social en Colombia*. Bogotá: Universidad Nacional de Colombia.

———. 2001b. *Las instituciones y el desarrollo económico en Colombia*. Bogotá: Norma.

Lewald, Ernest. 1973. *Latinoamérica, sus culturas y sociedades*. México: McGraw-Hill.

Locke, John. 1946. *The Second Treatise of Civil Government and a Letter Concerning Toleration*. Oxford: Blackwell.

McAdam, Doug, John McCarthy y Mayer Zald. 1996. *Comparative Perspectives on Social Movements*. Cambridge: Cambridge University Press.

Migdal, Joel S. 1988. *Strong Societies and Weak States. State-Society Relations and State Capabilities in the Third World.* Princeton: Princeton University Press.

Múnera, Leopoldo. 1998. *Rupturas y continuidades. Poder y movimiento popular en Colombia.* Bogotá: Instituto de Estudios Políticos y Relaciones Internacionales (IEPRI) y Centro de Estudios de la Realidad Colombiana (CEREC).

Nino, Carlos Santiago. 2005. *Un país al margen de la ley.* Buenos Aires: Ariel.

Nueva Sociedad. 1991. N° 113.

Pécaut, Daniel. 2003. *Violencia y política en Colombia. Elementos de reflexión.* Cali: Universidad del Valle y Hombre Nuevo.

Pereira de Queiroz, Maria Isaura. 1992. *Os Cangaceiros. La epopeya bandolera del nordeste del Brasil.* Bogotá: El Áncora.

Portes, Alejandro. 1998. "Social Capital: Its Origins and Application in Modern Sociology", en *Annual Review of Sociology*, Vol. 24, N° 1: 1-24.

Putnam, Robert. 1992. *Making Democracy Work. Civic Traditions in Modern Italy.* New Jersey: Princeton University Press.

Romero, José Luis. 1999. *Latinoamérica: las ciudades y las ideas.* Medellín: Universidad de Antioquia.

———. 2001. "Campo y ciudad: las tensiones entre dos ideologías", en *Situaciones e ideologías en América Latina.* Medellín: Universidad de Antioquia.

Rousseau, Jean-Jacques. 1979. *El contrato social.* México: Porrúa.

Rubio, Mauricio. 1996. "Capital social, educación y delincuencia juvenil en Colombia", en *Documentos CEDE*, N° 1996-02. Bogotá: Universidad de los Andes, Centro de Estudios sobre Desarrollo Económico (CEDE).

Safford, Frank y Marco Palacios. 2002. *Colombia: Fragmented Land, Divided Society.* New York: Oxford University Press.

Sánchez, Gonzalo y Donny Meertens. 2006. *Bandoleros, gamonales y campesinos.* Bogotá: El Áncora.

Santos, Boaventura de Sousa. 1995. *Toward a New Common Sense: Law, Science and Politics in the Paradigmatic Transition*. New York: Routledge.

———. 2002. *Toward a New Legal Common Sense*. New York: Butterworths.

Santos, Boaventura de Sousa y Mauricio García Villegas. 2001. "Colombia: el revés del contrato social de la modernidad", en *El caleidoscopio de las justicias en Colombia*. Bogotá: Siglo del Hombre Editores y Universidad de los Andes.

Scott, James. 2000. *Los dominados y el arte de la resistencia*. México: Era.

———. 1985. *Weapons of the Weak. Everyday Forms of Peasant Resistance*. New Haven: Yale University Press.

Silva Charvet, Erika. 2005. *Identidad nacional y poder*. Quito: Abya-Yala.

Snyder, Francis. 1980. "Law and Development in the Light of Dependency Theory", en *Law & Society Review*, Vol. 14, N° 3: 723-804.

Stavenhagen, Roberto. 1966. "Siete tesis equivocadas sobre América Latina", en *Desarrollo Indoamericano*, N° 4.

Unamuno, Miguel de. 1993. *Del sentimiento trágico de la vida*. Madrid: Altaya.

Wachtel, Nathan. 1971. *La vision des vaincus*. Paris: Gallimard.

Waldmann, Peter. 2006. *El Estado anómico*. Madrid: Iberoamericana.

———. 2007. *Guerra civil, terrorismo y anomia social*. Bogotá: Norma.

Wallerstein, Immanuel. 1979. *The Capitalist World-economy*. Cambridge: Cambridge University Press.

Weber, Max. 1978. *Economy and Society*. Berkeley: University of California Press.

———. 1992. *Economía y sociedad*. México: Fondo de Cultura Económica.

Zea, Leopoldo. 1957. *América en la historia*. Buenos Aires: Fondo de Cultura Económica.

16
LA FLEXIBILIDAD DE LA LEY

Mauricio García Villegas

La brecha entre la ley y la realidad social es algo que no sólo es atribuible a los sujetos incumplidores, al Estado y a los contextos sociales, sino también a la supervivencia de una vieja concepción de la ley y del derecho que viene desde la época de la colonia.

En este capítulo, intento mostrar cómo el nuevo derecho liberal, igualitarista y fundado en la ley general y abstracta, que fue adoptado en la revolución de independencia, no pudo abolir una larga tradición jurídica basada en la costumbre y los pactos entre fuerzas políticas en pugna. Con ello pretendo mostrar la existencia de una concepción flexible y negociable de la ley, que todavía pervive en algunos ámbitos sociales, y sobre todo en amplios sectores del Estado. Aquí sostengo que los orígenes de esa concepción están ligados a la vieja tradición *iusnaturalista*, según la cual la ley debe ser siempre justa o, de lo contrario, no es ley.

He dividido la exposición en cuatro partes. En las dos primeras explico el contraste conceptual entre un constitucionalismo pactista, propio de la época colonial, y uno contractualista, propio de la república. En la tercera parte muestro cómo la tradición pactista sobrevivió a los intentos republicanos por abolirla, y en la cuarta trato de ilustrar las ideas anteriores con algunos ejemplos de pactos hechos durante la época republicana. Finalmente, expongo algunas conclusiones.

La tradición pactista

En la historia latinoamericana del siglo XIX se cuenta cómo las gestas independentistas dieron lugar a la abolición del régimen colonial y al inicio de una nueva era de libertad e igualdad para todos. Un siglo más tarde, los historiadores empezaron a mostrar que no había razones para semejante optimismo y que, por el contrario, muchas de las viejas estructuras coloniales habían sobrevivido a los cambios institucionales y a las nuevas relaciones políticas.[1] No sólo las estructuras económicas que sustentaban una sociedad jerarquizada y de privilegios se adaptaron a los nuevos idearios políticos y jurídicos, también lo hizo buena parte de la cultura social colonial.

En la colonia, la sociedad era concebida según la metáfora organicista: se suponía que el rey, los señores y los vasallos hacían parte de un solo órgano viviente, al cual todos se debían. El rey era superior a las demás partes, pero no era superior al todo.[2] Para gobernar, el rey debía ser justo, es decir, debía respetar y mantener los fueros y la autonomía relativa de cada una de las diferentes comunidades cuyo conjunto constituía la monarquía.[3]

La sociedad colonial estaba fundada en una concepción orgánica y católica, en la cual poca cabida tenían las nociones de individuo o de derechos. Dicha concepción favorecía las rela-

---

1 Al respecto, véase Romero (1999 y 2001), Guerra (2000) y Góngora (2003).

2 Veáse Tomás de Aquino *De regimine principium* (1961) y Juan de Salisbury, *Policraticus* (1979). Para una explicación histórica, véase Fioravanti (2001).

3 Esta relación señor-vasallo siguió la tradición del *iusnaturalismo* católico del siglo XVI, defendido por la escuela neoclásica de Salamanca, cuyas cabezas visibles eran Francisco de Vitoria, Francisco Suárez, Bartolomé de las Casas y Juan de Mariana.

ciones jerárquicas, las prerrogativas y el poder fundado en la autoridad.

A falta de individuos, en el sentido moderno de este término (Constant 1989), había corporaciones que detentaban lo esencial del poder político, moral y económico, pero, sobre todo, había comunidades organizadas en forma de pueblos. El sistema político estaba concebido como un pacto entre el rey y sus pueblos —no entre el rey y el pueblo—, a partir del cual cada parte se comprometía a respetar aquello que había sido dispuesto por la costumbre, y en últimas, por el derecho natural y por Dios. Según esto, el rey estaba obligado a mantener los fueros, los privilegios y las libertades de sus pueblos o, de lo contrario, éstos tenían derecho a resistir, incluso por medio de las armas, si era necesario (Aquino 1988).

Para impedir que la resistencia se generalizara o se convirtiera en una rebelión armada, el equilibrio entre las partes podía ser recuperado, y los fueros y privilegios restituidos mediante los cabildos, que daban lugar a un complejo sistema de representación corporativa estructurada de manera jerárquica según cada pueblo (Annino 2003: 159).[4]

Para evitar la rebelión también podía acudirse al derecho. El régimen colonial español fue el producto de la incorporación, adaptación y transformación del derecho metropolitano español, arraigado en la tradición medieval *iusnaturalista* europea, a las circunstancias complejas y variables que tuvieron lugar por aquel entonces en los territorios coloniales (Cutter 1999). El derecho español estaba consagrado en documentos como *El ordenamiento de Alcalá* (1384), las *Leyes de Toro* (1505), *Nueva recopilación de Castilla* (1567) y *Novísima recopilación de Castilla* (1805). Subordinados a tales normas estaban los fueros o cartas municipales, que debían ser aplicados a falta de norma real. En tercer lugar, estaban las normas de derecho romano y canónico

[4] Sobre el funcionamiento de los cabildos, véase Ots Capdequí (1967: 151 y ss.).

contenidas en las *Siete partidas* de Alfonso X. Inicialmente, en las Indias españolas se aplicaban las normas producidas en el régimen de Castilla. Sin embargo, en 1614, Felipe III determinó que sólo tendrían vigor aquellas normas formuladas de manera específica para los territorios coloniales. Así, se creó la *Recopilación de Indias* de 1680.

Pero el derecho originado en Castilla sólo era una fuente normativa entre otras, si bien, desde el punto de vista puramente formal, se le consideraba superior a las demás. Las normas locales emanadas de los virreyes, las audiencias, los gobernadores, los corregidores, los alcaldes y los cabildos, muchas de ellas fundadas en la costumbre y la equidad, comprendían la mayoría del derecho aplicado en las Indias, y a éste se le conoce como *derecho indiano criollo*. A medida que avanzaba el régimen colonial, las fuentes locales del derecho, y en particular la costumbre, fueron ganando terreno, de tal manera que a finales del siglo XVIII el derecho indiano criollo había adquirido una entidad sustancialmente diferente a la del derecho castellano. El resultado de la transferencia legal, desde España, a más de cinco mil kilómetros de distancia, hacia las Indias españolas, fue la creación de un derecho original y dotado de vínculos difusos con sus fuentes españolas.

Una ilustración de la flexibilidad del derecho colonial puede verse en la conocida fórmula del derecho indiano "se acata pero no se cumple", que tenía la función de adaptar el derecho que venía de la península ibérica a las condiciones insospechadas de las colonias, de tal manera que los desencuentros entre el monarca y sus pueblos no terminaran en la rebelión.[5] Los pueblos reconocían el poder de España para legislar, pero al mismo tiempo reivindicaban su derecho a poner en tela de juicio su aplicación,

---

[5] Se ha escrito mucho sobre esta fórmula; al respecto, véanse Tau Anzoátegui (1992) y Phelan (1960). Ésta ya tenía antecedentes en la normativa de Burgos, Briviesca y Castilla. Sin embargo, la posibilidad de invocar el incumplimiento de las normas a través de la fórmula "se obedece pero no se cumple" empezó a languidecer con el advenimiento del absolutismo, en la segunda mitad del siglo XVIII (Tau Anzoátegui 1992).

cuando las circunstancias lo justificaran. De esta manera se creó un derecho flexible en su concepción y en su práctica.

> Una de las implicaciones de esta tradición —dice Antonio Annino— fue que la justicia se consideró siempre negociable porque se predicaba entre voluntades igualmente legítimas, el rey y los súbditos de su reino. (Annino 2003: 407)

En el ámbito jurídico, se hacía la distinción entre justicia y derechos, de acuerdo con la diferencia establecida por el derecho romano entre *ius* y *lex* (García-Pelayo 1968). La justificación esencial del derecho era la realización de la justicia, siendo la ley un mero instrumento en la búsqueda de este propósito. La primera función del rey era la de administrar justicia.

Con el paso del tiempo, la palabra derecho y la palabra *ius* se utilizaron como sinónimos, y en claro contraste con la idea de ley. El derecho era el derecho justo. Según esta axiología jurídica *iusnaturalista* —que fue impuesta en las Indias y que tuvo expresión en innumerables textos de doctrina y legislación, desde los pioneros de San Isidro (o Isidoro) de Sevilla, hasta los de Santo Tomás de Aquino, pasando por las *Siete partidas* de Alfonso el Sabio—, las normas del derecho debían estar fundadas en la razón, la ruda equidad y el bien común, o de lo contrario perdían su naturaleza. De allí la célebre definición de ley que propone Santo Tomás de Aquino: "una ordenación racional al bien común, promulgada por autoridad que tiene a su cargo el cuidado de la comunidad". El derecho debía ser justo para que fuera derecho (Uprimny 1953). Esta dependencia de la validez jurídica respecto de los contenidos justos, creó en los jueces y administradores locales un tipo de práctica jurídica favorable a la interpretación y adaptación del derecho.

El juez colonial cumplía una función primordial en este esquema: en una situación de precariedad del derecho escrito, debido a la novedad de las circunstancias coloniales y a la dispersión e incomunicación extremas entre las poblaciones,[6] las audiencias y demás instancias judiciales cumplían un papel integrador y legitimador de gran importancia.[7]

A través de la flexibilización de los contenidos jurídicos, las audiencias lograron conciliar la validez hispánica del derecho indiano y el principio de autoridad real con las necesidades y los intereses propios de la sociedad colonial. La discreción judicial, conocida como *arbitrio judicial*, fue el mecanismo legal que permitió adaptar la legislación a las necesidades e intereses locales, de tal manera que se evitaran las decisiones irrazonables.[8] Para lograr este propósito, era indispensable que la costumbre y la equidad fuesen consideradas como las fuentes primordiales del derecho aplicado por los jueces y por la administración.[9]

CODIFICACIÓN, CONSTITUCIONALIZACIÓN Y COSTUMBRE EN LA REPÚBLICA

La idea del pacto rey-pueblos empezó a ser puesta en duda a mediados del siglo XVIII, con la recepción en España de las ideas absolutistas que venían de Francia, según las cuales los reyes no tenían límite alguno en el ejercicio del poder y, en consecuencia,

6 "El desconocimiento de la realidad americana —dice Víctor Tau Anzoátegui— y de sus problemas, obligó al rey y al consejo, como es sabido, a legislar con base en las informaciones obtenidas, que generalmente eran deficientes para adquirir un conocimiento cabal de aquella realidad [...]. A ello se sumaba lo heterogéneo de la vida indiana, que impedía reducir a reglas generales el gobierno de esas vastísimas tierras" (Tau Anzoátegui 1992).

7 Clarence H. Haring (1947) considera que las audiencias fueron las instituciones más importantes del gobierno español en las Indias, mucho más que sus similares *cancillerías* en España.

8 En la *Recopilación de Indias* se establecía que las normas reales debían ser obedecidas, "salvo siendo el negocio de calidad, que de su conocimiento se siguiera escándalo conocido, o daño irreparable". Véase *Recopilación de Indias* 2.1.22, *Nueva Recopilación de Indias* 4.14.2, *Novísima Recopilación* 3.4.4 y *Partidas* 3.18.29.

9 Sobre la importancia de la costumbre en el derecho indiano, véase Tau Anzoátegui (1972; 1992: 12).

la idea medieval de pacto quedaba excluida. El ideario absolutista fue percibido como un avance moderno, y buscaba una mayor eficiencia de la administración pública en España y un mayor control de la sociedad por parte del Estado.

El absolutismo se impuso en la península ibérica sin mayores dificultades. En las colonias de América, en cambio, la recepción del absolutismo no sólo no produjo los cambios esperados —en ello influyó la mayor autonomía que tenían los pueblos y quienes detentaban privilegios en América—[10] sino que contribuyó a gestar el descontento criollo que llevaría a la independencia. La defensa de la soberanía monárquica implicaba un conflicto muy fuerte, no sólo con los individuos que detentaban prerrogativas, franquicias o fueros, sino también con la Iglesia,[11] la cual, por la naturaleza de la empresa misional, gozaba de privilegios particularmente importantes en los territorios coloniales.

Con el advenimiento de la independencia, el derecho colonial, fundado en la idea de pacto y en la costumbre local, fue incluido en la lista de los males imperiales del antiguo régimen. Dos importaciones jurídicas fueron utilizadas para desterrar la ideología pactista. La primera de ellas fue la codificación, venida de la Francia moderna postrevolucionaria, que pretendía identificar el derecho con la ley (*lex*) —no con lo justo (*jus*), como sucedía antes— y la mejor encarnación de este ideal era el célebre *Código de Napoleón* de 1804.[12]

---

10 La distancia geográfica, las dificultades de comunicación y las prácticas clientelistas reforzaban esta autonomía (Guerra 2000: 79).

11 Según François-Xavier Guerra (2000), "la soberanía del Rey pretende extenderse no sólo a la Iglesia y a los cuerpos privilegiados, sino a la familia, a la propiedad privada".

12 Los seis primeros artículos del título preliminar de este código contienen todo un paradigma jurídico político que identifica derecho y ley (Clavero 1994). Tal identificación no es explícita, pero se deduce claramente de la redacción de los artículos, que desarrollan un concepto de derecho que sólo tiene por fuente la ley. El artículo cuarto dice así: "El juez que se niegue a juzgar, con pretexto de silencio, oscuridad o insuficiencia de la ley, podrá ser acusado como delincuente de denegación de justicia" (*Código de Napoleón* 1804).

Inicialmente, la recepción del pensamiento codificador produjo importantes batallas jurídicas, pero pronto fue consolidándose a lo largo del continente. La primera gran victoria de la codificación fue el código civil de Oaxaca, que se promulgó por partes entre 1827 y 1829, y cuyo título preliminar era una versión del código de Napoleón. Le siguieron los códigos de Bolivia (1831), Costa Rica (1841) y República Dominicana (1845); pero el código civil chileno de 1855 es el más representativo e influyente de las compilaciones civiles que se hicieron durante la segunda mitad del siglo XIX en América Latina.[13]

El código civil chileno de don Andrés Bello fue adoptado casi sin modificaciones por Colombia en 1873, durante la vigencia del régimen federal. Se estableció entonces en nuestro país que "la ley es una declaración de la voluntad soberana manifestada en la forma prevenida en la constitución nacional" (art. 4). La costumbre, por su parte "en ningún caso tiene fuerza contra la ley" (art. 8) y "la ignorancia de la ley no sirve de excusa" (art. 9). Un reforzamiento similar de la primacía de la ley tuvo lugar en los códigos civiles de Venezuela de 1862, Uruguay de 1868, Paraguay de 1876, Argentina de 1869 y México en 1870. Este último fue renovado, con modificaciones mínimas, en 1884 y 1928.

La segunda importación moderna fue el constitucionalismo, proveniente de los Estados Unidos. Al inicio de la república hubo un relativo consenso alrededor de la necesidad de adoptar constituciones escritas, como punto de partida para la construcción de un sistema republicano (Valencia 1987). Si bien se consideraba que las constituciones eran el fruto de un pacto social, una vez

---

13 El derecho es aquí entendido como la ley, percibida como una declaración de la voluntad soberana, que sólo puede ser interpretada por el legislador. La voluntad soberana, expresada en la Constitución, por una parte, y la costumbre proveniente de la realidad social, por otra, se ubican en los dos extremos de una trilogía donde la ley es el punto intermedio, y son, en la práctica jurídica, subsumidas en la voluntad del legislador. La trilogía es simbólica, no instrumental. La costumbre es reconocida, pero únicamente cuando es remitida por la ley. De esta manera, se consagra la marginalidad jurídica del *derecho indiano*, y con ella el desencuentro del derecho moderno con la realidad social.

promulgadas se suponía que la dinámica pactista —cumplimiento de deberes y obligaciones entre iguales— se dejaba de lado, en beneficio de una ley superior que obligaba a todos y no podía ser cuestionada (Ackerman y Rosenkrantz 1991).

Este nuevo constitucionalismo contractualista contrastaba con el viejo contractualismo pactista que venía del derecho consuetudinario medieval, y que se alimentaba de la idea de constitución mixta (Fioravanti 2001). En el derecho antiguo, las constituciones eran cartas otorgadas por el rey a sus súbditos, siendo la Carta Magna de 1215 es el ejemplo más célebre. Esta fue la tradición jurídica dominante en la colonia, y se caracterizaba por una concepción del derecho que supeditaba la justicia a este último, lo cual implicaba una gran flexibilidad de las reglas jurídicas, que no fue mayor ni produjo más descalabro e inestabilidad jurídica gracias al enorme poder unificador de una hegemonía político-religiosa ampliamente consolidada. Por otra parte, el indulto y la amnistía eran vistos como consecuencia del derecho a hacer la guerra. Pacto e indulto son las dos caras jurídicas de la misma moneda (Orozco 1992).

La Constitución y los códigos impusieron un sistema de normas, valores y comportamientos elaborados bajo el supuesto de su racionalidad y universalidad, lo cual estaba en claro contraste con una realidad social heterogénea y multicultural, que difícilmente se acomodaba a tales categorías normativas, empezando por la existencia de barreras lingüísticas que impedían a la población indígena, muchas veces mayoritaria, acatar lo dispuesto por una elite gobernante criolla y citadina.

La jurisprudencia, por su parte, sólo tiene obligatoriedad respecto de los casos concretos a los cuales se refiere. Es cierto que el legislador decide en consonancia con la Constitución, pero ésta es aquí una mera referencia abstracta, producto de la idea rousseauniana según la cual la voluntad soberana, —en este caso encarnada en el legislador— es la fuente de la Constitución. De esta manera, el código presupone no sólo una identidad entre ley y derechos, sino también entre soberano y ley. La vía constitucional queda reducida a la vía legal.

SUPERVIVENCIA DE LA TRADICIÓN PACTISTA EN LA REPÚBLICA

Los líderes de la independencia hicieron la revolución contra España, y en particular contra el absolutismo impuesto por las reformas borbónicas. Sin embargo, paradójicamente, coincidían con esas ideas absolutistas en su rechazo al pactismo y a los privilegios. Los revolucionarios —tanto como los absolutistas— intentaron sustituir el fundamento pactista del poder y la defensa de los privilegios, por las ideas de la soberanía popular que habían prosperado en la Francia revolucionaria.[14] Allí también se quiso acabar con los privilegios de los cuerpos intermedios, para lo cual se estableció que el poder se fundaba en una relación sin intermediarios entre los individuos, que constituían el Pueblo, y el Estado, en cabeza de sus representantes. Con fundamento en esta dicotomía, se expidió el 14 de junio de 1791 la famosa ley "Le Chapelier", que ordenaba la abolición de las corporaciones, entre ellas los clubes y las sociedades populares.[15]

El rechazo hacia los privilegios y el sistema pactista se consolidó en Francia —sobre todo durante los periodos napoleónicos—; mientras que, en buena medida, fracasó en las nacientes repúblicas americanas, donde un nuevo lenguaje fue adoptado. En lugar de reinos se empezó a hablar de naciones; el derecho ya no evocaba privilegios y fueros, sino constituciones y leyes; y los súbditos se convirtieron en ciudadanos. Sin embargo, este nuevo lenguaje no logró desterrar la estructura de poder señorial que

---

14 Esto dio lugar a una tensión entre dos concepciones de la soberanía: una absoluta, tipo francés, y otra limitada, a la manera inglesa. Esta tensión fue particularmente fuerte en los primeros meses de la Revolución Francesa, cuando el parlamento de París —que no era un cuerpo legislativo sino un tribunal de justicia conformado por nobles depositarios de privilegios— se enfrentó al monarca (Furet y Richet 1973: 54-59).

15 "Artículo 1. Por ser una de las bases fundamentales de la Constitución francesa, queda abolido todo tipo de corporación de ciudadanos, de la misma profesión u ocupación. Está prohibido establecerlas de hecho, bajo cualquier pretexto o forma que sea".

operaba en los pueblos, entendidos como la unidad básica de legitimación política. El concepto de nación tuvo que ser adaptado: ya no estaba constituido por individuos —como lo pensaba Sieyès en Francia— sino por provincias, estados o pueblos. No por El Pueblo, sino por los pueblos, dice François-Xavier Guerra (2000: 214) o mejor aún, por las elites de los pueblos.

Los caudillos locales, que surgieron de las guerras de independencia y las viejas castas señoriales de los pueblos, tenían el poder suficiente para imponer una adaptación del lenguaje revolucionario a sus propios intereses. Por eso, más que revoluciones hechas por las clases criollas, dice Antonio Annino, la independencia fue una revolución hecha por las comunidades locales (Annino 2003: 160).

El viejo catálogo *iusnaturalista* —el *ius*— tampoco pudo ser reemplazado por el derecho positivo —el *lex*—, inscrito en las nuevas constituciones escritas. La política local seguía siendo más importante que la ley general. Se consideraba que "un pueblo siempre tenía derecho a revisar, reformar y mudar su constitución".[16] Cuando una de las facciones políticas conseguía destronar a su rival a través de la guerra, promulgaba una constitución con la estructura y el ropaje de un código superior —separación de los poderes, derechos y libertades, control del poder, etc.—, pero que funcionaba como un pacto que podía ser roto cuando una de las partes —la facción opuesta— estimaba que la sociedad o el cuerpo político estaba en peligro de disolución (Demélas 2003: 598; Valencia 1987).

Es por eso que manifestaciones populares de apoyo o rechazo a los gobiernos, a través de actas, proclamas o peticiones, tenían más fuerza constituyente que los textos constitucionales mismos.

---

[16] Tomado de un artículo titulado "Los derechos del hombre", publicado en el periódico revolucionario mexicano *El Redactor General*, y citado por Guerra (2000: 312).

> Estas prácticas —dice Marie-Danielle Demélas— permitían inscribir la novedad de la representación democrática en las cadenas de clientelas locales y de antiguas fidelidades, y contra la atomización moderna recordar la unidad constitutiva de la sociedad. (2003: 610)

CONSTITUCIONALISMO CONTRACTUALISTA Y PACTISMO

Desde la independencia, a principios del siglo XIX, la historia de Colombia ha estado marcada por la guerra entre facciones políticas, y por los pactos sucesivos entre vencedores y vencidos.[17] Sin embargo, la guerra y la política no impidieron una enorme producción de discurso jurídico. En el siglo XIX, Colombia adoptó quince constituciones nacionales: dos durante la guerra de independencia (1810-1819), cinco durante el periodo de la Gran Colombia (1819-1830), cuatro en la Nueva Granada (1830-1858), tres durante la Federación (1858-1886) y una originada en la Regeneración (1886-1903) (Valencia 1987). La mayoría de ellas fueron promulgadas por facciones políticas que salían victoriosas de una guerra civil.

¿Qué papel jugaron el derecho y las instituciones en medio de esta realidad bélica? ¿Qué significado tuvieron las constituciones y los pactos firmados entre los contendores? Como siempre sucede con este tipo de preguntas, la respuesta es compleja, y hay que encontrarla en la intrincada relación entre la visión del mundo jurídico dominante en esa época y las prácticas jurídicas.

Lo que parece haber sucedido durante la república, y particularmente durante el siglo XIX, es una combinación entre, por un lado, la adopción de códigos y constituciones fundadas en el ideario contractualista —a partir de las cuales se intentaba seguir el camino trazado por Francia y Estados Unidos— y, por el otro,

[17] Las guerras civiles —al contrario de lo sucedido en Europa (Tilly 1985; Elias 1986)— no debilitaron los poderes locales ni las comunidades. Por el contrario, reforzaron su poder político e implantaron una tradición de rebeldía y bandolerismo, que todavía persiste en algunos países del continente.

el apego a una práctica jurídica de tipo pactista, que seguía viendo la justicia, o mejor, la percepción de justicia, como algo que estaba por encima de las reglas de juego.

Historia de pactos

Durante el siglo XIX tuvimos diecisiete procesos de amnistía y en el siglo XX tuvimos nueve; además hubo 63 indultos. Como dice Gonzalo Sánchez, en todos estos casos "la rutinización de la amnistía alimentó la rutinización de la guerra" (Sánchez 2006: 99). Veamos brevemente algunos ejemplos históricos que muestran este híbrido constitucional entre contractualista y pactista.

La historia del pactismo republicano se inicia cuando, a finales de 1828, Simón Bolívar, enfermo y desprestigiado por los años de dictadura, se retira del ejercicio del poder. Lo reemplaza Joaquín Mosquera, quien era bolivariano y liberal moderado. De inmediato surge en todo el país una pugna a muerte entre las facciones bolivarianas y santanderistas; aparecen levantamientos a lo ancho y largo del país, en nombre de la libertad. Los ánimos sólo se calman cuando el general Santander —quien estaba en el exilio desde la conspiración contra Bolívar— es rehabilitado y reelegido para el cargo de Presidente de la República de la Nueva Granada.

Pero quizás la mejor ilustración de un entorno político regido por las reglas pactistas fue la llamada "Guerra de los supremos". Los supremos eran cuatro generales caucanos —Mosquera, Obando, Herrán y López— provenientes de familias ricas y esclavistas. Habían hecho carrera durante las batallas de la independencia y se sentían tan poderosos, o más, que el Estado central. Todos ellos terminaron siendo presidentes y dominaron el escenario político del país durante veinticinco años.

El primero en sublevarse fue el general Obando, y lo hizo contra el régimen del entonces presidente José Ignacio Márquez. Todo empezó por un asunto de conventos: en 1839 el Congreso ordenó ejecutar una ley de 1821, que suprimía los conventos menores. Esta medida afectó a varias instituciones religiosas del sur del país, y fue considerada injusta e inaceptable, por lo cual dio lugar a una revuelta popular, alentada por el clero, en Pasto. La Iglesia logró que el gobernador de Pasto se sentara a negociar, y luego le impuso que suspendiera la aplicación de la ley. Sin embargo, el presidente Márquez desconoció el acuerdo y envió a pacificar la zona al general Pedro Alcántara Herrán, quien entró a Pasto ofreciendo un indulto a todos los rebeldes, pero el ofrecimiento fue rechazado. Los rebeldes decidieron lanzarse a la guerra, y fueron derrotados. Luego de tres años de lucha, la guerra terminó con el triunfo del gobierno, que dispuso, de nuevo, una amplia amnistía para todos los rebeldes. El Presidente, que para entonces había pasado a ser el general Herrán, expidió una amnistía general.

Luego de la rebelión de Obando, el enfrentamiento entre los partidos condujo a la llamada guerra del medio siglo entre los conservadores y el gobierno de José Hilario López. La guerra le dio el triunfo al gobierno central, el cual, una vez terminadas las hostilidades, ofreció el indulto a todos los combatientes.

Antes de terminar el siglo hubo guerras que iniciaron y terminaron con características similares. La guerra contra el régimen conservador (siendo presidente Mariano Ospina), emprendida por los generales Tomás Cipriano de Mosquera y José María Obando; la guerra de los conservadores contra los radicales de 1876; la guerra de 1885, con la cual se puso fin al periodo del liberalismo radical; y la Guerra de los Mil Días.

La más importante de todas fue esta última, librada entre 1898 y 1902, y en la cual se enfrentaron liberales rebeldes contra los conservadores gobernantes. El partido liberal se dividió entre los "pacifistas", dirigidos por Aquileo Parra, renuentes a reanudar el levantamiento armado; y los "guerreristas", dirigidos por Rafael Uribe Uribe, partidarios de la guerra. Ésta, la más sangrienta de las guerras del siglo XIX, encontró su fin en los tratados de Neerlandia, Wisconsin y Chinácota, que otorgaron amnistía e indulto a los rebeldes.

Luego de la Guerra de los Mil Días, el país ingresó en un periodo de estabilidad. Se consiguieron avances económicos y sociales importantes, lo cual permitió un relativo consenso entre las elites y favoreció la aplicación de la Constitución de 1886. Sin embargo, no faltaron intentos de sublevación contra el régimen, que dieron lugar a respectivas amnistías e indultos para los vencidos.

El enfrentamiento más grave de todos se dio entre los partidos tradicionales, tuvo lugar a mediados del siglo XX, y fue conocido como la época de la Violencia. Se calcula que 300.000 personas perdieron la vida en esta guerra partidista. La Violencia terminó con el régimen militar de Gustavo Rojas Pinilla, quien logró poner fin a las disputas entre los partidos y pacificar buena parte del país. Pero los dirigentes políticos querían recuperar el gobierno civil, por lo cual, en 1956 Alberto Lleras, en nombre del partido liberal, y Laureano Gómez, en nombre del conservador, firmaron en España el acuerdo que daría inicio al Frente Nacional, que regiría durante los siguientes dieciséis años.

Sin embargo, el Frente Nacional no logró pacificar todos los ánimos. Grupos rebeldes descontentos con los acuerdos empezaron a operar en el centro del país, y poco a poco fueron dando lugar a las guerrillas que hoy todavía controlan una parte del territorio nacional. Desde entonces, el Estado ha hecho varios intentos por negociar con la guerrilla. Quizás el más significativo fue el que tuvo lugar durante el gobierno de Virgilio Barco, cuando se negoció con la guerrilla del M-19. Después de varios ensayos se logró un acuerdo, del cual resultó no sólo la desmovilización y entrega de armas del grupo guerrillero, sino su ingreso en la vida política del país. Los acuerdos requerían inicialmente una reforma constitucional que en el momento se tramitó ante el Congreso, donde se contaba con el respaldo parlamentario de liberales y conservadores.

La reforma fracasó como consecuencia de la introducción, en el plebiscito ratificatorio, de una pregunta sobre la vigencia de la extradición. Sin embargo, ya existía una ley de indulto y su respectivo decreto reglamentario, que fueron el resultado de las negociaciones con este grupo de insurgentes. El M-19 se desmovilizó el 9 de marzo de 1990.

EL ÚLTIMO CAPÍTULO DE ESTA HISTORIA: EL PACTO CON LOS NARCOTRAFICANTES

Durante la década de los ochenta, los narcotraficantes emprendieron una guerra frontal contra el tratado de extradición firmado entre Colombia y los Estados Unidos. La guerra se libró también en el campo jurídico. En 1985 se demandó la inconstitucionalidad del tratado, y en diciembre de 1986, probablemente por presión por parte de los extraditables, los magistrados de la Corte Suprema votaron la inexequibilidad de la Ley 27 de 1980, que elevaba el tratado a legislación interna. El gobierno volvió entonces a sancionar el tratado con la Ley 68 de 1986, acto que fue nuevamente demandado, y seis meses después, en 1987, se volvió a declarar la inconstitucionalidad.

En 1990, el presidente César Gaviria estableció una nueva política de "sometimiento a la justicia" (Decreto de estado de sitio 2047-90), la cual disponía que la entrega y confesión de delitos daba lugar a la rebaja en la pena y a la no extradición por los delitos cometidos hasta la entrega. Varios narcotraficantes se entregaron, y el 8 de octubre del mismo año salió un nuevo decreto (el 2147), resultado de las negociaciones entre los abogados del Cartel de Medellín y el gobierno, en el cual se precisaron las condiciones en que se garantizaba la no extradición para quien se entregara. El 17 de diciembre, y fruto de esas mismas negociaciones, se expidió un tercer decreto, el número 3030 de 1990, especificando la garantía absoluta de no extradición para quien se entregara, incluso si el delito por el cual se surtía la entrega no era confesado; estipulaba además que habría sitios especiales de reclusión para quienes se acogieran a esta política. En el año siguiente, en la tarde del mismo día en que la Asamblea Constituyente votaba la prohibición de la extradición de ciudadanos colombianos, se entregó a la justicia Pablo Escobar, jefe y creador del cartel de

Medellín. En 1997 el Congreso volvió a restablecer la extradición, y desde entonces sigue vigente.

Durante los años noventa la estrategia de la mafia cambió. Muchos de los narcotraficantes crearon grupos paramilitares para defender de la guerrilla sus riquezas y negocios en las zonas rurales del país. Con el apoyo de elites terratenientes azotadas por la violencia y la complicidad de miembros de la fuerza pública, los grupos paramilitares desarrollaron pronto una estrategia ofensiva, basada en el ataque a la población civil que le servía de base o que "simpatizaba" con la guerrilla. En corto tiempo, los paramilitares se apoderaron a sangre y fuego de extensas regiones del país, y establecieron allí complejas estructuras de poder económico y político. De carácter mafioso y gamonal, estas estructuras se fortalecieron, en buena medida, por una actitud complaciente del Estado, que en varios periodos admitió expresamente —a través de sus normas— la delegación de la fuerza pública en grupos de autodefensa para la lucha antisubversiva, y que en los demás momentos no los atacó frontalmente.

Ante el enorme poder acumulado por los paramilitares, el gobierno decidió iniciar con ellos un proceso de paz. En este proceso no se habla de indultos ni de amnistías generales, dado el reproche internacional que en la actualidad reciben estos mecanismos cuando implican el perdón y el olvido de crímenes atroces, como los cometidos por el paramilitarismo. Sin embargo, las normas que el gobierno ha propuesto para encauzar el proceso de paz —Ley 975 de 2005— están en clara sintonía con la tradición pactista colombiana.

Dado el conflicto evidente entre la Ley de Justicia y Paz y la Constitución de 1991, la Corte Constitucional estimó que buena parte del contenido de la ley era inconstitucional, en especial lo relativo a las condiciones para que los paramilitares accedieran a los beneficios penales resultantes de la negociación.

Pactismo y constitucionalismo

En el siglo XIX, la legitimidad de los vencedores provenía más de las armas que del derecho, lo cual daba lugar a una estabilidad institucional endeble. La falta de legitimidad conducía entonces a los levantamientos militares, los cuales, a su turno, terminaban con la definición de nuevos vencedores y por supuesto, con el establecimiento de nuevos pactos. El levantamiento de las facciones partidistas y militares contra el Estado y sus gobernantes se sustentaba en supuestas violaciones al derecho justo y al pacto entre gobernantes y gobernados. El alzamiento en armas era algo que se hacía con una facilidad extrema. La fórmula del constitucionalismo contractualista, o liberal, según la cual las partes en conflicto se someten a unas reglas de juego constitucionales, que no pueden ser puestas en tela de juicio a partir de la percepción de injusticia, tuvo poco valor durante ese siglo. Se consideraba que el derecho debía ser justo, o de lo contrario no era derecho. Este maximalismo *iusnaturalista* debilitó la institucionalidad y supeditó el derecho a la política y a la guerra.

Gran parte de esta cultura pactista siguió operando en la Colombia del siglo XX y principios del XXI. La resistencia y la rebelión siguieron presentándose —aunque con menos frecuencia— y las guerras se siguen zanjando con amnistías e indultos, o con leyes negociadas que se parecen mucho al indulto.

La nuestra parece ser una historia de pactos fundadores y refundadores de la organización social que, más que una historia del constitucionalismo, es la historia de la búsqueda fallida por abolir los poderes intermedios entre el individuo y el Estado, y por consolidar un constitucionalismo contractualista o liberal. En esta historia, en lugar de ser un límite al poder político, el derecho y las constituciones son utilizados como herramientas políticas maleables, que se acomodan, mediante la interpretación o el cambio, a las necesidades coyunturales de las elites en el poder.

En todos los ordenamientos jurídicos y en todos los países, la aplicación del derecho conlleva una cierta negociación con la cultura y la estructura de poder dominante en una sociedad (Portes 2005). Por eso los cambios sociales son difíciles cuando se intentan exclusivamente a través de normas jurídicas que, por hallarse en la capa más superficial de la estructura social, son incapaces de modificar comportamientos culturales o estructuras políticas muy arraigadas (North 1993). Con mucha frecuencia, los intentos de cambio social en América Latina se han reducido a cambios normativos, lo cual ha hecho que la historia institucional del continente sea aquella del relativo fracaso de los intentos por modernizar una sociedad tradicional escindida social y económicamente, a través de normas jurídicas.

Conclusiones

En este capítulo me ocupé de ilustrar una concepción del derecho, de origen español, según la cual la ley depende de la justicia. Esa concepción estuvo vigente durante la colonia, en un mundo concebido y regulado por la unión entre la Iglesia católica y el Estado. No obstante la independencia de España y todas las declaraciones legales y políticas en contra de esa concepción tradicional, en Colombia todavía se sienten sus efectos. Uno de ellos es la debilidad del principio de legalidad, el cual se ve permanentemente cuestionado por razones de justicia. Esto conduce a una práctica permanente de negociación como mecanismo de solución de conflictos, que no sólo debilita la regla de la soberanía institucional, y por esta vía crea un círculo vicioso de la guerra, sino que crea una concepción flexible y negociable de la ley que propicia el incumplimiento y el surgimiento de conflictos. Cuando todo es negociable, la ley y el Estado pierden entidad y por eso resultan asediados. La cultura del pactismo es la vía contraria de la modernidad y del contrato social.

En Colombia tenemos una "cultura de la guerra" que es tan obstinada como la cultura del consenso, y entre las dos hay una relación de incidencia recíproca. Quizás tenemos tanta violencia por el hecho de tener tanta negociación. Como dice Gonzalo Sánchez (2006: 99):

> Hacer como si las guerras no hubieran existido, en aras de la reconstrucción de la unidad nacional política de la nación, ha sido también una forma de perpetuarlas, de negarse a resolverlas.

En Colombia, rebelarse resulta poco costoso en el mediano y largo plazo. Douglass North ha mostrado cómo en las colonias españolas —a diferencia de lo que sucedía en las colonias británicas— las leyes eran inciertas y ambiguas (North, Summerhill y Weingast 2000), lo cual propiciaba la lucha de las elites y de los grupos de poder por una interpretación y aplicación de la ley que les favoreciera. Allí donde las reglas fueron claras, en cambio, las elites y los grupos de poder lucharon entre ellos por la conquista del mercado. Lo mismo pasa cuando las instituciones son frágiles y carecen de soberanía: cuando eso sucede los grupos sociales se enfrascan en una lucha fratricida por su captura.

Lo anterior no significa que, de entrada, todo intento de negociación con grupos armados debilite al Estado y por lo tanto termine produciendo efectos contraproducentes. Incluso en un país como Colombia, donde la guerra es casi un mal endémico, los pactos pueden ser un instrumento para lograr la paz. Sin embargo, que ello suceda depende del efecto desinstitucionalizador del pacto, es decir, de la mayor o menor pérdida de institucionalidad que se origina en la suspensión pactada de las reglas jurídicas ordinarias. En principio, todo pacto representa una excepción constitucional y por lo tanto conlleva un cierto grado de desinstitucionalización del constitucionalismo contractualista. Este costo se justifica por el logro de la paz, a partir del cual se espera que las instituciones no sólo recobren la fuerza perdida, sino que la aumenten considerablemente.

BIBLIOGRAFÍA

Ackerman, Bruce y Carlos Rosenkrantz. 1991. "Tres concepciones de la democracia constitucional", en *Fundamentos y alcances del control judicial de constitucionalidad*. Madrid: Centro de Estudios Constitucionales.

Alfonso X. 1989. *Las siete partidas*. Madrid: Lex Nova.

Annino, Antonio. 2003. "Soberanías en lucha", en Antonio Annino y François-Xavier Guerra (coords.), *Inventando la nación. Iberoamérica siglo XIX*. México: Fondo de Cultura Económica.

Aquino, Tomás de. 1988. *Summa Theologica I IIae*. Madrid: Biblioteca de Autores Cristianos.

———. 1961. *De regimine principium*. Sevilla, s.n.

Clavero, Bartolomé. 1994. "Ley del código: transplantes y rechazos constitucionales por España y por América", en *Quaderni Fiorentini*, N° 23: 80-194.

Constant, Benjamin. 1989. "De la libertad de los antiguos comparada con la de los modernos", en *Escritos políticos*. Madrid: Centro de Estudios Constitucionales.

Cutter, Charles R. 1999. "The Legal Culture of Spanish America on the Eve of Independence", en Eduardo Zimmermann (ed.), *Judicial Institutions in Nineteenth-Century Latin America*. London: University of London.

Demélas, Marie-Danielle. 2003. "Pactismo y constitucionalismo en los Andes", en Antonio Annino y François-Xavier Guerra (coords.), *Inventando la nación. Iberoamérica siglo XIX*. México: Fondo de Cultura Económica.

Elias, Norbert. 1986. *El proceso de la civilización. Investigaciones sociogenéticas y psicogenéticas*. México: Fondo de Cultura Económica.

Fioravanti, Maurizio. 2001. *Constitución: de la Antigüedad a nuestros días*. Madrid: Trotta.

Furet, François y Denis Richet. 1973. *La Révolution Française*. Paris: Marabaut.

García-Pelayo, Manuel. 1968. "La idea medieval del derecho", en *Del mito y de la razón en la historia del pensamiento político*. Madrid: Fundación Ortega y Gasset.

Góngora, Mario. 2003. *Historia de las ideas en la América española y otros ensayos*. Medellín: Universidad de Antioquia.

Guerra, François-Xavier. 2000. *Modernidad e independencia*. México: Fondo de Cultura Económica.

Haring, Clarence Henry. 1947. *The Spanish Empire in America*. New York: Harbinger Books.

North, Douglass. 1993. *Instituciones, cambio institucional y desempeño económico*. México: Fondo de Cultura Económica.

North, Douglass, William Summerhill y Barry Weingast. 2000. "Order, Disorder and Economic Change: Latin America vs. North America", en Bruce Bueno de Mesquita y Hilton Root (eds.), *Governing for Prosperity*. New Haven: Yale University Press.

Orozco, Iván. 1992. *Combatientes, rebeldes y terroristas. Guerra y derecho en Colombia*. Bogotá: Instituto de Estudios Políticos y Relaciones Internacionales (IEPRI) y Temis.

Ots Capdequí, José María. 1967. *Historia del derecho español en América y del derecho indiano*. Bogotá: Biblioteca Jurídica Aguilar.

Phelan, John. 1960. "Authority and Flexibility in the Spanish Imperial Bureaucracy", en *Administrative Science Quarterly*, Vol. 5, N° 1: 47-65.

Portes, Alejandro. 2005. *Institutions and Development: A Conceptual Re-analysis*. Princeton: Princeton University Press.

Romero, José Luis. 1999. *Latinoamérica: las ciudades y las ideas*. Medellín: Universidad de Antioquia.

———. 2001. *Situaciones e ideologías en América Latina*. Medellín: Universidad de Antioquia.

Sánchez, Gonzalo. 2006. *Guerras, memoria e historia*. Medellín: La Carreta.

Salisbury, Juan de. 1979. *Policraticus*. New York: F. Ungar.

Tau Anzoátegui, Víctor. 1972. "La costumbre como fuente del derecho indiano en los siglos XVI y XVII". Documento presentado en el III Congreso del Instituto Internacional de Historia del Derecho Indiano, Madrid, 17-23 de enero.
———. 1992. *La Ley en América Hispánica*. Vol. 6. Buenos Aires: Academia Nacional de Historia.
Tilly, Charles. 1985. "War Making and State Making as Organized Crime", en Peter Evans, Dietrich Reuschmeyer y Theda Skocpol (eds.), *Bringing the State Back In*. Cambridge: Cambridge University Press.
Uprimny, Leopoldo. 1953. "Capitalismo calvinista o romanticismo semiescolástico de los próceres de la independencia colombiana: réplica al profesor Alfonso López Michelsen", en *Universitas*, N° 3, 4, 5 y 6.
Valencia, Villa Hernando. 1987. *Cartas de batalla*. Bogotá: Centro de Estudios de la Realidad Colombiana (CEREC).

***

Código de Napoleón, 1804.
El ordenamiento de Alcalá, 1384.
Ley "Le Chapelier", 1791.
Leyes de Toro, 1505.
Novísima recopilación de Castilla, 1805.
Nueva recopilación de Castilla, 1567.
Nueva recopilación de Indias, 1680.
Las siete partidas, 1252-1284.
Recopilación de Indias, 1680.

17

INCUMPLIMIENTO, CIUDADANÍA Y DEMOCRACIA

Mauricio García Villegas

Lon Fuller cuenta el siguiente caso ficticio. Cinco espeleólogos quedaron atrapados en una cueva a causa de un derrumbe interno. Se organizó entonces una expedición de rescate, pero el terreno era frágil y diez hombres fallecieron en el intento. Dos semanas después, se estableció contacto radiofónico con los exploradores y se les anunció que el rescate no podría llevarse a cabo antes de diez días, lo cual significaba que morirían de hambre. En ese momento se interrumpió la comunicación. Treinta días más tarde fueron liberados, pero uno de ellos no estaba. Al ser preguntados por la suerte del quinto hombre, los rescatados explicaron que, ante la inminencia de su muerte, decidieron escoger al azar a uno de ellos, para matarlo y alimentarse de su carne. Fueron entonces conducidos al tribunal y allí fueron juzgados, pero los cinco jueces nunca pudieron ponerse de acuerdo sobre la decisión que debía tomarse. Dos de ellos sostuvieron que debían ser condenados por asesinato, mientras otros dos argumentaron que, bajo esas circunstancias, la ley penal era inaplicable. El último juez se abstuvo.

Durante la campaña electoral para elegir al alcalde de Bogotá en octubre de 2007, Antanas Mockus le preguntó al entonces candidato Samuel Moreno lo siguiente: "¿Estaría usted dispuesto a comprar cincuenta votos para salvar a Bogotá de un político corrupto?", a lo cual el candidato respondió con un contundente sí. El caso planteado por Mockus se parece al caso de Lon Fuller. En primer lugar, en ambos se plantea el mismo problema: ¿bajo qué circunstancias excepcionales es permitido desobedecer las leyes? En segundo lugar, en ninguno de los dos hay acuerdo sobre la manera como debe resolverse esta pregunta. Sin embargo, existe una diferencia fundamental entre ambos: el primero es un caso extremo, dramático, límite; el segundo, en cambio, es grave, pero no tanto.

Como Samuel Moreno, gran parte de los colombianos piensan que hay buenas razones para desobedecer las leyes. Eso se demuestra en una encuesta sobre cumplimiento de la ley hecha por Antanas Mockus en varias ciudades del país. A la pregunta ¿estaría usted dispuesto a desobedecer la ley cuando esta "es la única manera de ayudar a la familia"?, el 41% de los encuestados en Bogotá respondió que sí; en Santa Marta el 58% y en Casanare el 77%. Más sorprendente aún fue la respuesta que se obtuvo cuando el motivo era "porque esa es la única manera de alcanzar los propios objetivos". En Bogotá, el 20% dijo que sí; en Casanare el 46%, y en Santa Marta el 38%.

En buena parte de los estudios presentados en este libro, nos hemos topado con aquellos incumplidores que el ex alcalde denomina prosaicos. Ellos pueden tener razones para incumplir, pero por lo general no son ni muy elaboradas ni muy coherentes, son más una justificación *a posteriori* de un comportamiento espontáneo, impulsivo y repetitivo. Por eso, difícilmente estarían dispuestos a defender de manera argumentada lo que hacen. En este capítulo me ocupo de aquellos incumplidores que fundan su comportamiento en razones que estarían dispuestos a defender.

Quienes tienen razones fundadas o fuertes para incumplir plantean problemas complejos para la convivencia social, la ciudadanía y la democracia. Para abordar este tema empezaré por analizar las diferentes razones que tienen los sujetos para cumplir normas y, a partir de allí, analizaré la relación entre ley, moral y cultura, y terminaré con algunos comentarios sobre la resistencia al poder político y a la ley.

LOS CUMPLIDORES Y SUS RAZONES

Las razones que tienen los individuos para cumplir pueden ser muy variadas. Aquí también, como se hizo en el primer capítulo de esta segunda parte, es posible hablar de mentalidades, en este caso de mentalidades cumplidoras, con la salvedad de que aquí el comportamiento suele ser menos rutinario, menos prosaico y más voluntario.[1] En lo que sigue distinguiré tres tipos de cumplimiento, atendiendo a las razones que los motivan. En primer lugar, un cumplimiento por razones supralegales; en segundo lugar, por razones tácticas; y en tercer lugar, por razones cívicas.

CUMPLIDORES JUSTICIEROS: MORALISTAS, LIBERTARIOS Y REVOLUCIONARIOS

Entre la moral y el derecho hay muchas coincidencias; la gran mayoría de lo que la moral condena, el derecho también lo hace.[2] Sin embargo, hay algunos pocos ámbitos en los cuales estos dos tipos de reglas no se encuentran; cada uno se ocupa de lo suyo. Así, por ejemplo, que un padre de familia quiera más a un hijo que a otro puede ser visto como inmoral, pero no como algo con-

---

1 Los comportamientos que aquí se relacionan suelen estar agenciados (son voluntarios), y en ese sentido están menos cerca del *habitus,* como lo estaban los incumplidores prosaicos. Véase la nota 20 del capítulo "Los incumplidores de reglas".

2 Al respecto, véanse Fuller (1964), Dworkin (1985), Hart (1961) y Larenz (1985).

trario al derecho (siempre y cuando, por supuesto, esa diferencia de afecto no se manifieste en una discriminación contra el hijo menos querido). Por otra parte, hay conductas que son indiferentes para la moral. Que una persona conduzca su automóvil por la izquierda es un comportamiento ilegal en las carreteras de Francia o Argentina, pero eso no hace de esa conducta algo propiamente inmoral (a no ser que se suponga que existe un deber moral en respetar todo lo que el derecho establece).

La relación entre la moral y el derecho puede ser representada a partir de dos círculos que se unen parcialmente. La parte sobrepuesta representa todo aquello en lo cual ambos órdenes normativos coinciden. En esa zona de confluencia, el respeto por la moral basta para cumplir el derecho. En las demás zonas, cada orden normativo regula lo suyo y dispone de sanciones propias para lograr eficacia. Allí es posible encontrar casos que ambos ordenamientos resuelven de manera diferente. Eso puede suceder, por ejemplo, con el aborto. Cuando un tribunal constitucional legaliza la práctica del aborto, algunos médicos católicos que trabajan en hospitales públicos pueden percibir un conflicto entre sus convicciones morales y la norma judicial que les ordena proteger el derecho a abortar. Aquí la moral está en conflicto con el derecho. Pero también puede suceder lo opuesto, es decir, que el derecho esté en conflicto con la moral. Eso pasa, por ejemplo, cuando el Estado, fundado en ideas republicanas, prohíbe a las estudiantes musulmanas de los colegios públicos vestir el velo cuando ingresan al establecimiento educativo. Para esas estudiantes, esa norma atenta contra sus convicciones morales.

Algunas personas consideran que sus concepciones morales están por encima del derecho; por eso, sólo lo cumplen cuando éste coincide con su moral. Cuando no lo hace, no lo cumplen. Hay muchos ejemplos de esto. En la Grecia clásica hubo un grupo de filósofos, llamados cínicos, que predicaban justamente eso, la superioridad de la moral sobre todas las reglas. En los Estados Unidos es famoso el caso de una familia de la comunidad amish, que fue condenada por el estado de Wisconsin por negarse a obedecer la norma que la obligaba a enviar a sus hijos al colegio.[3] Durante la segunda guerra mundial, hubo miles de ciudadanos canadienses pertenecientes a la comunidad religiosa menonita que se opusieron a ir a la guerra. En Colombia, la Corte Constitucional debió pronunciarse sobre varios casos de miembros de la secta Testigos de Jehová, que se oponían a que sus enfermos fueran objeto de transfusiones de sangre (Corte Constitucional 1996). Para quien observa y valora el mundo social a través de las sagradas escrituras, sus argumentos religiosos siempre vencen a los argumentos fundados en el interés público, la democracia o la justicia social. Como decía John Knox en Inglaterra: "un hombre con Dios de su parte, siempre está en mayoría".

Pero la subordinación del derecho a valores superiores propicia más el incumplimiento que el cumplimiento. No se requiere que esos valores provengan de una visión religiosa, ni que sean impuestos por una iglesia. También puede haber razones para incumplir el derecho que no son de tipo moral o religioso; este es el caso del célebre alegato de Henry D. Thoreau a favor del no pago de impuestos cuando éstos sirven para alimentar una guerra injusta: "Si la autoridad del gobierno quisiera ser respetada en esta decisión, debería entonces contar con la aprobación y el consenso de todos los gobernados" (Thoreau 1983: 122). Esas razones también pueden ser, como sucede en América Latina, el fruto de una visión del mundo en la que la cultura y el *status* social dan lugar a una especie de catálogo moral supralegal. Para quienes tienen esta visión del mundo —que he denominado "arrogante" en otro capítulo— la ley nunca es superior a los valores que ellos, como notables, señores o patriarcas de la sociedad, encarnan. El derecho para ellos tiene importancia, pero sólo como instrumento de control social; como mecanismo para imponer orden y cultura en el pueblo raso.

---

[3] El caso llegó a la justicia, y ésta decidió a favor de la familia amish; véase *Yoder vs Wisconsin,* 1972.

La mentalidad rebelde también subordina la ley a valores superiores: libertad, justicia, igualdad, emancipación, etc. Dado que, en su opinión, el poder es arbitrario, la autoridad carece de legitimidad y eso lo libera de la obligación de obedecer el derecho. Como el arrogante, el rebelde estima que el derecho siempre está en competencia con algo, nunca tiene valor en sí mismo, y siempre debe ser evaluado en relación con otra cosa. En la izquierda latinoamericana es muy frecuente encontrar actitudes de repulsión sistemática a toda norma que venga del Estado. La reducción de lo institucional a lo político —analizada en el capítulo anterior— implica una reducción del derecho a la política y, por lo tanto, una subordinación de las normas jurídicas a los valores políticos. Más adelante volveré sobre esto.

Quienes obedecen el derecho sólo en la medida en que coincida con sus creencias morales o políticas, en realidad sólo acatan su propia axiología. El derecho no es la fuente, la razón de su cumplimiento, simplemente sobreponen su moral o su ideología al derecho. Las personas que así se comportan tienen un mentalidad que podríamos denominar *justiciera*.

Cumplidores tácticos

Un segundo grupo de cumplidores acata el derecho cuando le conviene. Primero calcula las consecuencias que acarrea incumplir, y luego concluye que vale la pena acatar lo que la norma dice. En ese cálculo cuenta mucho la predicción de lo que sucederá con la sanción. Las normas cuya sanción —o incentivo, según el caso— tengan pocas posibilidades de aplicarse, difícilmente son acatadas por este cumplidor táctico; aquellas cuya sanción es probable, en cambio, merecen su atención y respeto.

Los cumplidores tácticos suelen ser los mismos vivos. Si en sus cuentas hubiesen encontrado que la sanción era menos probable, o menos costosa, habrían incumplido. Este cumplidor ve la regla como un juego en el que se gana o se pierde. Las autoridades tienen sus armas, pero ellos tienen las suyas. En sus conjeturas no interviene ningún análisis valorativo, como sucede con el moralista o el rebelde. El cumplidor táctico no se pregunta si las autoridades son legítimas o no, eso es irrelevante para él. Lo que le interesa es saber "cómo le va", qué gana y qué pierde en ese juego entre él, la autoridad y la norma.

Cuando una sociedad está compuesta por una gran mayoría de personas que sólo cumplen para evitar las consecuencias perjudiciales de la sanción, se requiere un aparato estatal con una gran capacidad de control policivo para evitar que ese tipo de gente incumpla. Es justamente esa falta de capacidad lo que más alimenta la cultura de la viveza. La capacidad institucional es el remedio contra la viveza. Más aún, existe una especie de círculo vicioso entre incapacidad estatal e incumplimiento: mientras las instituciones son menos capaces de hacer cumplir sus mandatos, mayor es el incumplimiento, lo cual, a su turno, debilita la capacidad estatal.

Una sociedad donde todos ven el derecho desde el punto de vista táctico es una sociedad inviable. Es necesario, como dice Herbert L. Hart, que por lo menos los funcionarios públicos tengan, de entrada, una disposición favorable al cumplimiento de las normas.

Cumplidores cívicos

Existe un tercer grupo de cumplidores, que fundan su comportamiento en la percepción del derecho como un deber. En eso se parecen a los cumplidores justicieros, pero se diferencian de ellos en que el deber no proviene de lo que la norma dice, de su justicia, sino de la norma misma. Cumplen porque creen que las normas están para ser cumplidas, no porque ordenan algo con lo cual están de acuerdo, como los justicieros. Para los cumplidores cívicos, las normas son un componente esencial del grupo social; cumplir las reglas es lo propio del ciudadano, aunque no sea lo único ni lo más importante. En su célebre libro *The Concept of Law* (1961), Herbert L. Hart se refiere a este tipo de cumplimiento como el resultado de un "punto de vista interno" sobre el derecho. Quienes adoptan este punto de vista no evalúan las normas, ni se preguntan si es o no conveniente cumplirlas; simplemente las cumplen de manera rutinaria y acrítica. Pagan los impuestos sin detenerse a pesar si el gobierno es bueno o si el contenido de la ley tributaria es justo; se detienen en los semáforos en rojo sin preguntarse qué tan bien ubicados están, cuántas personas se los pasan en rojo, o qué tan cerca está la policía de tráfico. Esto supone, desde luego, que quien cumple de esta manera tiene una valoración positiva del régimen político y jurídico, o como diré más adelante, tiene la convicción de estar sometido a un régimen "básicamente justo". Me referiré a este tipo de comportamiento como cumplimiento cívico.

Esta es la actitud que por lo general adoptan los funcionarios públicos ante el derecho. Ellos no se preguntan si la norma es justa o no, o si en caso de incumplirla existe o no posibilidad de que los sancionen; simplemente cumplen el derecho porque esa es su función, cumplirlo y hacerlo cumplir. Esto no significa que no existan funcionarios que irrespeten las reglas, o que las cumplan sólo cuando consideran que la norma es justa, o cuando la sanción puede hacerse efectiva. La corrupción de los funcionarios públicos —fenómeno grave en casi todo el continente— es una prueba de ello. Sin embargo, aún en Estados precarios como los que existen en América Latina, la gran mayoría de los funcionarios públicos tiene esta disposición.

Los cumplidores cívicos no tienen la severidad de los justicieros, ni la negligencia de los tácticos; no son sacerdotes ni pícaros. Son personas que adoptan una disposición natural —casi rutinaria o incluso prosaica— a cumplir con el derecho. Eso no significa que sean acríticos, o que siempre traguen entero, sino que las críticas que eventualmente tienen frente a las normas no los llevan a cuestionar el deber que tienen de cumplir. Para ponerlo en los términos clásicos, el mal gobierno no conlleva un cuestionamiento del *contrato social*. La obediencia no proviene del contenido del derecho, sino del derecho mismo y de la institucionalidad de la cual deriva. De allí la célebre expresión liberal: *cumplir puntualmente y criticar libremente*.

Por todo ello, por el acatamiento institucional que implica, el cumplidor cívico contribuye a la legitimidad del sistema. Las personas que cumplen el derecho desde el punto de vista interno hacen una diferencia entre la valoración del poder político y la valoración de la ley. El resultado de la primera valoración no pone en tela de juicio el de la segunda. Se puede estar en desacuerdo con un gobierno, incluso con las normas que expide, pero eso no conduce a la desobediencia.

La espontaneidad del cumplidor cívico, su falta de prevención, de cálculo, es un componente esencial de la democracia. Will Kymlicka y Wayne Norman (1994; 2000) sostienen que la fortaleza de la democracia "no depende solamente de su estructura básica sino también de las cualidades y actitudes de los ciudadanos". El hecho de que las personas cumplan y confíen en que los demás cumplirán —presumir la buena fe— facilita la participación ciudadana y la realización de los proyectos colectivos. Según Robert Dahl (1993: 86): "la comunidad cívica se mantiene unida por relaciones horizontales de reciprocidad y cooperación, y no por relaciones verticales de autoridad y dependencia".

Pero el punto de vista interno es, además, más barato. El cumplimiento espontáneo de las reglas no sólo descarga al Estado de muchas labores de vigilancia, sino también de labores de captura, juzgamiento y represión de los incumplidores.

Eso no sólo vale para las reglas que vienen del Estado, también vale para todas las reglas sociales. Los economistas suelen poner el ejemplo de los dispensadores callejeros de periódicos que permiten retirar el ejemplar del periódico sin haber depositado el importe correspondiente. Como casi nadie deja de pagar, las máquinas son rentables en los países donde están ubicadas. Algo similar puede decirse de las bibliotecas públicas de algunos estados de los Estados Unidos que funcionan con un sistema de autoservicio: los usuarios utilizan los libros y los devuelven sin necesidad de mayores controles.

Pero la gran mayoría de las sociedades no goza de este tipo de cultura cívica. No es simplemente un problema de cultura; se requiere bienestar económico y estabilidad institucional para conseguir este grado de confianza y respeto al derecho. La confianza en los demás y la presunción de buena fe no son actitudes silvestres en una sociedad. Se requieren muchos años de vida segura y predecible, a veces de generaciones enteras, para que los miembros de una sociedad asuman esa actitud espontánea de confianza frente a los demás.

En la mayoría de las sociedades —incluso en muchos países desarrollados— existe un porcentaje de personas que está dispuesto a no cumplir cuando la oportunidad se presenta. Un sistema jurídico se debe diseñar pensando en el potencial perturbador de ese porcentaje —pequeño en algunos países y grande en otros— si quiere lograr estabilidad y eficacia. Dicho en otras palabras, el diseño institucional debe inspirarse en un cierto pesimismo antropológico. Eso era lo que pensaba James Madison cuando dijo que las instituciones son una especie de remedio para la naturaleza humana. Ellas imponen el altruismo y las buenas costumbres que las personas no tienen: "Si los hombres fuesen ángeles —decía Madison— el gobierno no sería necesario. Si los ángeles gobernaran a los hombres, sobrarían tanto los controles externos como los internos de gobierno" (Hamilton, Jay y Madison 1941: 337). Algo parecido decía Oliver Holmes, para quien las leyes debían ser escritas desde el punto de vista del "hombre malo", es decir de aquel que hace lo mínimo necesario para evitar la sanción (Holmes 1920).

La relación entre la ley, la moral y la cultura

Como vemos, los individuos pueden tener múltiples razones para obedecer las normas. Esta diversidad de razones o de motivaciones —morales, culturales, políticas, económicas, jurídicas, etc.— pone de presente el tema de la relación entre la ley, la moral y la cultura. Para abordar este asunto empiezo por las explicaciones que sobre esta trilogía ha dado el ex alcalde de Bogotá, Antanas Mockus.

La cultura ciudadana, dice Mockus, es el resultado de una intersección entre tres sistemas de regulación: la ley, la moral y la cultura.[4] Convivir, dice el ex alcalde, es "dejarse regular por ley, moral y cultura". Quien logra moverse sin contradicciones entre estos tres sistemas, dice Mockus, es un "anfibio cultural"; es decir una persona que ayuda a disminuir las tensiones que las sociedades modernas —amantes de la diversidad cultural y del pluralismo— introducen en esa triple regulación (Mockus 1994). El buen ciudadano debe pasar —como los anfibios— de un nivel de regulación a otro sin dificultades, y de esta manera propiciar una actitud conciliadora entre el derecho y el mundo social. Cuando existe armonía entre ley, moral y cultura, dice el autor, la cultura de la legalidad florece. Dicho de otro modo, cuando los comportamientos ilegales se desaprueban moral y culturalmente, prospera la cultura de la legalidad. A Mockus le preocupan aquellos casos en los cuales surge una aprobación social o moral de comportamientos ilegales.[5] Dicho en otros términos, le preocupa el divorcio entre moral y costumbre, por un lado, y derecho, por el otro.

La armonía entre ley, moral y cultura suele estar presente en sociedades bien ordenadas y socialmente homogéneas, con niveles bajos de conflictividad y mecanismos claros de resolución de conflictos. Pero, ¿qué pasa en sociedades heterogéneas y conflictivas como las nuestras, donde son frecuentes las tensiones entre los tres órdenes mencionados por Mockus? ¿Cómo

---

4 "Es posible —dice Mockus— hacer una distinción entre tres tipos diferentes de reglas o normas: las jurídicas (las leyes), las morales (o la conciencia), y las culturales (lo que comparte una comunidad informalmente)" (*Bogotá para vivir todos del mismo lado, 2001-2003* 2001).

5 Una expresión de este divorcio es lo que el autor denomina "cultura del atajo", que consiste en obtener beneficios a corto plazo, sin importar los riesgos o los medios. Cruzar las calles y avenidas por los sitios prohibidos para llegar más rápido es el ejemplo clásico. La cultura del atajo es un tipo de viveza.

se resuelven esas tensiones? ¿A favor de quién? ¿Realmente se trata de armonía? En los Estados islámicos, por ejemplo, no se presentan conflictos entre derecho, moral y cultura porque la religión, o mejor, las autoridades religiosas, resuelven todo; ellos producen la interpretación autorizada y nadie la discute. ¿Es ese tipo de armonía la que tiene en mente el ex alcalde? Desde luego que no, puesto que Mockus se refiere a la cultura cívica en sociedades "amantes de la diversidad cultural y del pluralismo". Así las cosas, la idea de armonía entre ley, moral y cultura resulta extraña, por decir lo menos.

Es cierto, como dice Mockus, que la aprobación moral, o política, de los comportamientos ilegales es algo muy común en Colombia, y que eso "ayuda a encubrir y agravar el incumplimiento por razones prosaicas" (Mockus 2005). Pero, ¿cómo se relaciona ese problema con la idea de armonía?

La armonía entre ley, moral y cultura puede ser entendida como un enunciado fáctico, según el cual donde hay armonía las cosas funcionan mejor. Creo que en ese caso no hay objeción alguna respecto de lo dicho por Mockus. Sin embargo, a veces parecería que se tratara más bien de una propuesta.[6] En ese caso hay dos posibles miradas. Una de ellas es el punto de vista de los hacedores de políticas públicas, que es el de Mockus. Me parece que desde esa mirada, la armonía puede ser un objetivo plausible. Sin embargo, no lo creo así cuando se le mira desde el punto de vista del ciudadano, es decir, de los sujetos sociales, individualmente considerados. Me pregunto si alguien que percibe que la ley está en contradicción con sus principios morales o con sus convicciones culturales debe solucionar esta tensión tratando de armonizar ley, moral y cultura. Me parece que no, y que lo que debe hacer es subordinar la moral y la cultura a la ley.

Lo que me inquieta de la palabra armonía es que puede ser vista como una reminiscencia del viejo *iusnaturalismo* español

---

6 Mockus habla de "jerarquización flexible", pero no avanza mucho en la explicación de este concepto.

—por ejemplo en Francisco Suárez (1944)—, según el cual el derecho era tal, siempre y cuando fuera justo. Por esa vía se promueve aquello que en el capítulo anterior he denominado el *pactismo*, que deteriora la fuerza impositiva del derecho, y crea un terreno propicio para la dominación de los más vivos y los más poderosos.

Si de lo que se trata es de que los colombianos no subordinen el derecho a la moral y a la costumbre, eso no se soluciona evitando que exista conflicto entre los tres órdenes —ese conflicto siempre está latente, incluso en las sociedades modernas y desarrolladas—, lo que debe establecerse es una manera de resolverlo, o de que cada cual lo resuelva; y esa manera no es otra que el sometimiento de la moral y de la costumbre al derecho. En eso consiste la cultura cívica, en la cual los ciudadanos, cuando actúan en el espacio público —otra cosa es el ámbito privado— dejan de lado sus principios morales y sus costumbres en beneficio de la ley, es decir, de lo público. Un juez conservador, que está convencido de que la homosexualidad es una perversión, tiene que dejar de lado sus convicciones en el momento de juzgar un caso en el cual un *gay* reclama sus derechos. En este y en muchos otros casos, la cultura de la legalidad es más bien el fruto de un divorcio que termina dándole la razón al derecho. Dicho en otros términos, la cultura de la legalidad, que es la propia del espacio público, implica una diferenciación jerárquica entre ley, moral y cultura, lo cual entraña un principio de solución de las tensiones entre esos órdenes reguladores en beneficio del derecho. Si alguna educación moral o social es necesaria para lograr esta cultura ciudadana, ella consiste en inculcar los límites de la regulación moral o social en el espacio público.

Lo propio del derecho es su relativa autonomía respecto de la moral y la cultura (Bourdieu 1986). Al separarse la religión de la política, el derecho adquirió entidad propia. Esto significa que cuando hay contradicciones entre el derecho y la moral, es el derecho —y no la moral— el que dice cómo se resuelven las tensiones. En el derecho moderno, ni el poder político ni el poder religioso tienen la última palabra sobre el sentido y alcance de las normas jurídicas. La autonomía del poder judicial —un poder judicial independiente, claro está— es la manifestación funcional más importante de esta separación entre el derecho y la moral.

Pero es cierto que el derecho también tiene límites.[7] Nadie podría aceptar que los mandatos promulgados durante el régimen nazi eran derecho, o que el jefe de una organización mafiosa que siembra el terror en una zona pueda emitir mandatos jurídicos; nadie puede justificar el acatamiento de normas en condiciones de esclavitud o avasallamiento. En esas condiciones extremas, no hay derecho, sino iniquidad. Pero, ¿cuáles son esos límites? ¿En qué eventos el juicio moral, cultural o político empieza a ser relevante para poner en tela de juicio la existencia del derecho? ¿Bajo qué circunstancias el juicio moral invalida el derecho? Dicho en otros términos, ¿qué pasa cuando el arrogante o el rebelde tienen razón? ¿Qué sucede cuando las normas vienen de un poder arbitrario, incluso tiránico?

El sometimiento de la moral y de la costumbre al derecho se da sólo en presencia de un régimen político globalmente justo. En estas condiciones, y sólo en estas, el desacato es considerado una desobediencia prosaica —para ponerlo en los términos usados por Mockus— y por eso es sancionada.

Así pues, cuando las bases de un ordenamiento jurídico están fundadas en un catálogo de valores y principios que han sido concebidos democráticamente, y que pueden ser considerados como un sistema compartido de valores, los ciudadanos pierden, *prima facie*, el derecho a incumplir sistemáticamente el derecho de ese ordenamiento. No basta con tener una valoración negativa de quienes ejercen el poder político, ni siquiera de las normas que ese poder expide.

---

7 Es por eso que Mockus no ve con buenos ojos aquellas concepciones —como la de Max Weber o Hans Kelsen— que suponen una indiferencia total del derecho respecto de la moral. Es justamente ese rechazo hacia la autonomía absoluta del derecho lo que lleva al ex alcalde a plantear la relación entre los tres órdenes en términos de armonía.

Ahora bien, un sistema jurídico globalmente justo puede tener normas injustas e incluso muy injustas. Más aún, en esta situación de orden básicamente justo, puede haber excepciones, es decir, grupos sociales que viven bajo un régimen básicamente injusto. En nuestro país —dice Roberto Gargarella refiriéndose a la Argentina— el Estado hace lo que no debe hacer: "maltrata a quienes debe cuidar, persigue a quienes debe proteger, ignora a quienes debe mayor atención y sirve a quienes debe controlar" (Gargarella 2005: 19). De estos temas me ocupo en el apartado siguiente. ¿Qué pasa con la norma inicua, o esencialmente injusta —por ejemplo la norma de rango inferior que permite la discriminación racional— que hace parte de un ordenamiento básicamente justo? Y, ¿qué pasa con las poblaciones o los grupos sociales que viven bajo un régimen permanente de discriminación e injusticia?

Resistencia, desobediencia civil y cultura ciudadana

Sócrates fue acusado de haber corrompido a la juventud de Atenas y por ello fue condenado a muerte. Ante la magnitud de la injusticia que se cometía contra el maestro, sus discípulos le propusieron que escapara y salvara su vida. Sin embargo, Sócrates defendió el principio de la obediencia a las leyes, con el argumento de que cuando se decide vivir voluntariamente en una ciudad se asume el deber de respetar sus reglas. "Al quedarte aquí —le dicen las leyes a Sócrates en el diálogo reconstruido por Platón— tú te comprometiste a seguir nuestras prescripciones".[8] Sócrates pensaba que la injusticia puntual contra alguien no era una justificación suficiente para desobedecer y, de esa manera, debilitar el orden establecido en las leyes. Estas reflexiones lo condujeron a

8 Las reflexiones de Sócrates se encuentran en el *Critón* de Platón (Platón 1843: 77).

beber la cicuta y a morir por la defensa de ese principio.[9] Desde entonces —o quizás desde antes—, se discute si las personas tienen o no la obligación de obedecer las leyes que son injustas.

El pensamiento cristiano ha estudiado a fondo el tema de la obediencia a la ley injusta. La mayoría de sus autores ha justificado la rebelión en casos de extrema injusticia (Zancarini 1999). Esta posición está sustentada en las palabras del apóstol Pedro cuando dijo: "hay que obedecer a Dios antes que a los hombres".[10] En estas palabras se apoya Santo Tomás para afirmar que "cuando las leyes de los tiranos incitan a la idolatría u a otra cosa contraria a la voluntad divina, en ninguno de estos casos es lícito observar tales leyes". La defensa más fina e interesante de las ideas tomistas se encuentra en los *iusnaturalistas* del Siglo de Oro español, también conocidos como de la escuela de Salamanca. Entre ellos se destacan Francisco de Vitoria, Luis de Molina y Domingo de Soto. En contra de la idea luterana de que los seres humanos deben ser obedientes y disciplinados frente a la autoridad —entre otras razones porque no pueden estar seguros de la voluntad divina—[11] los filósofos de Salamanca sostenían que las personas no sólo podían diferenciar claramente entre el bien y el mal, sino que tenían un derecho inalienable —natural— a oponerse al tirano que ejercía ese mal.

Pero no todos los pensadores cristianos aceptan el derecho a la rebeldía. Un ejemplo de ello es la defensa que hace Berkeley del "deber de obediencia pasiva" (Berkeley 1983). En su célebre

---

9 Platón (1981). Véase igualmente Jenofonte, *Recuerdos*, IV, 8, 2.

10 Palabras pronunciadas ante el Sanedrín, en *Actas de los Apóstoles*, capítulo 5, versículo 9. Sin embargo, hay que decir que la doctrina de Pedro exige la obediencia a las autoridades terrenales. Lo mismo piensa el apóstol Pablo, para quien Dios ordena "que todos se sometan a las autoridades que ejercen el poder, puesto que toda autoridad viene de Dios". *Epístola a los Romanos* 13: 1-6. Véase Turchetti (1999).

11 Sin embargo, algunos sostienen que en Lutero y Calvino también hay una defensa del derecho a resistir frente al tirano. Según Lutero, las palabras de Pedro pusieron un claro límite al poder temporal. De no ser así Pedro habría dicho que hay que obedecer a Dios antes que a los hombres (Luther 1958).

texto sobre este tema, el filósofo se vale de las palabras del apóstol Pablo cuando dice "quien se opone a la autoridad se rebela contra el orden establecido por Dios" (*Epístola a los Romanos* 13: 1-6). A partir de allí, condena todo intento de resistencia a la autoridad, la cual, en su opinión, estaba por aquellos años —inicios del siglo XVIII— minando las bases del orden social inglés. Ni la adquisición del bien más grande, pensaba el autor, ni evitar el peor mal posible, justifican el hecho de que un individuo sobre la tierra desconozca el principio de la no resistencia al poder supremo (Berkeley 1983: 43).

El derecho a la desobediencia tiene también una larga tradición en la teoría política. Quizás una de las defensas más importantes de este principio viene de John Locke, en el *Segundo tratado del gobierno civil*, libro en el que se afirma que el pueblo tiene derecho a retomar el poder legislativo, cuando quien ha sido nominado para ello desconoce el bienestar del pueblo y viola los derechos de los individuos. Estas ideas fueron retomadas por Thomas Jefferson en la *Declaración de Independencia* de los Estados Unidos. Siendo la protección de los derechos inherentes la razón de ser de todos los gobiernos —dice la Declaración—, cuando se violan estos derechos el pueblo puede levantarse contra los gobernantes.

En la *Declaración de los derechos del hombre y del ciudadano* de la Revolución Francesa también se consagró el derecho a la resistencia. En su artículo segundo se dijo que el fin de toda asociación era "la conservación de los derechos naturales entre los cuales están la libertad, la propiedad, la seguridad y la resistencia a la opresión". Sin embargo, este derecho perdió fuerza en el artículo séptimo de la misma Declaración, en el cual se estableció que todo ciudadano debía obedecer el llamado de la ley al instante o, de lo contrario, pasaría a ser "culpable en caso de resistencia". En 1795, una vez superada la época del terror y una vez derrocado Robespierre, el derecho a la insurrección fue eliminado de la Constitución del año III, y con ello el tema de la desobediencia civil perdió crédito en todo el continente europeo.

Una de las posiciones modernas más conspicua sobre la desobediencia al derecho se encuentra en Kant, para quien la rebelión es un crimen inaceptable, debido a que destruye los fundamentos de la sociedad (Kant 1891). Según el filósofo,

> [...] cuando una revolución ha tenido éxito y una nueva constitución ha sido fundada, la ilegalidad de este comienzo y de su establecimiento no libera a los sujetos de la obligación de someterse como buenos ciudadanos al nuevo orden de cosas. (Kant 1971: 202)

Como se ve, el derecho a la resistencia hace parte de una larga tradición, empeñada en someter las normas jurídicas a la justicia. Esa tradición no ha muerto. Es cierto que durante el siglo veinte los defensores de este pensamiento estuvieron opacados por un contexto político poco favorable a la crítica del poder y del derecho, debido a las amenazas contra la democracia provenientes del fascismo y del comunismo. Pero una vez superadas esas amenazas, y teniendo en cuenta que en el mundo actual la democracia y el derecho están lejos de haber cumplido con sus promesas, el debate continúa.

Y continúa sobre todo en la discusión contemporánea sobre el derecho a la desobediencia civil, animada por autores como Ronald Dworkin, John Rawls y Jürgen Habermas. Para todos ellos, el problema consiste en saber si alguien tiene derecho a no respetar una norma que considera injusta, pero que hace parte de un ordenamiento cuya justicia, en términos generales, no se cuestiona. En este sentido, sus preocupaciones se diferencian del derecho a resistir a la opresión contra un orden inicuo. Este último es, en principio, más fácil de justificar, como lo han mostrado de manera elocuente autores como Primo Levi y Hannah Arendt, a partir de la situación de opresión total en la que se encontraban las víctimas judías en la segunda guerra mundial.

Para John Rawls (1987), el derecho a la desobediencia civil en un sistema globalmente justo requiere de limitaciones importantes, para evitar que se convierta en un factor de desestabilización y de debilitamiento constitucional. Según Rawls (1987: 364), la desobediencia civil debe ser un acto público, no violento, decidido en conciencia, y que supone la aceptación de las consecuencias de la ilegalidad del acto.[12] Habermas (1997) no va tan lejos en la limitación de este derecho; en su opinión —siguiendo lo dicho por Dworkin (1985)—, los gobernantes se pueden equivocar e incluso la democracia procedimental puede dar lugar a injusticias. En consecuencia, la desobediencia civil "debe ser aceptada como un componente de la cultura política de una comunidad democrática desarrollada" (Habermas 1990: 100).

La desobediencia civil supone que quien incumple la norma no lo hace con el objeto de ganar puntos en la disputa que mantiene con su contendor político. Se trata más bien de un acto suprapartidista que hace un llamado, a partir de un caso concreto, a valores fundamentales que no hacen parte del debate político; valores esenciales, superiores, y que todas las posiciones políticas deberían compartir. La desobediencia civil no puede ser instrumentalizada por el juego de las oposiciones políticas; quienes se oponen de manera pública, pacífica y razonada al cumplimiento de la norma, lo hacen apelando a un sentido de justicia superior, supralegal y suprapartidista. Esta invocación a lo fundamental permite introducir una excepción al principio que impone el deber de obediencia al derecho. Es por esto que la desobediencia civil no sólo no atenta contra la cultura de la legalidad, sino que la supone, e incluso puede ayudar a fortalecerla; no cuestiona el principio de la obediencia al derecho. El desacato está fundado en razones excepcionales —no prosaicas— que no contradicen ese principio, sino que lo confirman, en tanto se presenta como excepción a la regla.

La autonomía del derecho es una condición indispensable para lograr que la desobediencia civil sea compatible con el orden

---

12 En el mismo sentido véase igualmente Hugo Bedau (1991), para quien un acto de desobediencia civil es tal si es ilegal, público, no violento y destinado conscientemente a frustrar una decisión gubernamental.

constitucional y para lograr su efecto provechoso. Eso significa que las personas, al menos *prima facie*, no supediten la validez de las normas a su valoración, buena o mala, del poder político, ni tampoco a su valoración del contenido de dichas normas. El derecho promulgado, según las formalidades establecidas, claro está, es derecho válido y por lo tanto obliga. La desobediencia civil es una excepción a esta regla: una excepción que se justifica por la violación grave de principios y derechos fundamentales impuesta por una norma del ordenamiento. Pero la desobediencia no pone en tela de juicio el carácter válido del derecho que se desobedece, ni mucho menos el carácter "globalmente justo" del régimen político. Es por eso justamente que quien desobedece está dispuesto a reconocer que merece la sanción.

El tema de la resistencia al poder es muy complejo, que merece un análisis más detallado que el que aquí puedo permitirme. Por lo pronto, quisiera simplemente mostrar algo de esa complejidad, enumerando cuatro ideas al respecto.

En primer lugar, aquí estamos ante situaciones de ilegalidad muy diversas, que conviene distinguir. Una cosa es la sublevación de todo un pueblo ante un tirano (rebelión); otra es la acción violenta emprendida por un grupo subordinado frente a una autoridad o una decisión (protesta violenta) y otra es la desobediencia pacífica y pública frente a la ley (desobediencia civil). El primer caso, el de la rebelión, al menos en términos teóricos, es fácil de justificar. El tercer caso, el de la desobediencia civil, como se dijo más atrás, también lo es. El segundo caso es más complejo, debido a que implica el uso de la violencia en un régimen justo, *prima facie*, o básicamente justo.

En segundo lugar, cuando las circunstancias de la autoridad son tan variadas y cambiantes, es muy difícil establecer una regla general sobre la justificación de la desobediencia civil, o incluso de la resistencia o la rebelión. Esto es particularmente cierto en los países latinoamericanos, debido a la dificultad que existe aquí para hablar de un solo Estado o de un solo tipo de autoridad. En Colombia el Estado es camaleónico; las mismas normas —penales, por ejemplo— son aplicadas de manera diferenciada según la población, el territorio, los recursos con los que cuenta, etc. (García Villegas 2008). ¿Qué pasa entonces con aquellos a los cuales siempre les va mal con el derecho? Eso es lo que se pregunta Roberto Gargarella. ¿Qué pasa cuando el derecho maltrata e ignora de manera sistemática a un sector de la población? ¿Tienen ellos el mismo deber de obediencia que los demás? No, responde Gargarella; cuando el derecho no cumple con su promesa de tratar a todos de igual manera, es decir, cuando no representa una expresión más o menos fiel de nuestra voluntad como comunidad, nos encontramos frente a una situación de "alienación legal" en la cual el derecho debe proteger, en lugar de acallar, a quienes protestan. "El derecho a la protesta aparece así, en un sentido importante al menos, como el 'primer derecho': el derecho a exigir la recuperación de los demás derechos" (Gargarella 2005: 19).[13]

En tercer lugar, y ligado al punto anterior, la pregunta más difícil de responder aquí es ¿quién tiene derecho a catalogar una situación como de "alienación legal" o como de "básicamente injusta" de tal manera que justifique la resistencia a la autoridad e incluso el uso de la violencia? Algunos han dicho que es el pueblo quien define esa situación (Buchanan 1957; Suarez 1872). Esta también es una pregunta muy difícil. Quizás, para empezar, sea conveniente diferenciar entre una situación extrema de tiranía, en la que parece razonable que el pueblo entero se levante contra el opresor, y una situación de iniquidad particular, en la cual parece más razonable que sea un juez quien valore la situación. El problema son las situaciones intermedias y difusas entre estos

[13] Ahora bien, siguiendo con el tema de las disparidades institucionales, ¿qué pasa con la rebeldía fundada en la falta de provisión estatal de seguridad? Un caso particular de esta actitud es el de la justicia privada y, de manera más dramática, de los paramilitares. Aquí parece mucho más difícil aceptar, incluso *prima facie*, la posibilidad de un derecho de resistencia o de rebeldía. Esto se debe a que, por lo general, los actores sociales que se levantan contra el Estado por esta causa son poderosos e incluso tratan de sustituir al Estado en las regiones en las que actúan.

dos extremos (este punto merece un análisis más detallado y juicioso del que me puedo permitir en este libro).

En cuarto lugar, quienes adoptan una actitud favorable frente al tema de la resistencia al derecho, no necesariamente defienden un punto de vista progresista frente al poder o la autoridad. Eso se esclarece a partir del análisis clásico de la tensión entre la ley (*lex*) y la justicia (*jus*) aquí presente, y el cual ha dado origen a la vieja disputa entre *iusnaturalistas* e *iuspositivistas* (Villey 1975). Para los primeros, el derecho debe obedecer a valores superiores, mientras que para los segundos el derecho es autónomo frente a valores que están por fuera —por encima— del derecho. No es posible diferenciar estas dos posiciones en términos de conservadurismo/progresismo. Hay tantos positivistas conservadores como los hay progresistas, y lo mismo sucede con los defensores del derecho natural. Más aún, ambas visiones han servido no sólo para justificar los peores atropellos, sino para motivar las más justas causas. Visiones *iusnaturalistas* tenían tanto los nazis como los revolucionarios franceses de 1789. La aplicación objetiva e incuestionable de la ley, por otro lado, es un valor tan importante para los defensores de derechos humanos como lo fue para, por ejemplo, el estalinismo.

No obstante la falta de sesgo político de este punto de vista positivista o de defensa de la ley, la oposición política colombiana y latinoamericana suele tener una visión generalmente negativa de la ley. A mi juicio, esto tiene consecuencias problemáticas. Me explico.

Es cierto que en Colombia no tenemos mayores motivos para estar satisfechos con el presente y esa insatisfacción es, en buena parte, atribuible a la incompetencia y a la corrupción de la clase política que nos ha gobernado por casi dos siglos. Más aún, hay momentos en los que uno está tentado a catalogar el régimen político colombiano como básicamente injusto. Sin embargo, también hay motivos y momentos para la esperanza. La promulgación de la Constitución de 1991, buena parte de la jurisprudencia de la Corte Constitucional, y las actuaciones recientes de la Corte Suprema contra el paramilitarismo, muestran no sólo lo complejo y contrastado que es el Estado, sino también cómo la manera tradicional y plutocrática de gobernar no siempre tiene todas las de ganar. Dicho en otros términos, al interior del Estado colombiano parece haber una lucha entre dos facciones que buscan consolidar dos proyectos diferentes de sociedad: uno de ellos conservador, empeñado en mantener las viejas estructuras patriarcales de poder y clientela; y otro progresista, que busca superar esas estructuras y consolidar un Estado social de derecho. Así las cosas, es apenas natural que nos debatamos entre la esperanza y la tribulación. Sin embargo, esos estados de ánimo no corresponden a la complejidad de la realidad institucional y, sobre todo, no tienen en cuenta que el Estado es un espacio de construcción política e institucional, y no simplemente algo dado, que se padece o se goza.

Teniendo en cuenta esta visión constructiva (o constitutiva) del Estado —en oposición a una visión instrumental—[14] me parece que la oposición, en su afán por descalificar el poder político, termina confundiendo ese poder con las instituciones y con el derecho; y por esa vía, al politizar todo el Estado, bloquea las posibilidades de cambio democrático. Cuando en la descalificación a la clase política se incluye a las instituciones —a las reglas de juego básicas que están en la Constitución—, se termina bloqueando los canales institucionales que le permitirían a la misma oposición tener éxito.

La izquierda latinoamericana considera que todos los males vienen del Estado, y por eso experimenta cierto menosprecio por todo lo institucional (sólo cuando llega al poder constata la importancia que tiene la permanencia del Estado y de sus normas en la búsqueda de sus propósitos de cambio). Eso conduce a una actitud de intransigencia sistemática por parte de los movimientos contestatarios en el continente, y de allí viene una precariedad ins-

---

14 Al respecto, véanse Evans (2004) y Portes (2005). Para una visión más teórica del constructivismo en teoría social, véase Berger y Luckmann (1966).

titucional, que dificulta incluso la posibilidad de que la izquierda se desarrolle. El caso boliviano y, hasta hace muy poco, el caso ecuatoriano, son ejemplos de este tipo de reducción del derecho al juego de las oposiciones políticas.[15] Incluso quienes proponen el cambio social e institucional —por las vías pacíficas, claro está— necesitan unas reglas de juego y una cierta estabilidad para construir ese cambio.

Dicho sintéticamente, el cambio social democrático necesita mantener aquella parte de la institucionalidad básica que es indispensable para que el cambio tenga lugar por las vías pacíficas y, sobre todo, para que dicho cambio perdure. Al desconocer el carácter de "regímenes globalmente justos", es decir, al negar la existencia de una institucionalidad básica, legítima y ajena al debate político, la izquierda radical latinoamericana mina el camino de su propio avance político, y bloquea los posibles desarrollos democráticos de esa institucionalidad básica. De esta manera, esa izquierda también contribuye a crear las condiciones bajo las cuales los gobiernos y las castas políticas tradicionales terminan siendo lo que son.

Conclusiones

En este capítulo final me he ocupado del incumplimiento fundado en razones. Para tal efecto, analicé diferentes tipos de mentalidades cumplidoras, y a partir de allí delimité un tipo de cumplimiento que he considerado ideal para el fortalecimiento del Estado de derecho y la democracia, al cual he denominado cumplimiento cívico. El análisis de las razones que tienen los cumplidores para acatar el derecho me condujo, en primer lugar, al estudio de la relación entre ley, moral y cultura, y luego al análisis de la resistencia al poder y al derecho.

15 En Bolivia el indigenismo y el regionalismo pueden afectar de tal manera la institucionalidad que pueden dar al traste con los intentos reformadores y progresistas del presidente Evo Morales (Mayorga 2006).

¿Cómo resolver aquellas situaciones en las cuales las personas tienen motivos significativos —altruistas, nobles, razonables— para desobedecer las leyes? Los Estados constitucionales han dado una respuesta a este interrogante, que consiste en prohibir que los ciudadanos se planteen la posibilidad de violar la ley cuando —salvo casos extremos, por supuesto— creen que tienen buenos motivos para hacerlo. Aquí he adoptado este punto de vista, por una razón simple: cuando el cumplimiento de la ley depende de las circunstancias o de las motivaciones subjetivas de cada persona, las justificaciones prosaicas —e incluso las razonadas— aparecen por todas partes y sólo una pequeña parte de la población cumple. Peor aún, tampoco lo hacen los funcionarios encargados de aplicar las leyes. En esas condiciones, nadie puede impedir que los políticos justifiquen la corrupción con la retórica de la justicia social, que los policías torturen para defender a la sociedad de los criminales, o que los presidentes se vuelvan autoritarios para salvar la patria.

Pero para defender este punto de vista, además de las razones jurídicas, también hay razones sociológicas. La moral no es una buena guía para encontrar fórmulas de convivencia ciudadana; no lo es sobre todo para lograr acuerdos. Jon Elster (1989) ha mostrado cómo, por ejemplo, en la negociación colectiva entre trabajadores y patronos, las posiciones principialistas obstaculizan los acuerdos y hacen imposible la salida negociada (si se quiere un ejemplo más dramático, ahí está Gaza en Israel). Algo parecido sucede con la democracia deliberativa; las posiciones fundadas en principios dificultan el intercambio razonable de argumentos y el logro de consensos. La sociedad sólo es viable si los principios ceden un poco frente a la realidad; si lo ideal negocia con lo posible. Por eso es preferible que la mayoría de quienes acatan las normas en una sociedad esté compuesta por cumplidores cívicos o, a lo sumo, por cumplidores cívicos y tácticos, y no por cumplidores justicieros. Es por esto que, en muchas sociedades modernas, la religión ha sido en buena parte remplazada por la cultura de la legalidad, y la Iglesia por las cortes constitucionales.

El problema con las motivaciones subjetivas es que cada uno sobreestima la importancia de las circunstancias que le toca vivir, lo prosaico se vuelve de vida o muerte. Todos creemos que nuestro caso es tan dramático como el de los espeleólogos atrapados en la caverna, y por eso estamos dispuestos a justificar lo que sea con tal de salvarnos o de salvar a los demás. El problema es que razonando de esa manera, la sociedad, como la caverna del cuento de Fuller, se derrumba.

Pero la defensa que en este libro he hecho del respeto a la legalidad pierde sentido en aquellas condiciones en las cuales el Estado no posee unas condiciones mínimas de legitimidad y de eficacia. Sólo cuando un Estado consigue esos tres calificativos —legalidad, legitimidad y eficacia— y logra un adecuado balance entre ellos, está en capacidad no sólo de eliminar buena parte de las razones que la gente tiene para resistir al derecho, sino de convertir a los vivos, los rebeldes y los arrogantes en verdaderos ciudadanos.

BIBLIOGRAFÍA

Alcaldía Mayor de Bogotá. 2001. *Bogotá para vivir todos del mismo lado, Plan de Desarrollo 2001-2003*. Bogotá: Alcaldía Mayor de Bogotá.

Bedau, Hugo (ed.). 1991. *Civil Disobedience in Focus*. London: Routledge.

Berger, Peter y Thomas Luckmann. 1966. *The Social Construction of Reality: A Treatise in the Sociology of Knowledge*. New York: Anchor Books.

Berkeley, George. 1983. *De l'obéissance passive*. Paris: Vrin.

Bourdieu, Pierre. 1986. "La force du droit: éléments pour une sociologie du champ juridique", en *Actes de la recherche en sciences sociales*, N° 64.

Buchanan, George. 1957. *The Right of the Kingdom in Scotland*. Edinburgh: s.e.

Corte Constitucional. 1996. *Sentencia T-474/96*. Magistrado Ponente: Fabio Morón Díaz.

Dahl, Robert. 1993. *La democracia y sus críticos*. Barcelona: Paidós.

Dworkin, Ronald M. 1985. *A Matter of Principle*. Cambridge: Harvard University Press.

Elster, Jon. 1989. *The Cement of Society*. Cambridge: Cambridge University Press.

Evans, Peter. 2004. "Development as Institutional Change: The Pitfalls of Monocropping and the Potentials of Deliberation", en *Studies in Comparative International Development*, Vol. 38, N° 4: 30-52.

Fuller, Lon. 1964. "The Morality of Law", en *Harvard Law Review*, Vol. 78: 1281.

García Villegas, Mauricio. 2008. *Jueces sin Estado*. Bogotá: Siglo del Hombre Editores y Dejusticia.

Gargarella, Roberto. 2005. *El derecho a la protesta*. Buenos Aires: Ad-Hoc.

Habermas, Jürgen. 1990. "Le droit et la force", en *Écrits politiques*. Paris: Éditions du Cerf.

———. 1997. *Droit et démocratie*. Paris: Gallimard.

Hamilton, Alexander, John Jay y James Madison. 1941. *The Federalist*. New York: The Modern Library.

Hart, Herbert L. 1961. *The Concept of Law*. Oxford: Clarendon Press.

Holmes, Oliver W. 1920. "The Path of the Law", en *Collected Legal Papers*. New York: Peter Smith.

Jenofonte. 1946. *Recuerdos de Sócrates*. México: Universidad Nacional Autónoma de México (UNAM).

Kant, Emmanuel. 1891. *Principles of Politics*. Edinburgh: Clark.

———. 1971. *Fondements de la métaphysique des moeurs*. Paris: Vrin.

Kymlicka, Will y Wayne Norman. 1994. "Return of the Citizen: A Survey of Recent Work on Citizenship Theory", en *Ethics*, Vol. 104: 257-289.

——— (eds.). 2000. *Citizenship in Diverse Societies*. New York: Oxford University Press.

Larenz, Karl. 1985. *Derecho justo. Fundamentos de ética jurídica*. Madrid: Civitas.

Locke, John. 1952. *Segundo tratado del gobierno civil*. New York: Liberal Arts Press.

Luther, Martin. 1958. "De l'autorité temporelle", en *Oeuvres*. T. 4. Genève: Labor et Fides.

Mayorga, Fernando. 2006. "El gobierno de Evo Morales: entre nacionalismo e indigenismo", en *Nueva Sociedad*, N° 206.

Mockus, Antanas. 1994. "Anfibios culturales y divorcio entre ley, moral y cultura", en *Análisis Político*, N° 21.

Mockus, Antanas y Jimmy Corzo. 2005. "Ley o moral: ¿cuál prima?", en *Análisis Político*, N° 54: 7.

Platón. 1843. *Dialogues*. Paris: Librairie Charpentier.

———. 1981 *Diálogos*. Madrid: Gredos.

Portes, Alejandro. 2005. *Institutions and Development: A Conceptual Re-analysis*. Princeton: Princeton University Press.

Rawls, John. 1987. *Théorie de la justice*. Paris: Seuil.

Suárez, Francisco. 1872. *Defensio Fidei Catholicae et Apostolicae Adversus Anglicanae Sectae Errores*. Napoli: s.e.

———. 1944. *Selections from Three Works*. Oxford: Clarendon Press.

Thoreau, Henry D. 1983. *Civil Disobedience*. Middlesex: Penguin Group.

Turchetti, Mario. 1999. "'Il faut obéir à Dieu plutôt qu'aux hommes' aux sources théologiques du droit de résistance au siècle de la réforme", en Jean-Claude Zancarini (dir.), *Le droit de résistance, XIIe-XXe siècle*. Fontenay-aux-Roses: ENS Éditions.

Villey, Michel. 1975. *La formation de la pensée juridique moderne*. Paris: Éditions Montchrestien.

Zancarini, Jean-Claude (dir.). 1999. *Le droit de résistance, XIIe-XXe siècle.* Fontenay-aux-Roses: ENS Éditions.

***

Declaración de Independencia de los Estados Unidos, 1776.
Declaración de los derechos del hombre y del ciudadano, 1789.

AUTORES

Héctor Abad Faciolince

Escritor, novelista, ensayista y columnista del periódico *El Espectador*.

Farid Samir Benavides Vanegas

Profesor de la Universidad Nacional de Colombia.

Camilo Castillo

Abogado, profesor de la Universidad Nacional de Colombia e investigador del Centro de Estudios de Derecho, Justicia y Sociedad (Dejusticia).

Isabel Cavalier Adarve

Abogada e investigadora del Centro de Investigaciones Sociojurídicas de la Universidad de los Andes (Cijus).

Camilo García

Historiador de la Universidad de los Andes de Bogotá.

Mauricio García Villegas

Profesor de la Facultad de Derecho de la Universidad Nacional de Colombia e investigador Centro de Estudios de Derecho, Justicia y Sociedad (Dejusticia).

Andrés Henao

Politólogo de la Universidad Nacional de Colombia y estudiante de doctorado de la University of Massachussets-Amherst (EE.UU.).

José Fernando Mejía

Psícologo y estudiante de maestría en la Universidad de Harvard (EE.UU.).

Natalia Niño

Socióloga de la Universidad Santo Tomás de Aquino de Bogotá.

Claudia Ordóñez

Profesora de la Universidad Nacional de Colombia.

Nathaly Rodríguez

Politóloga de la Universidad Nacional de Colombia.

Sebastián Rubiano

Estudiante de la Facultad de Derecho de la Universidad de los Andes de Bogotá.

María Paula Saffon

Investigadora del Centro de Estudios de Derecho, Justicia y Sociedad (Dejusticia) y profesora de la Universidad de los Andes de Bogotá y de la Universidad Nacional de Colombia.

Rodrigo Uprimny

Director del Centro de Estudios de Derecho, Justicia y Sociedad (Dejusticia) y profesor asociado de la Universidad Nacional de Colombia.

Made in the USA
Monee, IL
19 October 2026

66035466R00187